中等职业教育"十四五"规划公共基础课精品教材

JIANKANG YU ANQUAN JIAOYU

健康与安全教育

主　编　毛三列　郑道成

副主编　梅秋兰　赵　晓　王际清　朱俊雄　彭方明　刘宏平

编　委　刘松林　卢　敏　林　涛　王定全　周　辉　袁飞义
　　　　廖常青　贾相志

华中科技大学出版社
http://press.hust.edu.cn
中国·武汉

内 容 简 介

本教材为中等职业教育"十四五"规划公共基础课精品教材。

本教材共两篇二十二章,第一篇为健康教育,内容包括强身健体、科学运动、合理膳食、管理情绪等;第二篇为安全教育,内容包括人身安全、交通安全、消防安全等。教材中通过引入生动案例,全面介绍了中等职业学校学生在学习、生活中常见的身心健康问题,并为解决这些问题提供了可操作性的指导,力求使中等职业学校学生真正掌握健康知识和安全技能。

本教材可供中等职业学校学生使用。

图书在版编目(CIP)数据

健康与安全教育 / 毛三列,郑道成主编. -- 武汉:华中科技大学出版社,2024.8. -- ISBN 978-7-5772-1236-4

Ⅰ. G479;G634.201

中国国家版本馆 CIP 数据核字第 20240AT827 号

健康与安全教育
Jiankang yu Anquan Jiaoyu

毛三列　郑道成　主编

策划编辑:罗　伟
责任编辑:罗　伟
封面设计:原色设计
责任校对:朱　霞
责任监印:周治超

出版发行:华中科技大学出版社(中国·武汉)　　电话:(027)81321913
　　　　　武汉市东湖新技术开发区华工科技园　　邮编:430223
录　　排:华中科技大学惠友文印中心
印　　刷:武汉市洪林印务有限公司
开　　本:787mm×1092mm　1/16
印　　张:14.25
字　　数:351 千字
版　　次:2024 年 8 月第 1 版第 1 次印刷
定　　价:49.80 元

本书若有印装质量问题,请向出版社营销中心调换
全国免费服务热线:400-6679-118　竭诚为您服务
版权所有　侵权必究

前言

　　良好的健康状态是青少年成长的基础,是学生成才的保障,是学生拥有精彩人生的基石。中等职业学校学生正处于青春期,并逐渐向成人过渡,他们不仅要面对自身生理的发育变化,还要面临学业、就业、情感等诸多方面的挑战,因此,在中等职业学校开展具有中等职业学校学生特色的健康教育,培养学生良好的心理素质,促进中等职业学校学生身心全面和谐发展,是十分必要也是十分重要的。同时,校园安全教育同样重要,开展安全教育是维护国家安全、保障校园稳定、保护学生安全的重要措施,是对中等职业学校学生进行素质教育、普法教育的重要手段。安全教育是生命教育,是每个人的终身必修课。

　　近年来,学生的健康和安全问题引起了社会各界的广泛关注。为深入贯彻落实教育部等五部门发布的《关于全面加强和改进新时代学校卫生与健康教育工作的意见》和教育部制定的《中等职业学校学生公约》,牢记为党育人、为国育才使命,落实立德树人根本任务,深化学校健康和安全教育改革,构建高质量学校健康与安全教育体系,促进学生身心健康、养成健康生活方式,确保学生生命安全,培养德智体美劳全面发展的社会主义建设者和接班人,我们编写了本教材。

　　本教材共两篇,即健康教育与安全教育,分别从强身健体、科学运动、合理膳食、睡眠充足、规避损伤、认识自我、管理情绪、磨砺意志、心态乐观、完善人格、主动适应、告别依赖、善与人处、自我控制、拥抱压力、人身安全、交通安全、消防安全、财产安全、网络安全、食品卫生安全、应急救护方面展开介绍,不仅呈现中等职业学校学生在这些方面的现实状况及所遇到的困扰,更重要的是为他们指明了健康发展与安全成长的道路,提供了可操作性的指导。具体编写分工:彭方明负责第一章至第三章的编写,梅秋兰负责第四章至第六章的编写,赵晓负责第七章至第十章的编写,刘宏平负责第十一章至第十五章的编写,王际清负责第十六章至第十九章的编写,朱俊雄负责第二十章至第二十二章的编写,毛三列、郑道成全面负责全书的编审校订,其他编者参与了各章节内容的编写与审稿工作。

　　本教材在行文方面,力求深入浅出、形象生动,以贴近中等职业学校学生理解能力的表述,促进学生将身心健康的知识整合进自己原有的知识结构中。此外,本教材还引用了大量贴近中等职业学校学生实际生活的生动案例,尽可能地让中等职业学校学生真正掌握健康知识和安全技能,提高健康意识和自我保护能力,力求内容翔实、通俗易懂、易学易会。

　　由于时间仓促,编者水平有限,疏漏和不妥之处在所难免,希望广大读者提出宝贵的修改意见,以便今后补充和修正。

编　者

网络增值服务

使用说明

欢迎使用华中科技大学出版社教学资源网

1 教师使用流程

（1）登录网址：https://bookcenter.hustp.com/index.html（注册时请选择教师用户）

注册 → 登录 → 完善个人信息 → 等待审核

（2）审核通过后，您可以在网站使用以下功能：

浏览教学资源　建立课程　管理学生　布置作业　查询学生学习记录等

2 学生使用流程

（建议学生在PC端完成注册、登录、完善个人信息的操作）

（1）PC端学生操作步骤

① 登录网址：https://bookcenter.hustp.com/index.html（注册时请选择普通用户）

注册 → 完善个人信息 → 登录

② 查看课程资源：（如有学习码，请在个人中心-学习码验证中先验证，再进行操作）

首页课程 → 课程详情页 → 查看课程资源

（2）手机端扫码操作步骤

目录 Contents

第一篇　健康教育 … 1

- 第一章　强身健体 … 2
- 第二章　科学运动 … 8
- 第三章　合理膳食 … 18
- 第四章　睡眠充足 … 46
- 第五章　规避损伤 … 52
- 第六章　认识自我 … 62
- 第七章　管理情绪 … 78
- 第八章　磨砺意志 … 85
- 第九章　心态乐观 … 90
- 第十章　完善人格 … 95
- 第十一章　主动适应 … 110
- 第十二章　告别依赖 … 120
- 第十三章　善与人处 … 128
- 第十四章　自我控制 … 136
- 第十五章　拥抱压力 … 142

第二篇　安全教育 … 151

- 第十六章　人身安全 … 152
- 第十七章　交通安全 … 161
- 第十八章　消防安全 … 167

第十九章　财产安全	175
第二十章　网络安全	183
第二十一章　食品卫生安全	191
第二十二章　应急救护	201

主要参考文献	219

第一篇

健康教育

第一章 强身健体

扫码看课件

学习目标

1. 理解健康的概念、内涵及标准。
2. 了解体育锻炼对人体身心的影响。

第一节 健康的概念与标准

健康是人类赖以生存和发展的基本条件,是人类创造物质财富和精神文明的基础,是人类生命力的重要标志,也是社会进步的象征。但健康不是人人都能拥有的,据统计,约有50%的人虽不像患者那样受着病痛的折磨、萎靡不振,但也不能像健康人那样体力充沛、精力旺盛、充满生机活力,这就是所谓的亚健康状态。

长期以来,人们将健康理解为"无病、无残、无伤"。随着社会的进步和人们认识水平的提高,人们对健康的认识越来越深入,也越来越全面、准确和科学。

一、健康的概念

现代健康的含义并不仅仅是传统所指的身体没有疾病而已,世界卫生组织(WHO)于1948年提出了健康的定义:健康不仅是免于疾病和衰弱,而且是保持身体上、精神上和社会适应方面的完善状态。

1989年,世界卫生组织将健康重新定义为身体健康、心理健康、社会适应良好和道德健康。一个人只有在身体健康、心理健康、社会适应良好和道德健康四个方面都健全才能算是完全健康的人。身体健康(生理健康)是指身体结构和功能正常,具有生活自理能力;心理健康是指个体能够对自己有正确认识,及时调整自己的心态,使心理处于良好状态,以适应外界的变化;社会适应良好是指个体能够以良好的思想和行为去适应社会生活的各种变化;道德健康是指能够按照社会规范的准则和要求来支配行为,能为人类的幸福做贡献。

二、健康的内涵和标准

1. 健康的内涵

健康的内涵由身体健康、精神健康和社会健康三方面因素构成,涵盖体力、技能、形态、卫生、保健、精神、人格、环境八个方面。以上是就个体健康而言的,而群体健康还涉及卫生政策、预防性卫生服务、社会经济、生活水平、寿命状况等。可见,健康不仅是指没有疾病或病痛,而且是一种身体、精神和社会方面的完全良好状态。健康的人要有强健的体魄、乐观向上的精神状态和良好的心理素质,并能与其所处的社会及自然环境保持协调关系。

2. 健康的标准

（1）处事乐观,态度积极,乐于承担任务而不挑剔。

（2）精力充沛,能从容不迫地应付日常工作。

（3）有良好的休息习惯,睡眠良好。

（4）应变能力强,能适应各种环境的各种变化。

（5）对普通感冒和传染病有一定抵抗力。

（6）体重适当,体态均匀,身体各部位的比例协调。

（7）眼睛明亮,反应敏锐,眼睑不发炎。

（8）头发有光泽,无头屑。

（9）牙齿清洁,无缺损、无疼痛;牙龈正常,无出血。

（10）肌肤有光泽、有弹性,走路轻松,有活力。

按照以上健康标准,只有少数人处于完全健康的状态,而大部分人处于健康与疾病的中间状态,即处于没有疾病又不完全健康的亚健康状态:机体无明确疾病,但活力降低,适应能力出现不同程度减退的一种身心状态。

3. 躯体健康标准

中国体育科学学会体质与健康分会将体质定义为人体的质量,是指在先天遗传和后天获得的基础上所形成的,个体在形态结构和功能活动方面所固有的、相对稳定的特性,与心理性格具有相关性。影响体质的因素是多方面的,其中遗传、环境、体育锻炼这三个方面起了重要作用。体质的综合评价指标主要包括以下五个方面。

（1）身体形态发育水平,如体型、姿势及身体成分等。

（2）生理生化功能水平,如机体的新陈代谢功能及各器官、系统的工作效能。

（3）身体素质和运动能力水平,即身体在运动中表现出来的速度、耐力、灵敏性等素质及走、跑、跳等身体运动能力。

（4）心理发展水平,如本体感知能力、判断能力等。

（5）适应能力,即对内外环境的适应能力、应急能力和对疾病的抵抗能力。

中华人民共和国成立以来,国家高度关心和重视青少年的体质健康工作。在中华人民共和国成立之初,我国先后颁布了《青少年体育锻炼标准》《国家体育锻炼标准》《大学生体育合格标准》《中学生体育合格标准》《小学生体育合格标准》等一系列关注国民体质的规章制度,促进了全社会对学校体育的关注,对督促学生积极参加体育锻炼、养成良好的体育锻炼习惯、保证学生身体良好发育和增强体质起到了积极的促进作用。但随着时代的发展和人们对健康认识的提高，原有的标准和评价体系已经不能完全适应社会发展的需要。为了全面贯彻《中共中央国务院关于深化教育改革全面推进素质教育的决定》，树立"健康第一"的指导思想，促进学生积极参加体育锻炼，养成经常锻炼身体的习惯，提高自己保健能力和体质健康水平，教育部和国家体育总局于2002年发布了《学生体质健康标准（试行方案）》（简称《标准》）及其实施办法。

《标准》在认真总结过去经验的基础上，参考了国际上有关研究的成功经验和先进做法，建立了以健康素质为主要指标的新的评价体系。《标准》采用个体评价标准，可以使学生清晰地看出自己与其他个体的差异和某些方面的不足，这样有利于通过测试促进学生积极参加体育锻炼，改善健康状态，弥补差距，促进身体健康的全面发展。《标准》突出了对改善学生健康有直接影响且关系密切的心肺循环系统的功能、身体成分、肌肉的力量和耐力及柔韧性等指标，测试指标由"运动技术指标"向"健康指标"转变。

第二节　体育锻炼的身心效应

适量体育锻炼，结合日光、空气、水等自然因素，配合卫生措施，可以促进人体生长发育和形态结构的发展，提高人的工作能力，调节人的心理，消除疲劳，振奋精神，以及预防与治疗某些疾病。这对改善人群体质，提高健康水平，有着重要的作用。

一、适量体育锻炼对身体健康的影响

人体由神经系统、脉管系统、运动系统、消化系统、泌尿系统、生殖系统、内分泌系统和感觉器组成。体育锻炼由人体各系统协调配合完成，同时，适量体育锻炼又对各系统产生良好影响。

1. 体育锻炼对消化系统的改善

消化系统由消化管与消化腺组成。消化系统可把食物转化为身体所需要的营养物质，将营养物质送入淋巴和血液，以供身体生长和维持生命，并将代谢过程中的残渣排出体外。经常参加体育锻炼，对消化系统的功能有良好影响，可增强胃肠蠕动，加快消化液的分泌，提高消化和吸收能力，也能增加人体的食欲，有利于增强体质。

2. 体育锻炼对神经系统的改善

神经系统包括中枢神经系统和周围神经系统。中枢神经系统是指挥整个机体活动的"司令部"。人体的一切活动，其本质都是神经系统的反射活动，都是经过感知、分析、判断、做出反应这个过程来完成的。经常参加体育锻炼可以使神经系统的反应能力得到改善和提高，对身体运动的调控更准确、协调，还能有效地消除脑细胞的疲劳，提高学习和工作效率。

3. 体育锻炼对运动系统的改善

运动系统又称骨骼肌肉系统，由骨骼、关节和肌肉构成。经常参加体育锻炼可促进骨骼的生长发育，使骨密质增厚，骨变粗，骨面肌肉附着处突起明显，骨小梁的排列根据张力和压力的变化而更加整齐和有规律。此外,经常参加体育锻炼还可使肌肉体积明显增大,消除多余脂肪,防止肥胖;改善人体关节的功能,促伸关节面骨密质增厚、软骨增厚、关节囊增厚,促使关节周围肌腱和韧带增粗,加强了关节的稳固性,提高了人体的运动能力。

4. 体育锻炼对脉管系统的改善

在人体的各系统中,由呼吸系统与心血管系统组成的人体氧运输系统(即脉管系统),对人体的健康及生命活动有着十分重要的作用。人体通过脉管系统将氧气和营养物质源源不断地输送到各个细胞,同时将代谢的最终产物排出体外,这是人体维持新陈代谢的基础。

二、适量体育锻炼对心理健康的影响

体育锻炼可以对人的心理产生影响。现代心理科学已经证明,心理是脑的机能,是脑对客观现实的反映。马克思主义认为,只有在实践活动中,才能发展人的心理。巴甫洛夫认为,人的一切心理现象都是条件反射。综合这两种观点,我们可以理解为一切条件反射都是在实践活动中形成的,没有实践活动就没有条件反射,也就不会有心理。因此,人根据自身和社会的需要而进行的实践活动就是心理发展的动力,离开了实践活动,人的心理发展也就无从谈起。

1. 体育锻炼与认知的正相关性

体育锻炼是促进人类认知发展的重要因素,对学习、记忆乃至人际交往、工作表现都起着重要的作用。体育锻炼可以促进智力的发展,有利于建立完整、正确的动作表象;可以使人分散对忧虑和挫折的注意力;对自我效能、自我概念有显著的提高作用。

2. 体育锻炼对情绪的积极影响

体育锻炼可以诱发积极的情绪,这些积极的情绪对抑郁、焦虑、困惑等消极情绪具有抵抗作用。体育锻炼不但可以转移不愉快的意识、情绪,使人从烦恼和痛苦中摆脱出来,而且可以使不良情绪得到宣泄,有利于对大脑活动的调节。体育锻炼有助于人保持良好的心态,降低焦虑、应激水平,并且可使人产生运动的快感。

3. 体育锻炼可以提高应激能力

应激是指个体对应激源或刺激所做出的反应。应激能力不仅能强化个体的社会适应能力,还能在一定程度上增强个体克服障碍的信心和勇气,增强个体对生活节奏的应变能力。体育锻炼不但使个体适应环境的能力增强,而且可以通过积极的社会交往促进个体的心理健康发展。

4. 体育锻炼可以促进人格的完善

坚强的意志品质可以通过体育锻炼获得。通过体育锻炼,个体可以不断克服客观困难和主观困难,培养良好的意志品质。有关学者认为,体育锻炼在全面提高学生修养、完善个性方面有重要作用,能影响学生的荣誉感、责任心、独立性、自制力、坚定性等多方面的意志品质。

三、体育锻炼的社会效应

人有着生命的生物性,又表现出丰富情感和独立人格的社会性。对人进行培养与教育的最终目的是使其成为社会所需要的人才。现代人更应具备各方面的能力,成为全面发展的高质量新人。体育作为教育的一个重要组成部分,在培养人的社会综合能力方面有着其他学科无法替代的优势。

我国著名的医学心理学家丁瓒教授说:"人类的心理适应,最主要的就是对于人际关系的适应,所以人类的心理病态,主要是由于人际关系的失调而来。"为了保持身心健康,人们既有生理方面的需要,也需要安全、友谊、爱情、亲情、理解、归属和尊重等心理方面的满足。有研究表明,外向性格者比内向性格者的社交需要更强烈,这种社交需要通过集体性的体育活动可得到满足。内向性格者更应该参与集体性的体育活动,这可使自己的性格得到改善。坚持体育活动者要比中途退出体育活动者更能与人形成亲密关系。由此可见,体育活动能促进人的社会交往活动,增进人与人之间复杂的情感交流。

体育运动过程是一个自然的潜移默化的教育过程,是在公平原则下实现竞争、合作、协调的过程。学会在竞争中合作、在合作中公平竞争,是体育竞赛活动的生存准则。在激烈的竞争中,人们为寻求胜利,需要集结成团队,通过活动培养群体意识与协作精神。个体在群体性的体育活动中需要明确自己的角色、责任与作用,体验合作效益与同伴的友谊,从而健全自己的人格。

体育锻炼的社会情感功能与人的社会心理稳定性有直接联系。在正常情况下,人的心理与社会情感保持着平衡。但是快节奏的社会生活会造成人的心理失调,从而引起人的心理状态的异常变化,而参加体育锻炼能获得多种情感体验。这些情感体验往往能够移情于学习、工作、生活,使人精神振奋、奋发向上、充满信心、勇往直前,产生积极的情感变化。体育锻炼在调节社会情感方面的作用也是非常明显的。体育锻炼是一个磨炼人的意志的过程,为人应对在社会中遭受的挫折和困难打下了基础,也为培养人勇于克服困难、承受挫折的品质提供了良好的机会。

体育锻炼能增进人的身体健康、心理健康与社会适应能力,对人类的健康起到了积极的主导作用。因此,为了健康,踊跃参加体育锻炼是一条重要的途径。

知识链接

盛夏锻炼六忌

一忌在强光下锻炼。中午前后,烈日当空,气温最高。除游泳外,忌在此时锻炼,谨防中暑。夏季阳光中紫外线特别强烈,人体皮肤若受长时间照射,可发生灼伤。紫外线还可以透过皮肤、骨头,辐射到脑膜、视网膜,使大脑和眼球受损伤。

二忌锻炼时间过长。一次锻炼时间不宜过长,一般以20~30分钟为宜,以免出汗过多,体温上升过高而引起中暑。如果一次锻炼时间较长,可在中间安排1~2次休息。

三忌锻炼后大量饮水。夏季锻炼时出汗多,如这时大量饮水,会给循环系统、消化系统,特别是心脏增加负担。同时,大量饮水会使出汗更多,盐分进一步丢失,从而引起痉挛、抽筋等症状。

四忌锻炼后立即洗冷水澡。夏季锻炼时体内产热增加,皮肤的毛细血管也大量扩张,以利于身体散热。突然过冷的刺激会使体表已开放的毛孔突然关闭,造成内脏器官功能紊乱,大脑体温调节失常,以致生病。

五忌锻炼后大量吃冷饮。体育锻炼可使大量血液涌向肌肉和体表,而消化系统则处于相对缺血状态。大量的冷饮不仅降低了胃的温度,而且冲淡了胃液,轻则引起消化不良,重则导致急性胃炎。

六忌锻炼后以体温烘衣。夏季运动汗液分泌较多,衣服几乎全部湿透,有些人自恃体格健壮,经常懒于更换汗衣,极易引起风湿病或关节炎。

思考与练习

1. 健康的内涵和标准是什么?
2. 适量体育锻炼对身体健康和心理健康有何影响?

第二章 科学运动

扫码看课件

学习目标

1. 掌握科学运动的基本原则及其方法。
2. 能够在运动中科学地应用健身运动处方。

第一节 科学运动的基本原则与方法

要想使体育运动能够有效地增强体质,提高健康水平和生活质量,达到预期的最佳效果,就必须按照科学的原理,遵循一定的原则,讲究科学运动的方法。

一、科学运动的基本原则

科学运动的基本原则,是体育运动过程中客观规律的反映,是人们在长期体育运动过程中成功经验的总结和概括,是每个参加体育运动的人必须遵循的准则。

(一)自觉性原则

自觉性原则是指进行体育运动是出自运动者的内在需要和自觉的行动及明确的运动目的。学校是培养人才的地方,一个人只有树立起远大目标,才能使体育运动具有长久的动力和自觉性。另外,参加体育运动也是为了丰富文化生活、调节情绪、活泼身心、陶冶情操、磨炼意志和增进健康、促进身体正常发育和造就健美的形体,以及防病治病等。

(二)个别对待性原则

体育运动要想取得良好的效果,必须有一定的运动负荷量,个人必须根据实际状况进行负荷量选择。负荷量过小不能对机体产生积极的影响,机体能力提高不大。负荷量过大,超过了机体的负荷极限时又有损于机体。只有负荷量适当地略超过机体原先已经适应的水平,才能取得良好的效果。适当的负荷量一般采用心率法(有氧运动以本人最高心率的70%强度为标准)进行计算。

（三）安全性原则

体育运动的最终目的是促进健康,所以必须注重体育运动的安全性。任何形式的体育运动都应做到安全第一,如果运动安排、组织不合理,违背科学原则,就可能出现伤、病事故,甚至危及生命。为了保证体育运动的安全,运动者应该做到以下几点:准备活动要充分;不要在水泥地面上进行体育运动,以防长期运动后出现关节劳损,如不可避免,选择穿弹性好的运动鞋;身体虚弱者或慢性疾病患者,进行体育运动时切忌盲目增加运动量或运动强度。

（四）循序渐进原则

循序渐进原则是指在安排运动负荷量时,要由小到大,由简到繁,由易到难,逐步推进。体育运动必须遵循人体生理功能的活动规律,因为人的体质增强是一个不断积累提高的过程,体育运动带给人的好处不能长期储存或保留,必须通过不间断地运动才能促进人体发展。所以安排运动量、负荷量、时间、难度、内容和方法等要有计划、有步骤地进行,运动量要由小到大,运动内容由易到难逐步增加。

（五）全面运动原则

体育运动的主要目的之一是促进人体的身体形态、功能、各系统功能得到全面的发展,并使身体素质及基本活动能力得到全面发展。如运动时不注意身体各部位、各系统的全面发展,就会导致身体发展的不平衡性和不协调性。因此,进行体育运动时要注意内容和手段的多样化。但全面发展不等于没有重点的发展,要根据自身的需要与要求,在全面发展的基础上重点发展。安排运动内容时应该选择一种使身体较多部位得到运动的运动形式,以确保整体功能的全面提高。

二、科学运动的方法

科学运动的方法是指运用各种科学运动的手段和自然因素,有效地增强体质的途径和方法。它是贯彻科学运动基本原则、实现科学运动目的的桥梁,是人类根据人体发展规律,长期科学实践的经验总结。

（一）基本方法

1. 重复练习法

重复练习法是一种要求在不改变动作结构及其外部运动负荷量的情况下,按照既定要求进行练习,各次练习的间歇时间较充分并能使机体基本恢复或超量恢复的训练方法。采用重复练习法时应注意以下问题。

（1）保证充分的间歇时间。间歇时间的确定应以机体基本恢复为准,机体基本恢复后再进行下一次(组)的练习。间歇时间一般为练习时间的 2～3 倍,心率应降至 100 次/分以下,使机体得到充分的恢复。

（2）保持预定的负荷强度。应切实保证每次重复练习的质量,不能因为重复次数多、运动强度大而降低要求。负荷强度的确定应以练习者本人所能承受的最大负荷强度为限。重复次数的确定,应以练习者按照预定负荷强度进行练习并不使技术动作出现过多错误为基本条件。

(3) 合理确定重复要素。重复要素包括重复练习的总次数及每次重复练习的时间和强度等。

2. 间歇练习法

间歇练习法是一种对练习动作结构和运动负荷强度、间歇时间有严格的要求,使机体在不完全恢复状态下,反复进行训练的练习方法。它受五种因素的制约,即每次练习的负荷强度、重复练习的次数或组数、每次练习的时间、各次练习的间歇时间、间歇期间的休息方式。采用间歇练习法进行练习时,人体在运动时心率保持在 120～140 次/分最理想,在这个心率范围内,每搏输出量及氧气运载量均达到最佳效果。采用间歇练习法进行练习时应注意以下问题。

(1) 合理安排运动负荷。运动负荷的大小应根据练习者的实际情况而定,身体状态好,运动水平高,负荷可大些;身体状态差,运动水平低,负荷应小些。

(2) 确保一定的适应过程。在实施间歇练习方案时,应在机体逐步适应后再通过变换各因素参数来确定新的方案,从而达到机体的适应—提高—再适应—再提高的目的。

(3) 掌握科学的间歇时间。练习过程中间歇时间的控制是该练习方法的关键因素。间歇时间影响着负荷强度、负荷量及组数的安排,同时也影响着练习的质量。间歇时间的长短要依据身体状态和运动负荷而定,一般以 40～90 秒为宜。再次运动时心率不应低于 120 次/分。

3. 变换练习法

变换练习法是一种对运动负荷、练习内容、练习形式进行变换,以提高练习者的积极性、适应性及应变能力的练习方法。变换练习法通过采用不同的动作要素、不同运动负荷、不同间歇时间、不同外界环境、不同的器材等对运动负荷进行有效的调节,使机体产生适应性变化,可激发练习者的兴趣和提高练习者的积极性,达到增强机体能力、提高运动效果的目的。变换运动负荷,可使机体各机能产生与有关运动项目相匹配的适应性变化,从而使之具有能够迅速进入运动状态的应激能力,以及具有承受专项比赛时不同运动负荷刺激的能力;变换练习内容,可使练习者各种运动素质、运动技术、运动战术得到系统的训练和协调的发展,从而具有多种运动能力和实际应用的应变能力;变换练习形式,可使练习者在不同的状况下,高质量、高数量、高效率地完成某一训练内容和任务。

4. 连续练习法

连续练习法是一种负荷强度较低、负荷时间较长、练习过程不中断的练习方法,重点发展有氧代谢水平。该方法强调一次持续运动的负荷时间应该长些,负荷强度适中,平均负荷心率指标应为 130～170 次/分。这是因为机体器官的功能惰性较大,约需运动 3 分钟后才能发挥出最高功能水平。因此,为了提高器官的功能水平、有氧工作能力,一次负荷运动的持续时间应在 5 分钟以上。只有这样,才能最大限度地发展有氧代谢水平。该方法常用于一般耐力练习,如较长时间的匀速跑;在非周期项目中巩固某一技术动作和发展专门耐力,如篮球投篮训练中连续做原地起跳投篮练习等。连续练习法的功能:对负荷强度不高但过程细腻的技术动作的条件反射具有独特的作用,有利于该类技术动作技巧化;可使机体运动技能在较长时间的负荷刺激下,产生稳定的训练适应,内脏器官产生适应性的变化;可提高有氧代谢系统的供能能力及该供能状态下有氧运动的强度;可为进一步提高无氧代谢水平及无氧工作强度奠定坚实的基础。

5. 综合练习法

综合练习法的基本结构要素有每练习站的练习内容、每练习站的运动负荷、练习站的安排顺序、练习站之间的间歇、每练习站循环之间的间歇、练习的站数与循环的遍数。

(1) 各种练习法的综合运用要因人、因时、因任务而异。采用综合练习法时应注意练习手段、练习量和强度、练习间歇及练习程度的安排，要从实际出发。

(2) 循环练习法是综合练习法的一种形式，是一种根据具体任务，建立若干练习站(点)后，练习者按照既定顺序、路线依次完成每练习站(点)任务的周而复始、循环往复的练习方法。

6. 游戏法和比赛法

游戏法是指以游戏的方式组织练习的方法。该方法具有竞争性和娱乐性，可充分发挥个人与集体的才智和创造力，在紧张、活泼、愉快的气氛中使身心得到运动和发展，提高人们对体育知识、技能的运用能力。采用游戏法进行练习时，应注意场地环境的要求，按规定和要求进行，以防止运动损伤。

比赛法是指在近似、模拟或真实、严格的比赛条件下，按照比赛的规则和方法，以提高练习质量为目的的练习方法。该方法能最大限度地发挥机体能力，有效地提高身体素质，巩固、提高技术，提高中枢神经系统的协调性和灵活性，培养良好的意志品质和道德作风。

(二) 合理地制订科学运动计划

制订科学运动计划的目的在于加强运动的科学性，便于检查和总结运动效果，提高运动质量。制订计划时，要结合自己的学习和生活情况，做到有利于调节脑力劳动，提高学习效率，使运动与学习相互促进，相得益彰。既要全面运动，又要考虑自己的兴趣爱好，发挥个人的特长。运动计划可分为阶段运动计划和每一天运动计划两种。

1. 阶段运动计划

首先要确定运动阶段，通常以一个学期为一个阶段。其次是确定运动内容，以《国家体育锻炼标准》中的项目为例，感觉比较难合格的项目，应为重点锻炼内容。最后是合理安排运动负荷，当天有体育课时可安排小一些，周末则应安排大一些，其他时间以中等运动负荷为主。

2. 每一天运动计划

早晨以晨跑、做操为主，活动强度不宜太大。下午课外活动时间是最好的运动时间，可进行比较剧烈的运动，按照阶段运动计划确定的内容和强度进行运动，运动量以不影响晚自习为原则。每次运动必须做好准备活动和整理活动。晚饭后或睡觉前不宜做剧烈运动，可适当散步或进行棋类活动。

3. 自我医务监督

医务监督是为了观察运动后的身体状况，以便及时发现问题和及时调整、完善计划。自我医务监督分主观感觉和客观检查两个方面。

(1) 主观感觉指自我感觉(精神状态、身体感觉、伤病反应)、睡眠(熟睡程度、是否失眠、多梦)和食欲(良好、正常、减食、厌食)三个方面。如主观感觉不正常，说明运动计划不合理，就要调整计划，调整运动次数、时间或运动负荷。

(2) 客观检查中最简单易行的方法是测定脉搏和体重。测定脉搏时一般需测基础脉搏和运动时脉搏。基础脉搏即起床时的晨脉，可在腕部或颈侧颈动脉处进行触诊，以10秒为计算单位,连续测定两次,两次测定数值应相同,否则重测,然后换算成 1 分钟的脉搏数。如果运动安排合理,休息得好,疲劳及时消除,晨脉是相对稳定的;如果运动负荷较大,基础脉搏略有增加也属正常;如果运动负荷过大,基础脉搏增加太多,必须及时调整运动计划。运动时脉搏的测定,包括在每次运动前、准备活动后、运动中强度最大时、运动结束后测定,同样以 10 秒为计算单位,将测定数值换算成 1 分钟的脉搏数,以观察身体机能的变化和运动负荷的大小。体重测定应在每周的同一天、同一时间和同一情况下进行。在一般情况下,运动后体重稍有下降,经过适当休息就会恢复。如果体重持续明显下降,说明运动安排不合理,必须及时调整。

(三)适宜的运动负荷

运动负荷是指人体在体育运动中所承受的生理负荷,它反映了运动过程中身体的生理变化。承受不同的运动负荷,身体会出现不同程度的疲劳现象。体育运动是在不断与疲劳做斗争的过程中,提高和发展人体机能水平的,但必须清楚疲劳与过度疲劳的生理界限。利用疲劳程度的标志可以检查运动负荷的大小,如表 2-1 所示。

表 2-1 疲劳程度的标志

内容	轻度疲劳	中度疲劳	非常疲劳	过度疲劳
面色	微红	较红	非常红或明显苍白	苍白、发青
呼吸	稍快	较快	非常快或用嘴呼吸	用嘴喘气、呼吸困难
排汗量	较少	较多	全身汗湿并有盐迹	全身汗湿、出虚汗
注意力	非常集中	比较集中	分散	严重分散
自我感觉	无任何不适感	有点疲劳,一般感觉良好	有不适感、肌肉酸痛	失眠、食欲不振、无力继续运动
动作协调性	动作协调	动作较稳定	动作不稳定、失误增多、反应迟钝	动作明显紊乱
运动负荷	小负荷	中等负荷	大负荷	过度负荷

决定运动负荷的因素有很多,如练习时间、练习强度、练习数量、练习密度等。它们之间密切相关、互相制约,任何一种因素都有可能直接影响运动负荷的大小。

1. 练习时间

练习时间是指一次体育运动的总时间。在确定练习强度和练习密度后,练习时间的长短直接关系到运动负荷的大小。

2. 练习强度

练习强度一般以心率量度作为强度指标。心率与人体内的耗氧量成正比。运动时耗氧越多,心脏跳动越快,运动负荷越大,机体对氧气的消耗就越多。根据这个规律,练习时测定 10 s 心率,然后换算出 1 分钟心率,即可知道练习强度的大小。

3. 练习数量

练习数量用次数、重量和距离等表示。它与运动负荷成正比。

4. 练习密度

练习密度是指实际练习时间占总练习时间的比例。

调整运动负荷的方法包括调整练习的重复次数,改变练习时间,改变动作的速度、幅度或强度,改变动作的难度或练习条件,调整练习的距离,调整竞赛因素等。

知识链接

跑步的好处

跑步是一种健身运动,但对于跑步的好处,很少有人能够有全面的了解。跑步的好处有以下10个方面。

(1) 提高睡眠质量。通过跑步,大脑的供血量、供氧量可以提升25%,夜晚的睡眠质量也提高。

(2) "通风"作用。在跑步的过程中,肺部的容量从5.8 L上升到6.2 L,同时,血液中氧气的携带量也会大大增加。

(3) "泵"力大增。在跑步的过程中,心脏跳动的频率和功效都大大提高,血压和血管壁的弹性也随着升高。

(4) 促进白细胞和致热原的生成。它们能够消除体内很多病毒和细菌。

(5) 促使运动组织更加稳固。经常练习慢跑,肌腱、韧带和关节的抗损伤能力会有所加强,降低运动损伤的概率。同时,皮肤、肌肉和结缔组织也可以变得更加牢固。

(6) 消除紧张感。慢跑可以抑制肾上腺素和皮质醇这两种易造成紧张的激素的分泌,同时机体可以释放让人感觉轻松的内啡肽。

(7) 保持年轻。经常运动可以使生长激素的分泌量增多,有助于延缓衰老。

(8) 储存能量。通过跑步,肌肉中糖原的储存量可从350克上升到600克,同时线粒体的数量也会上升。

(9) 塑形。跑步是减肥、塑形的好方法。通过跑步,女性体内的脂肪含量可以减少12%~20%。

(10) 磨炼意志。长期坚持跑步的人,意志品质将得到很大的提高,而且疲劳恢复亦快,能迅速恢复到平静水平。

第二节 健身运动处方

运动处方是在20世纪50年代以健康为目的开始研究和应用的。1960年,日本猪饲道夫教授首先使用"运动处方"这一术语,1969年世界卫生组织采用了prescribe exercise(运动处方)这一术语,从此该术语在国际上得到确认。

一、运动处方的概念

处方在医学上是指医生给患者开的药方,世界卫生组织对运动处方的概括:对从事体育活动的锻炼者,根据医学检查资料,包括运动实验及体力测试,按其健康、体力及心血管功能状况,结合生活环境条件和运动爱好等个体特点,运用处方的形式规定适当的运动项目、时间及频率,并指出运动中的注意事项,以便其有计划地经常性锻炼,达到健身或治病的目的。简单地说,运动处方即用处方的形式规定体疗患者或健身运动参加者的运动内容、运动量和运动强度,它是指导人们有目的、有计划、科学锻炼的一种形式。一般运动处方多指以提高心肺功能为主要目的的处方,但实际上,进行肢体功能锻炼、矫正体操锻炼等时也应以处方形式规定锻炼内容及运动量。

二、运动处方制订的基本原则

(一) 实事求是原则

制订运动处方时要根据个人的情况,制订出符合个人身体客观条件及要求的运动处方。对不同的疾病,运动处方不同;同一疾病在不同的病期,运动处方不同;同一个体在不同的功能状态下,运动处方也应有所不同。应该以体力作为制订运动处方的依据,合理安排运动强度和运动量。参与者应该自己把握自己,双方结合才能获得最有效、安全的处方。

(二) 循序渐进原则

制订运动处方时,要根据不同人的不同情况,将长期目标和短期目标相结合,逐步使机体适应,保证在安全有效的范围内进行活动。

(三) 区别对待原则

制订运动处方时,应考虑不同人群的不同特点。每个人的情况不同,他们的运动处方也不会完全相同。要有一定的安全界限和有限界限,对于运动处方,体力差别比年龄差别更大。

(四) 全面原则

制订运动处方时应遵循全面身心健康的原则,在运动处方的制订和实施过程中,应注意维持人体生理和心理的平衡,以达到"全面身心健康"的目的。

三、健身运动处方的内容

健身运动处方的内容包括运动目的、运动项目、运动强度、运动持续时间、运动频度及注意事项等。

(一) 运动目的

治病、防病、减肥、健身、娱乐及提高运动成绩等。

(二) 运动项目

健身运动处方的运动项目可分为三类:有氧(耐力性)运动、力量性运动及伸展运动和健身操。有氧运动是耐力性的运动项目,如步行、慢跑、游泳、滑冰、跳绳、骑自行车、上下楼梯及操纵室内活动平板(跑台)等。有氧运动是运动处方中最基本、最主要的锻炼方式。力量性运动可以增强肌肉力量、改善神经肌肉协调性、增加关节灵活性。伸展运动和健身操包括广播体操、五禽戏、八段锦、太极拳、健身舞蹈及各种医疗体操和矫正体操等,可以用于治疗、预防疾病,还可以用于健身和塑形,能有效地消除疲劳、放松神经、改善体型、改善机体的柔韧性。

(三) 运动强度

运动强度是运动处方的核心及制订健身运动处方时最难执行的部分,是单位时间内完成的运动量,即运动强度=运动量/运动时间,也就是说运动量是运动强度和运动时间的乘积,即运动量=运动强度×运动时间。运动强度可用最大吸氧量、代谢当量(MET)、心率、自感用力度等表示。由于运动强度对机体的影响最大,因此,它的安排恰当与否是影响健身运动处方效果的关键。运动强度与心率基本成正比关系,所以经常用心率作为运动强度的定量指标,而心率在人体运动中与年龄成反比。表2-2所示为根据年龄推算出相应的运动强度(心率)。

表2-2 根据年龄推算出相应的运动强度(心率)　　　　　　　　　单位:次/分

运动强度		20～29岁	30～39岁	40～49岁	50～59岁	60岁及以上
大强度	100%	190	185	175	165	155
	90%	175	170	165	155	145
中等强度	80%	165	165	150	145	135
	70%	150	150	140	135	125
	60%	135	135	130	125	120
小强度	50%	125	125	115	110	110
	40%	110	110	105	100	100

(四) 运动持续时间

运动持续时间是指每次运动的时间,即健身运动处方要求的运动强度的持续时间。运动持续时间的长短要根据个人资料、医学检查、运动频度的大小等具体条件而定。运动持续时间的长短对运动效果有很大影响。

(五) 运动频度

健身运动处方中,运动频度即每周的运动次数。运动间隔时间过长或过短都会影响健身运动处方的效果。在健身运动处方中,运动频度一般由每周锻炼的次数来表示。运动频度的确定取决于运动强度和运动持续时间。最低的运动频度为每周锻炼2次。一般认为,每周锻炼3～4次,即隔1天锻炼1次,这种运动频度的锻炼效率最高。运动频度更高时,锻炼效率增加并不多,且有增加运动损伤的风险。

（六）注意事项

明确运动的禁忌证或不宜进行运动的特征；进行力量性运动时，以不引起明显疼痛为度；力量性运动前后应做好准备活动和整理放松运动；运动时要尽量保持正确姿势，按照动作要领正确完成动作；必要时给予保护和帮助；运动时要循序渐进，量力而行；在运动中出现损伤或运动性疾病时要停止运动。

四、实施健身运动处方

健身运动处方是在指导教师或医生的指导下制订的。它是体育健身的主要依据，运动的形式必须是运动者易接受的。此外，健身运动处方的制订必须具体、严密，让参加者没有偷懒的机会，同时在实施的过程中要切合实际做出调整，以取得成效。健身运动处方如图 2-1 所示。

姓名		性别		年龄		指导教师或医生		（签字）	
健康检查				病史及运动史					
	身高/厘米			体重/千克		安静脉搏数/(次/分)			
	血压	收缩压 舒张压		尿检查		尿蛋白 尿糖	心电图 检查		
体力检查 （12分钟跑）		测试次数		测试日期		测试距离/米		力评价等级	
		第一次		月　日					
		第二次		月　日					
运动处方	体育锻炼内容	运动强度(脉搏/(次/分))				一次运动时间		一周锻炼次数	
		安全界限	效果界限						
	1. 2. 3.								
	百分比运动强度(脉搏数)	最大脉搏数 80%强度 70%强度 60%强度 50%强度 次/分				最大脉搏数计算方法：$b=210-0.8x$（其中，b 为最大脉搏数，x 为年龄）百分比运动强度(脉搏数)计算方法：$Q=(b-a)y+a$（其中，Q 为该百分比运动强度(脉搏数)，b 为最大脉搏数，a 为安静脉搏数，y 为百分比运动强度）			
备注									

图 2-1　健身运动处方

知识链接

青春期健身需要注意的问题

第一,不宜盲目追求运动量。处于青春初期的少年儿童,身体尚未充分发育。在生理方面,肌肉纤瘦、骨骼细嫩、内脏器官不成熟;在心理方面,则容易自我估计不足。若凭一时冲动或兴趣,骤然进行强度大、负荷重的大运动量活动,会造成运动损伤,如骨折、肌肉拉伤、关节扭伤等。

第二,项目不宜缺乏针对性。人体各器官组织的发育都有各自的最佳期,健身时应选择最有针对性的项目。如男性12~15岁(女性11~13岁)是身高的突增期,此时进行球类、游泳、奔跑等伸展性练习,有助于长高。又如男性15~17岁(女性13~15岁)是肌肉的迅速增长期,进行体操、负重等力量性练习,有助于强健肌肉。若是过度健身,效果反而大大降低。

第三,项目不宜单一片面。各种运动项目对于青少年健康发育都有优点和不足,应全面锻炼。一般来说,足球运动对下肢和心脏的锻炼效果较好,对上肢和躯干的锻炼效果就差些;进行器械体操运动时,对上肢和躯干的锻炼多,对心脏和下肢的锻炼相对较少。因此,根据个人的兴趣爱好特点,以一两项运动为主,辅以多项目的练习,是青少年进行身体锻炼的理想途径。

第四,不宜逆反"生物钟"。人体的兴奋与抑制的生理和心理特征,与人们常说的"生物钟"有关。早晨6时、上午9时和下午4时以后是青少年进行健身并提高学习效率的较佳运动时间,运动量可根据当时的心理和生理状态灵活把握。如果扰乱"生物钟",会使内分泌和生活节奏不协调,于健康发育不利,于学习生活无益。

第五,环境不宜污浊。清静幽雅的运动环境是人体在运动过程中进行"吐故纳新"的良好条件。不注意运动环境和体育卫生的锻炼,会给身体带来危害。如在水泥路等坚硬的场地上运动,吸入空气中混杂的多种化学物质,易引起呼吸系统疾病和眼角膜炎;在尘土多、空气混浊的环境里运动,会妨碍肺泡的气体交换,造成人体供氧不足。

第六,不宜急起急停。自我控制能力较差是青少年在进行健身时存在的主要缺点之一。有的人在运动前不做准备活动,有的人在剧烈运动后不做整理活动,甚至在运动后大汗淋漓时,便立即跑进室内就餐或学习,这些均对健康不利。此外,饭前及饭后半小时进行剧烈运动均有碍消化。

思考与练习

1. 科学运动的基本原则是什么?
2. 科学运动的方法有哪些?
3. 如何合理地制订科学运动计划?
4. 运动处方制订的基本原则有哪些?

第三章　合理膳食

扫码看课件

学习目标

1. 熟悉营养的概念、人体对能量的需求及六大营养素的生理功能。
2. 了解营养与缺铁性贫血、肥胖症及糖尿病的关系和防治。

第一节　人体对营养的需求

目前已经证实,人类必需的营养素超过40种,有些营养素必须通过食物摄入来满足人体的需要,每种天然食物中所含的营养素的种类和数量各有不同,正确认识营养素的生理功能和机体对营养素的需求量是合理营养的基础。

一、基本概念

1. 营养

从字义上讲,"营"为谋求,"养"为养生,营养就是谋求养生的意思,具体来说是指人体通过从外界摄取各种食物,经过消化、吸收和新陈代谢,以维持机体的生长、发育和各种生理功能的生物学过程。

2. 营养学

营养学属于生命科学的一个分支,也是预防医学的重要组成部分,是研究人体营养过程、需要和来源,以及营养与健康关系的一门学科。

3. 营养素

营养素是指食物中能够被人体消化、吸收和利用的有机和无机物质,包括七大类:蛋白质、脂类、糖类(碳水化合物)、矿物质、维生素、水和膳食纤维。营养素能构成和修补身体细胞、组织,供给人体生长发育和组织自我更新所需的材料;提供能量,维持体温,满足生理活动和从事生产劳动的需要;维持和调节人体器官功能和代谢反应,使身体各部分工作能正常进行。

4. 营养素的相互关系

人体每天从食物中摄取的各种营养素在体内不是孤立的,它们必须相互配合才能发挥生理功能。例如,脂类、碳水化合物和蛋白质的代谢过程需要维生素和矿物质(包括微量元素)的参与。又例如,膳食中铁的吸收和利用需要维生素 C 和铜、钼、锰等微量元素的协助。蛋白质、脂类和碳水化合物三大营养素除了各自有其独特的生理功能之外,还都是产生能量的营养素,在能量代谢中既互相配合又互相制约。例如,脂类必须有碳水化合物的存在才能彻底氧化而不致因产生酮体而导致酸中毒。又例如,碳水化合物和脂类在体内可以互相转化,互相替代,而蛋白质是不能由脂类或碳水化合物所替代的。但充裕的脂类和碳水化合物供给可避免蛋白质被当作能量的来源。由此可见,在膳食中必须合理搭配这三种营养素,保持三者平衡,才能使能量供给处于最佳状态。

二、人体对能量的需求

生命活动最基本的特征是新陈代谢,即人体不断通过物质代谢来构建、更新自身组织,通过能量代谢来驱动各种生命活动。人体能利用的能量主要来源于食物中碳水化合物、脂类和蛋白质分子结构中蕴藏的化学能。

(一)能量的单位及其相互换算

能量的单位多年来一直用卡(cal)或千卡(kcal)表示。1 cal 是指 1 克水从 15 ℃上升到 16 ℃所吸收的能量。目前国际上通用的能量单位是焦耳(J)。为了实用,营养学上常用千焦(kJ)或者兆焦(MJ)作为能量单位,其换算关系如下:

$$1\text{ 千卡(kcal)} = 4.185\text{ 千焦(kJ)}$$
$$1000\text{ 千卡(kcal)} = 4.185\text{ 兆焦(MJ)}$$
$$1\text{ 千焦(kJ)} = 0.239\text{ 千卡(kcal)}$$

(二)人体能量的消耗

人体对能量的需求量取决于机体对能量的消耗量。成人的能量消耗主要用于基础代谢、体力活动和食物的特殊动力作用。孕妇、哺乳期妇女、婴幼儿、儿童、青少年的能量消耗还包括生长发育的特殊能量需要。

1. 基础代谢

基础代谢(basal metabolism,BM)是指人在室温(18～25 ℃)条件下,禁食 12 小时后,处于放松、静卧、清醒状态下的用于维持体温、呼吸、心跳等机体最基本生命活动所必需的能量消耗。

2. 体力活动

人体进行的各种体力活动所消耗的能量占人体总能量消耗的 15%～35%。肌肉越发达、体重越重、强度越大、持续时间越长、工作越不熟练,体力活动所消耗的能量越多。中国营养学会将我国成人的活动水平划分为轻、中、重三级,如表 3-1 所示。

表 3-1　中国成人的活动水平分级

活动水平	职业工作时间分配	工作内容举例	PAL 男	PAL 女
轻	75%的时间坐或站立 25%的时间站着活动	办公室工作、修理电器和钟表、售货员、酒店服务员、化学实验操作、讲课等	1.55	1.56
中	25%的时间坐或站立 75%的时间特殊职业活动	学生日常活动、机动车驾驶、电工安装、车床操作、金工切割等	1.78	1.64
重	40%的时间坐或站立 60%的时间特殊职业活动	非机械化农业劳动、炼钢、舞蹈、体育运动、装卸、采矿等	2.10	1.82

注：PAL为体力活动水平。

3. 食物的特殊动力作用

食物的特殊动力作用是指人体摄取食物、消化食物引起体内能量消耗增加的现象。通常蛋白质的特殊动力作用最高，其次是碳水化合物，最后才是脂类。

4. 生长发育等的特殊能量需要

对于儿童、孕妇以及长期患病、引起机体高消耗而处于恢复期的患者，其能量的消耗还要用于机体的生长发育等特殊需要。

知识链接

能量的平衡

人体消耗的能量需从外界摄取食物才能得以补偿，使机体消耗的能量和摄取的能量趋于相等，营养学上称为能量的平衡。能量的平衡，并不是要求每个人每天的能量摄取都要做到平衡，而是要求成人在5~7天内消耗的与摄入的能量平均值趋于相等。能量的平衡，能使机体保持健康，胜任必要的工作、学习和劳动。饥饿或疾病等原因，可引起能量摄入不足，进而导致体力、环境适应能力和抗病能力下降，以及工作效率低下；而过多的能量摄入则会导致肥胖症、原发性高血压、心脏病、糖尿病和某些癌症发病率明显上升。

三、蛋白质

蛋白质是一切生命的物质基础，正常成人体内蛋白质含量占体重的16%~19%。人体内蛋白质始终处于不断分解和不断合成的动态平衡中，使组织蛋白不断更新和修复，人体每天约更新3%的蛋白质。蛋白质主要由碳、氢、氧、氮四种元素组成。蛋白质元素组成的最大特点是含有氮。有些蛋白质还含有硫、磷、铁等其他元素。上述这些元素按一定结构组成氨基酸。氨基酸是蛋白质的组成单位。

（一）生理功能

蛋白质的主要生理功能,包括形成新组织,维持组织更新和修复,调节机体生理过程,供给能量。长期蛋白质摄入不足,机体首先出现负氮平衡,组织蛋白被破坏。婴幼儿及青少年表现为生长发育迟缓、消瘦、体重过轻甚至智力发育障碍;成人则出现疲惫、体重减轻、贫血、血浆蛋白水平降低,并可出现营养性水肿;女性还可出现月经障碍、乳汁分泌减少等。蛋白质缺乏往往与能量缺乏同时出现,称为蛋白质-能量营养不良(protein-energy malnutrition,PEM)。

（二）必需氨基酸

蛋白质是由若干个氨基酸以肽键的形式连接而成的,构成人体蛋白质的氨基酸有20种。在这20种氨基酸中,有8种氨基酸人体不能合成或合成的速度比较慢,不能满足机体的需要,必须从食物中直接获得,称为必需氨基酸。它们分别为异亮氨酸、亮氨酸、赖氨酸、蛋氨酸、苯丙氨酸、苏氨酸、色氨酸和缬氨酸。婴儿中必需氨基酸比成人多一种,即组氨酸。其余则为非必需氨基酸,可在人体内由其他氨基酸转变而来。在人体合成蛋白质时,非必需氨基酸与必需氨基酸同等重要。此外,半胱氨酸和酪氨酸在体内分别由蛋氨酸和苯丙氨酸转变而成,如果膳食中能提供这两种氨基酸,则人体对蛋氨酸和苯丙氨酸的需要可分别减少30%和50%。因此,这两种氨基酸称为条件必需氨基酸。

（三）蛋白质的分类

营养学上根据所含氨基酸的种类和数量将食物蛋白分为以下三类。

1. 完全蛋白质

这是一类优质蛋白。它们所含的必需氨基酸种类齐全,数量充足,彼此比例适当。这一类蛋白质不但有助于维持人体健康,还可以促进生长发育。奶、蛋、鱼、肉中的蛋白质都属于完全蛋白质。

2. 半完全蛋白质

这类蛋白质所含氨基酸虽然种类齐全,但其中某些氨基酸的数量不能满足人体的需要。它们可以维持生命,但不能促进生长发育。例如,小麦中的麦胶蛋白便是半完全蛋白质,含赖氨酸很少。食物中所含与人体所需相比有差距的某一种或某几种氨基酸称限制氨基酸。例如,谷类蛋白质中赖氨酸含量较少,所以,它们的限制氨基酸是赖氨酸。

3. 不完全蛋白质

这类蛋白质不能提供人体所需的全部必需氨基酸,单纯靠它们既不能促进生长发育,也不能维持生命。例如,肉皮中的胶原蛋白便是不完全蛋白质。

（四）蛋白质的来源

蛋白质广泛存在于动植物性食物中。动物性蛋白质来源于鱼、肉、蛋、奶等食物,其中蛋白质含量:肉类10%~20%,蛋类12%~14%,奶类1.5%~4%。植物性蛋白质主要来源于谷类和豆类等食物,其中蛋白质含量:谷类6%~10%,大豆36%~40%。其他如硬果类食物,含蛋白质15%~25%。我国以谷类为主食,由于数量大,目前我国人群膳食中来自谷类的蛋白质仍占相当的比例,为改善膳食,膳食中优质蛋白质应占膳食蛋白质总量的30%～50%。

(五)参考摄入量

中国营养学会建议蛋白质推荐摄入量如下:成年男女轻体力活动时分别为75克/天和65克/天,中等体力活动时分别为80克/天和70克/天,重体力活动时分别为90克/天和80克/天。蛋白质供给的能量占总能量的百分比:成人为10%～12%,儿童、青少年为12%～14%。

四、脂类

脂类是一大类具有重要生物学作用的化合物,溶于有机溶剂而不溶于水。脂类是人体需要的重要营养素之一,是脂肪和类脂的总称。脂肪由一分子甘油和三分子脂肪酸构成,故脂肪又称为三酰甘油。类脂包括磷脂、糖脂、固醇类、脂蛋白等。正常人体内脂类含量占体重的14%～19%,肥胖者约占32%,重度肥胖者可高达60%左右。

(一)生理功能

脂类的主要功能如下。

(1)提供能量,1克脂肪在体内氧化可产生9 kcal的能量,是产热最高的营养素。

(2)构成人体组织。

(3)增加饱腹感,改善食物感官性状。

(4)维持体温和保护内脏器官。

(5)促进脂溶性维生素A、维生素D、维生素E、维生素K的吸收,有些食物脂肪如鱼肝油、奶油含有丰富的维生素A和维生素D。

(6)提供必需脂肪酸。

(二)脂肪酸的分类

脂肪酸是构成脂肪的基本单位,其种类有很多。

1. 按脂肪酸饱和程度分类

脂肪酸按饱和程度分为饱和脂肪酸和不饱和脂肪酸。饱和脂肪酸可显著升高血清总胆固醇和低密度脂蛋白胆固醇的水平。不饱和脂肪酸又分为单不饱和脂肪酸和多不饱和脂肪酸。单不饱和脂肪酸可降低血清总胆固醇、三酰甘油、低密度脂蛋白胆固醇水平和升高高密度脂蛋白胆固醇水平;多不饱和脂肪酸可降低血清总胆固醇和低密度脂蛋白胆固醇水平,但不升高高密度脂蛋白胆固醇水平,过多摄入会产生脂质过氧化反应,促进化学致癌,此外,n-3系列有抑制免疫功能的作用。几种常用油脂的脂肪酸组成如表3-2所示。

表3-2 几种常用油脂的脂肪酸组成

油脂	饱和脂肪酸/(%)	单不饱和脂肪酸/(%)	多不饱和脂肪酸/(%)
大豆油	14	25	61
花生油	14	50	36
玉米油	15	24	61

续表

油　脂	饱和脂肪酸/(%)	单不饱和脂肪酸/(%)	多不饱和脂肪酸/(%)
低芥酸菜籽油	6	62	32
葵花籽油	12	19	69
棉籽油	28	18	54
芝麻油	15	41	44
棕榈油	51	39	10
猪脂	38	48	14
牛脂	51	42	7
羊脂	54	36	10
鸡脂	31	48	21
深海鱼油	28	23	49

2. 按脂肪酸空间结构分类

脂肪酸按空间结构分为顺式脂肪酸和反式脂肪酸。反式脂肪酸可使血清总胆固醇、低密度脂蛋白胆固醇和极低密度脂蛋白胆固醇水平升高，而使高密度脂蛋白胆固醇水平降低，因此，其具有增高心血管疾病发生率的危险。

（三）脂肪的供给量和来源

1. 脂肪的供给量

脂肪无供给量标准。不同地区由于经济发展水平和饮食习惯的差异，脂肪的实际摄入量有很大差异。中国营养学会建议膳食脂肪供给量不宜超过总能量的30%，其中饱和、单不饱和、多不饱和脂肪酸的比例应为1∶1∶1。亚油酸提供的能量达到总能量的1%～2%即可满足人体对必需脂肪酸的需要。

2. 脂肪的来源

脂肪的主要来源是烹调用油脂和食物本身所含的油脂。表3-3所示为几种食物中的脂肪含量。由表3-3可见，果仁脂肪含量最高，各种肉类居中，米、面、蔬菜、水果的脂肪含量很低。

表3-3　几种常见食物的脂肪含量

食物名称	脂肪含量/(克/100克)	食物名称	脂肪含量/(克/100克)
猪肉(肥)	90.4	芝麻	39.6
猪肉(肥瘦)	37.4	葵花籽仁	53.4
牛肉(肥瘦)	13.4	松子仁	70.6
羊肉(肥瘦)	14.1	大枣(干)	0.4
鸡肉	9.4	栗子(干)	1.7
牛奶粉(全脂)	21.2	南瓜子(炒)	46.1

续表

食物名称	脂肪含量/(克/100克)	食物名称	脂肪含量/(克/100克)
鸡蛋	10.0	西瓜子(炒)	44.8
大豆(黄豆)	16.0	水果	0.1~0.5
花生仁	44.3	蔬菜	0.1~0.5
核桃仁	58.8	米、面	0.8~1.5

五、碳水化合物

碳水化合物是由碳、氢、氧三种元素组成的一类化合物,其中大部分氢和氧的比例与水分子中氢和氧的比例相同,因而被称为碳水化合物,又称为糖类。

(一)碳水化合物的分类

根据分子结构的繁简,碳水化合物分为单糖、双糖和多糖三大类。

单糖是最简单的碳水化合物,是构成食物中各种碳水化合物的最基本单位。单糖易溶于水,可直接被人体吸收利用。常见的单糖有葡萄糖、果糖和半乳糖。葡萄糖主要存在于植物性食物中,人血液中的糖是葡萄糖。果糖存在于水果中,蜂蜜中含量最高。大部分果糖经肝脏转变为葡萄糖被机体吸收。果糖是甜度最高的一种糖,它的甜度是蔗糖的1.75倍。半乳糖是乳糖的重要组成部分,经肝脏转变为葡萄糖被机体吸收。

双糖是由两分子单糖脱去一分子水缩合而成的糖,易溶于水。它需要分解成单糖才能被机体吸收。常见的双糖有蔗糖、麦芽糖和乳糖。蔗糖是一分子葡萄糖和一分子果糖缩合而成的,是我们日常生活中最常食用的糖。白糖、红糖都是蔗糖。麦芽糖是两分子葡萄糖缩合而成的,谷类种子发芽时含量较高,麦芽中的含量尤其高。乳糖是由一分子葡萄糖和一分子半乳糖缩合而成的,存在于人和动物的乳汁中,其甜度只有蔗糖的1/6。乳糖不易溶于水,因而在肠道中吸收较慢,有助于乳酸菌的生长繁殖,对预防婴幼儿肠道疾病有益。没有被充分分解的乳糖大量进入大肠后被细菌分解,产酸产气,引起胃肠不适、胀气、痉挛和腹泻等,这种情况在营养学上称为乳糖不耐受。

寡糖是由3~10个单糖构成的,主要有棉子糖和水苏糖。这两种糖不能被肠道消化酶分解而消化吸收,但在大肠中可被肠道细菌代谢,产生气体和其他产物,引起肠腔胀气,故也称为"胀气因子"。通过适当加工可减少其不良影响。有一些不被人体利用的寡糖可被肠道有益细菌(如双歧杆菌)利用,促进这类菌群的增加,对机体可起到保健作用。

多糖是由许多单糖分子结合而成的高分子化合物,无甜味,不溶于水。多糖主要包括淀粉、糊精、糖原和膳食纤维。淀粉是谷类、薯类、豆类食物的主要成分。淀粉在消化酶的作用下可分解成糊精,再进一步消化成葡萄糖被吸收。糖原也称动物淀粉,是动物体内储存葡萄糖的一种形式,主要存在于肝脏和肌肉内。当体内血糖水平下降时,糖原即可重新分解成葡萄糖以满足人体对能量的需要。膳食纤维虽不能被人体消化用来提供能量,但仍有其特殊的生理功能。

（二）碳水化合物的生理功能

1. 供给能量

碳水化合物是供给人体能量的最主要、最经济的来源。它在体内可迅速氧化、及时提供能量。1 克碳水化合物可产生 16.7 kJ（4 kcal）能量。脑组织、心肌和骨骼肌的活动需要靠碳水化合物提供能量。

2. 构成一些重要的生理物质

碳水化合物是细胞膜的糖蛋白、神经组织的糖脂以及传递遗传信息的脱氧核糖核酸（DNA）的重要组成成分。

3. 节约蛋白质

碳水化合物摄入充足时，蛋白质可执行其特有的生理功能而免除被作为能量消耗。由于脂肪不能转变为葡萄糖，当碳水化合物缺乏时，就要动用体内蛋白质，甚至是组织器官（如肌肉、肝脏、肾脏、心脏）中的蛋白质，久而久之就会对人体造成伤害。节食减肥的危害性也与此有关。因此，碳水化合物充足时，人体首先利用碳水化合物作为能量来源，从而避免将宝贵的蛋白质用来提供能量。

4. 抗生酮作用

脂肪代谢过程中必须有碳水化合物存在才能完全氧化而不产生酮体。酮体是酸性物质，血液中酮体浓度过高会发生酸中毒（如酮症）。摄入充足的碳水化合物就有抗生酮作用。人体每天需要 50～100 克碳水化合物才能防止酮症的发生。

5. 糖原有保肝解毒作用

肝内糖原储备充足时，肝细胞对某些有毒的化学物质和各种致病微生物产生的毒素有较强的解毒能力。碳水化合物经糖醛酸途径代谢生成的葡萄糖醛酸，是体内一种重要的结合解毒剂，在肝脏中能与有害物质如细菌毒素、酒精、砷等结合，以消除或减轻这些物质的毒性或生物活性，从而起到解毒作用。

（三）碳水化合物的供给量和来源

1. 碳水化合物的供给量

膳食中碳水化合物提供的能量占总能量的 80％以上或 40％以下均不利于健康。膳食中由碳水化合物供给的能量占总能量的 55％～65％较为适宜。精制糖提供的能量不能超过总能量的 10％。

2. 碳水化合物的来源

碳水化合物来源甚广，我国居民膳食中的碳水化合物主要来自谷类（如小麦、稻米、玉米、小米、高粱米），含量为 70％～75％；豆类（如绿豆、赤豆、豌豆、蚕豆），含量为 50％～60％；薯类（如马铃薯、甜薯、芋头），含量为 20％～25％。这些食物主要含有淀粉，甘蔗和甜菜是蔗糖的主要来源，蔬菜和水果除含少量可利用的单糖、双糖外，还含有纤维素和果胶类。食糖（白糖、红糖）几乎 100％是碳水化合物。

六、维生素

维生素是维持机体正常生理功能及细胞内特异代谢反应所必需的一类微量分子有机化合物,在体内含量极微,但在机体代谢、生长发育的过程中起着重要作用。它们的化学结构与性质虽然各异,但有如下共同特点:①均以维生素本身或机体能利用的前体化合物的形式存在于天然食物中;②非机体结构成分,不能提供能量,但担负着特殊的代谢功能;③一般不能在体内合成(维生素D例外)或合成量很少,必须由食物提供;④人体只需要少量即可满足,但绝不能缺少,否则可引起维生素缺乏症。

根据其溶解性,可将维生素分为两大类:脂溶性维生素,包括维生素A、维生素D、维生素E和维生素K;水溶性维生素,包括B族维生素(维生素B_1、维生素B_2、维生素PP、维生素B_6、叶酸、维生素B_{12}、泛酸、生物素)和维生素C。水溶性维生素缺乏时出现症状较快,而脂溶性维生素缺乏时出现症状较慢。

维生素种类很多,目前发现的有30余种,维生素缺乏的常见原因如下:①膳食中维生素含量不足;②体内吸收障碍,如胃肠疾病,使维生素的吸收利用率降低,膳食中脂肪过少、纤维素过多,也可减少维生素的吸收;③需要量增加,如婴幼儿、乳母、孕妇、疾病恢复期患者等对维生素的需要量增高,而未能及时补充,易出现维生素缺乏症。

目前维生素的亚临床缺乏(也称为维生素边缘缺乏)是营养缺乏症的一个主要问题。亚临床缺乏者体内维生素营养水平处于低下状态,降低了机体对疾病的抵抗力而导致机体出现一些症状。由于这些症状不明显,故应引起高度重视。

(一)维生素A

维生素A(视黄醇)对热、酸和碱较稳定,一般的加工烹调和罐头加工不致引起破坏,但其易被氧化,紫外线可促进其氧化破坏。

1. 生理功能

(1)维持正常视觉:维生素A在体内参与眼球视网膜内视紫红质的合成与再生,维持正常视力。

(2)维护上皮细胞正常生长与分化:维生素A可影响黏膜细胞中糖蛋白的生物合成,从而影响黏膜的正常结构。

(3)促进生长发育:维生素A可促进动物生长及骨骼发育,其机制可能是促进蛋白质生物合成及骨细胞的分化。

(4)防癌:近年来研究证明,维生素A及其衍生物有防癌作用,维生素A与胡萝卜素摄入量高者患肺癌等上皮癌的危险性降低。

2. 缺乏与过量

维生素A缺乏时机体暗适应能力下降,严重时可导致夜盲症;可引起上皮组织的改变,如皮肤干燥,毛囊角化,呼吸、消化、泌尿、生殖系统上皮细胞角化变性,局部抵抗力降低,引起感染;还可引起睫毛结膜干燥角化,形成眼干燥症,进一步可致角膜软化、溃疡穿孔而致失明。儿童缺乏维生素A可使生长停止,发育迟缓,骨骼发育不良;孕早期缺乏维生素A,可引起早产,分娩低体重儿等。

饮食中维生素 A 摄入过量,可致急、慢性中毒:一次或多次摄入的剂量为推荐摄入量(RNI)的 100 倍,即可引起急性中毒;成人使用剂量为其 RNI 的 10 倍以上,即可出现头痛、脱发、皮肤瘙痒、毛发稀少、肝大等慢性中毒症状。大多数中毒是由服维生素 A 制剂(如鱼肝油)引起的,普通食物一般不会引起中毒。大量摄入类胡萝卜素,可发生高胡萝卜素血症,出现类似黄疸的皮肤,但停止摄入后症状可消失,未发现其毒性。

3. 食物来源与适宜摄入量

(1) 食物来源:维生素 A 较为丰富的食物来源是各种动物的肝脏、鱼肝油、鱼卵、全奶、奶油、禽蛋等。维生素 A 的良好来源是深色蔬菜和水果,如菠菜、冬寒菜、空心菜、莴笋叶、芹菜叶、胡萝卜、豌豆苗、红心红薯、辣椒及杧果、杏、柿子等。

(2) 适宜摄入量:中国营养学会建议适宜摄入量(AI)为成年男性每天 800 微克 RAE/d,成年女性每天 700 微克 RAE。由于胡萝卜素在体内利用率不是很稳定,故建议儿童及成人供给量中至少应有 1/3 来自动物性食物。

(二)维生素 D

维生素 D 属于固醇类,主要包括维生素 D_2、维生素 D_3。在人和动物皮下组织中的 7-脱氢胆固醇经紫外线照射形成维生素 D_3,存在于藻类植物及酵母中的麦角固醇经紫外线照射形成维生素 D_2。

1. 理化性质

维生素 D 的化学性质比较稳定,在中性和碱性环境中耐热,不易被氧化破坏,如在 130 ℃下加热 90 分钟,仍能保持其活性,但其在酸性环境中则逐渐分解。当脂肪酸败时,可使其中的维生素 D 破坏。

2. 生理功能

维生素 D 的主要功能是调节体内钙磷代谢,促进钙的吸收和利用,以构成健全的骨骼和牙齿。其也可促进小肠钙的吸收,将钙主动转运透过黏膜细胞进入血液循环。目前已经确认存在维生素 D 内分泌系统,其主要调节因子是甲状旁腺激素及血清钙和磷浓度。当血钙浓度过高时,甲状旁腺激素水平下降,降钙素分泌增加,尿中钙和磷排出增多。

3. 缺乏与过量

维生素 D 缺乏或不足时,钙磷代谢紊乱,血清钙、磷浓度降低,致使骨组织钙化发生障碍。在婴幼儿时期出现佝偻病,成人发生骨软化症,多见于孕妇、乳母和老年人。过量摄入维生素 D 也可引起维生素 D 过多症,多见于长期大量给儿童服用浓缩的维生素 D,可导致食欲缺乏、体重减轻、恶心呕吐、腹泻、头痛等。

4. 食物来源和供给量

维生素 D 主要存在于动物性食物中,包括海水鱼(如沙丁鱼)、动物肝脏、蛋黄及鱼肝油制剂。奶类中其含量不高,故 6 个月以下以奶为主食的婴儿要适量补充,但不可过量。肉类食品及植物性食物中其含量很低。成人若能经常接受日照,一般膳食条件下无须补充。对婴儿及儿童来说,经常晒太阳是机体获取维生素 D 的重要途径。

中国营养学会建议维生素 D 适宜摄入量为成人每天 5 微克,儿童、孕妇、乳母及老年人每天 10 微克。

（三）维生素 E

维生素 E(生育酚)为黄色油状液体,溶于脂肪,对热、酸稳定,遇碱易被氧化,在酸败的油脂中维生素 E 多被破坏,一般的食物烹调方法对其影响不大,但油炸可使维生素 E 的活性明显降低。

1. 生理功能

（1）抗氧化作用:维生素 E 是高效抗氧化剂,在体内保护细胞免受自由基损害,可以维持细胞膜的完整和正常功能。

（2）防治心血管疾病:维生素 E 能促进毛细血管增生,改善微循环,有利于防治动脉粥样硬化及其他心血管疾病。

（3）延缓衰老:维生素 E 可以改善皮肤弹性,减少脂褐质形成,使性腺萎缩程度减轻,提高免疫能力。

（4）与生育有关:维生素 E 与动物精子生成和繁殖能力有关,缺乏时可出现睾丸萎缩及上皮变性、孕育异常,但对人类未见引起不育症。临床上常用维生素 E 治疗先兆流产和习惯性流产。

2. 缺乏与过量

维生素 E 长期缺乏,可使红细胞膜受损,红细胞寿命缩短,引起溶血性贫血。流行病学研究表明,维生素 E 缺乏可增加心肌梗死、脑卒中、癌症的危险性。与其他维生素相比,维生素 E 的毒性相对较小。在动物实验中,大剂量摄入维生素 E 可抑制生长,损害凝血功能和甲状腺功能及增加肝脏脂肪蓄积。有研究表明,长期每天摄入 600 毫克以上的维生素 E,有可能出现中毒的症状,如视物模糊、头痛和极度疲乏。目前有不少中老年人自行补充维生素 E,但每天的摄入量以不超过 400 毫克为宜。

3. 食物来源和供给量

维生素 E 在自然界分布甚广,通常人类不会缺乏。富含维生素 E 的食物有植物油、麦胚、坚果、种子类、豆类及谷类;蛋类、绿叶蔬菜中含有一定量;肉类、鱼类及水果中含量很少。

中国营养学会建议维生素 E 的适宜摄入量为成人、孕妇、乳母及老年人每天 14 毫克。

（四）叶酸

叶酸因最初从菠菜中分离出来而得名,为鲜黄色粉末状晶体,微溶于水,不溶于有机溶剂。

1. 生理功能

叶酸作为辅酶成分,对蛋白质、核酸的合成和各种氨基酸的代谢有重要作用。近年来研究发现,叶酸可以调节致病过程,降低癌症的发生风险。

2. 缺乏症

饮食摄入不足、酗酒、服用抗惊厥药物和避孕药物等,可妨碍叶酸的吸收和利用,而导致其缺乏。叶酸缺乏时,临床表现为巨幼细胞贫血或高同型半胱氨酸血症。孕妇摄入叶酸不足时,胎儿易发生先天性神经管畸形。

3. 食物来源

叶酸广泛存在于动物性食物中,其良好来源为动物的肝、肾及鸡蛋、豆类、绿叶蔬菜、水果、坚果等食物。叶酸摄入量通常以膳食叶酸当量表示。

4. 适宜摄入量

中国营养学会建议叶酸的适宜摄入量为成人每天400微克,孕妇每天600微克,乳母每天500微克。

由于神经管畸形在我国发生率较高,在人群中开展的大规模干预评价研究证实,小剂量口服叶酸制剂是预防神经管畸形最安全有效的途径。因此,对于新婚和准备生育的妇女及孕妇,除正常饮食补充叶酸外,还可口服叶酸制剂进行补充。

(五) 维生素C

维生素C(抗坏血酸)在酸性溶液中较为稳定,遇碱、光、热易分解破坏。在有二价铜离子和三价铁离子存在时以及植物性维生素C氧化酶、过氧化酶的作用下,其易被氧化破坏。

1. 生理功能

(1) 构成体内氧化还原体,参与氧化还原过程。

(2) 促进组织中胶原的形成,维持结缔组织及细胞间质结构的完整性,促进伤口愈合,防止微血管脆弱引起的出血。

(3) 参与胆固醇代谢,降低血浆胆固醇水平。

(4) 可将铁传递蛋白中的三价铁还原为二价铁,与铁蛋白结合组成血红蛋白,因而对贫血有一定的治疗作用。

(5) 具有广泛的解毒作用。

2. 缺乏与过量

膳食中长期缺乏维生素C可致维生素C缺乏症。早期症状(潜伏的坏血症)表现为倦怠、疲乏、急躁、呼吸急促、牙龈疼痛出血、伤口愈合不良、关节肌肉短暂性疼痛等。典型症状表现为牙龈肿胀出血、牙床溃烂、牙齿松动、毛细血管脆性增加。严重者可导致皮下、肌肉和关节出血及血肿形成,出现贫血、肌肉纤维衰退、心脏衰竭,严重内出血有猝死的危险。

3. 食物来源

维生素C主要存在于蔬菜和水果中,植物种子(粮谷、豆类)不含维生素C,动物性食物除肝、肾、血液外含量甚微。青枣、山楂、草莓、柑橘、葡萄、苦瓜、菠菜、猕猴桃中维生素C含量丰富。

4. 适宜摄入量

中国营养学会推荐维生素C的适宜摄入量为婴幼儿每天40~50毫克,儿童每天60~900毫克,青少年、成人每天1000毫克,孕妇每天100~1300毫克,乳母每天1300毫克。

七、矿物质

矿物质又称为无机盐,是构成人体组织和维持正常生理活动的重要物质。人体组织几乎含有自然界存在的所有元素,其中碳、氢、氧、氮四种元素主要组成蛋白质、脂类和碳水化合物等有机化合物,其余各种元素大部分以无机化合物的形式在体内起作用,统称为矿物质或无机盐。也有一些元素是体内有机化合物(如酶、激素、血红蛋白)的组成成分。这些矿物质根据它们在人体内含量的多寡分为常量元素(又称为宏量元素)和微量元素。体内含量大于体重的0.01%的称为常量元素,它们包括钙、磷、钾、钠、镁、氯、硫7种,都是人体必需的元素。含量小于体重的0.01%的称为微量元素,种类很多,目前人们认为必需的微量元素有14种,它们是锌、铜、铁、铬、钴、锰、钼、锡、钒、碘、硒、氟、镍、硅。微量元素在体内含量虽少,却有很重要的生理功能。

矿物质与其他营养素一样,并不是"多多益善",每种矿物质发挥其生理功能都有其一定的适宜范围,小于这一范围可能出现缺乏症状,大于这一范围则可能引起中毒。因此,一定要很好地掌握它们的摄入量。

矿物质的生理功能如下。

(1) 矿物质是构成人体骨骼、牙齿等硬组织的主要材料。

(2) 矿物质以离子形式溶解在体液中,维持人体水分的正常分布、体液的酸碱平衡和神经及肌肉的正常兴奋性。

(3) 矿物质是一些酶的组成成分和激活剂。

由于新陈代谢,每天都有一定量的矿物质经粪、尿、皮肤、头发、指甲等途径排出,必须从食物和饮用水中进行补充。在我国人群膳食中容易缺乏的矿物质有钙、铁、碘等。在一些地质条件特殊的地区存在因摄入氟或硒过多而发生氟中毒或硒中毒问题。

(一) 钙

钙是人体必需的常量元素,也是人体含量最多的无机盐。钙不仅是机体不可或缺的组成部分,而且在机体各种生理学和生物化学过程中起重要作用。新生儿体内含钙25~30克,成人体内含钙850~1200克,相当于体重的1.5%~2.0%。

1. 钙的生理功能

(1) 构成骨骼和牙齿:钙是牙齿和骨骼的主要成分,二者合计约占体内总钙量的99%。其余的钙以游离或结合的形式存在于体液和软组织中,这部分钙称为混溶钙池。骨钙与混溶钙池间呈动态平衡,使骨骼不断更新。在人的一生中骨骼的形状和质量都在不断变化,20岁前骨骼的含钙量逐年增加,35岁时达到高峰,40~50岁以后逐渐下降。这种随年龄而出现的变化女性早于男性,并且女性可能更早出现骨质疏松现象。

(2) 维持神经与肌肉的正常兴奋性:钙与镁、钾、钠等在血液中的浓度保持一定比例才能维持神经、肌肉的正常兴奋性。

(3) 参与酶反应:钙离子是血液保持一定凝固性的必要因子之一,也是体内许多重要酶的激活剂,能激活某些酶的活性,如三磷酸腺苷酶、脂肪酶和某些蛋白质分解酶等,对参与细胞代谢的大分子合成、转运的酶有调节作用。

(4) 参与凝血过程:目前已知有4种依赖维生素K的钙结合蛋白参与血液凝固过程,即在钙离子存在下使可溶性纤维蛋白原转变成纤维蛋白,导致凝血。

此外,钙还参与细胞间质形成、激素分泌及维持体内酸碱平衡等。

2. 钙的吸收和利用

钙在肠道内吸收很不完全,食物中的钙有70%~80%随粪便排出。这主要是由于膳食中苋菜、竹笋等草酸含量较高。膳食中纤维素含量过高也会降低钙的吸收率。此外,膳食中的维生素 D 可促进钙的吸收。体育锻炼也可促进钙的吸收和储备。当人体缺钙或钙需要量大时(如婴幼儿、孕妇、乳母),钙的吸收率也会相应增高。

3. 钙的缺乏与过量

钙缺乏时神经、肌肉兴奋性增高,可引起手足搐搦症。长期缺钙可影响儿童骨骼和牙齿的发育,骨钙化不良,骨骼变形,易患佝偻病(如肋骨串珠、鸡胸、O 形腿、X 形腿)和龋齿。成人则可发生骨软化症和骨质疏松症,尤其是女性 40 岁、男性 60 岁以后。随着年龄的增长,钙质丢失的现象普遍存在。

钙摄入过量也会给机体造成不利影响,可增加肾结石的危险性。有资料表明,高钙与肾结石患病率增高有直接关系。高钙膳食还可抑制铁的吸收,降低锌的生物利用率等。目前随着我国钙保健品的开发,钙补充剂越来越多,钙过量摄入所带来的不利影响也在逐渐增加,应该引起重视。

4. 钙的适宜摄入量

考虑到我国人群以植物性膳食为主,钙的吸收率比较低,中国营养学会推荐钙的适宜摄入量为成人不分男女每天都是 800 毫克,青少年、孕妇和乳母应适当增多,如表 3-4 所示。

表 3-4 钙的适宜摄入量

年龄/岁	每天适宜摄入量/毫克	年龄/岁		每天适宜摄入量/毫克
0~<0.5	300	18~<50		800
0.5~<1	400	≥50		1000
1~<4	600	孕妇	早期	800
4~<7	800		中期	1000
7~<11	800		晚期	1200
11~<14	1000	乳母		1200
14~<18	1000			

5. 钙的食物来源

奶和奶制品中钙含量最高且吸收率也高,小虾皮中钙含量特高,芝麻酱、大豆及其制品也是钙的良好来源,深绿色蔬菜如小萝卜缨、芹菜叶、花椰菜等钙含量也较高。常见食物中的钙含量如表 3-5 所示。

表 3-5 常见食物中的钙含量

食 物	钙含量/(毫克/100 克)	食 物	钙含量/(毫克/100 克)
人奶	30	豆腐	164
牛奶	104	黑豆	224
蛋黄	112	青豆	200
大米	13	杏仁	71
小麦粉	31	花生仁	284
瘦猪(牛、羊)肉	69	油菜	108

续表

食 物	钙含量/(毫克/100克)	食 物	钙含量/(毫克/100克)
虾皮	991	苋菜	178
干海带	348	柠檬	101
紫菜	364	枣	80

（二）铁

成人体内含有 4~5 克铁，根据其在体内的功能状态可分为功能性铁和储存铁两部分。功能性铁存在于血红蛋白、肌红蛋白和一些酶中，约占体内总铁量的 70%。其余 30% 为储存铁，主要储存在肝、脾和骨髓中。

1. 铁的生理功能

铁是合成血红蛋白的主要原料之一。血红蛋白的主要功能是将新鲜氧气运送到各组织。铁缺乏时不能合成足够的血红蛋白，造成缺铁性贫血。铁还是体内参与氧化还原反应的一些酶和电子传递体的组成部分，如过氧化氢酶和细胞色素都含有铁。足够的铁对维持人体免疫系统的正常功能是必需的，铁负荷过度和缺铁都可导致免疫反应的变化。

2. 铁的吸收和利用

食物中的铁有两种形式，一种是非血红素铁，另一种是血红素铁，两种形式的铁在小肠内的吸收率不同，影响它们吸收率的因素也不同。非血红素铁主要存在于植物性食物中。这种铁需要在胃酸的作用下还原成亚铁离子才能被吸收。食物中的植酸盐、草酸盐、磷酸盐、鞣酸和膳食纤维都会干扰其吸收，因此吸收率很低，一般只有 1%~5% 被吸收。在膳食中促进铁吸收的因素包括蔬菜及水果中的维生素 C，某些氨基酸以及鱼、肉类中的某些成分。由于目前还未具体找到这些成分，暂时称它们为"肉类因子"。牛奶和蛋类食品中不存在"肉类因子"。血红素铁存在于动物的血液、肌肉和内脏中，其吸收率可达 20% 以上，且不受膳食中其他成分的影响。铁的吸收除受其化学形式和膳食因素影响外，还与身体的铁营养状况有关。体内铁储备充足时吸收率低，体内铁缺乏或需要量增高时吸收率增高。这种现象在非血红素铁的吸收中表现得更为显著。

3. 铁的缺乏与过量

铁缺乏时可引起缺铁性贫血，尤其是婴幼儿、青少年、孕妇、乳母及老年人更易发生缺铁。缺铁还可导致工作效率降低、学习能力下降、易烦躁、抗感染能力下降等。动物实验和临床试验均证实缺铁会增加铅的吸收。流行病学研究表明，妊娠早期贫血与早产、低体重儿及胎儿死亡有关。

由于机体无主动排铁功能，而铁的储存部位主要是肝脏，故长期过量摄取可引起肝硬化，也可能积存于肺脏、胰腺及心脏而造成损害。铁过量还可干扰人体对锌的吸收。

4. 铁的适宜摄入量

中国营养学会建议适宜摄入量：成年男性每天 12 毫克，成年女性每天 18 毫克，孕妇和乳母每天 28 毫克。4 个月以上的婴儿因体内铁储备已经耗尽，而母乳中铁含量较低，应及时补充含铁食物。

5. 铁的食物来源

动物内脏（特别是肝脏）、血液及鱼、肉类都是富含血红素铁的食物。深绿叶蔬菜所含铁虽不是血红素铁,但摄入量多,所以仍是我国人群膳食铁的重要来源。奶的铁含量较少,牛奶的铁含量更低,长期使用牛奶喂养的婴儿应及时补充含铁丰富的食物。海带、芝麻的铁含量较高,豆类及红薯、油菜、芹菜、藕粉铁含量也较高。使用铁锅炒菜也是铁的一个很好来源。口服铁剂和输血可导致铁摄入过多。

(三)锌

人体含锌2～3克,锌广泛分布于全身组织,目前已经发现有50多种酶含锌或与锌有关。人体内60%的锌存在于肌肉,30%的锌存在于骨骼,后者不易被动用。

1. 锌的生理功能

(1)促进生长发育:锌参与核酸和蛋白质的合成,可促进细胞生长、分裂和分化,也是性器官发育不可缺少的微量元素。

(2)促进食欲:锌通过参与构成含锌蛋白即唾液蛋白,对味觉及食欲起作用,所以锌能改善味觉、增进食欲。

(3)增强机体对疾病的抵抗力:锌能直接影响胸腺细胞的增殖,使胸腺素正常分泌,维持正常的免疫功能。

(4)保护正常视力:锌参与维生素A和视黄醇结合蛋白的合成,可维持正常的暗适应能力,并有保护皮肤健康的作用。

2. 锌的吸收

锌在十二指肠被吸收,吸收率较低,只有20%～30%。膳食中的草酸、植酸和过多的膳食纤维都会干扰锌的吸收。膳食中的植酸通过与钙和锌结合成络合物而降低锌的吸收率。发酵可破坏谷类食物中的植酸,提高锌的吸收率。

3. 锌的缺乏与过量

缺锌对儿童、青少年危害较大,表现为食欲不振、味觉减退、异食癖、生长发育迟缓、皮炎、伤口不易愈合、暗适应能力下降、性器官发育不全,严重缺乏时可致侏儒症;孕妇缺锌易出现胎儿畸形、低体重儿。

锌摄入过量可引起中毒,典型表现为上腹部疼痛、腹泻及恶心呕吐等,并可引起铜的继发性缺乏、胃损伤及免疫功能抑制。

4. 锌的适宜摄入量与食物来源

锌的适宜摄入量为成人每天15毫克,孕妇和乳母每天20毫克。动物性食物是锌的可靠来源。海牡蛎含锌最丰富,以每100克食物中的锌含量计,海牡蛎肉含锌超过100毫克,畜、禽肉及肝脏、蛋类含锌2～5毫克,鱼及一般海产品含锌1.5毫克,奶和奶制品含锌0.3～1.5毫克,谷类和豆类含锌1.5～2.0毫克,蔬菜、水果含锌少于1毫克。牛奶的锌含量高于母乳,但吸收率只有42%,而母乳可达60%。乳母如不缺锌,则母乳喂养一般能满足婴儿对锌的需要。

(四)碘

人体含碘20～50毫克,其中70%～80%存在于甲状腺内。碘是甲状腺素的重要成分。甲状腺素是一种重要的激素,在促进生长和调节新陈代谢方面有重要作用。成人膳食和饮水中长时间缺碘便会发生甲状腺肿大,即甲状腺细胞数目增多、体积增大,以力图代偿性地从血液中吸收较多的碘。甲状腺位于颈前部,因而此病俗称大脖子病。孕妇、乳母缺碘会导致胎儿和婴幼儿全身严重发育不良,身体矮小,智力低下,称为呆小病。膳食和饮水中的含碘量与地质情况有关,所以甲状腺肿大和呆小病呈地区性分布,是一种地方病。世界不少地区存在碘缺乏问题,我国也不例外。我国已将消灭碘缺乏病列入国家计划,强制性推行碘化食盐。

中国营养学会建议碘的适宜摄入量为成人每天150微克,孕妇、乳母需适量增加。富含碘的食物主要是海产品,如海带、紫菜、海鱼、海虾等。

(五) 硒

人们对硒的认识最早是从它的毒性开始的。早在20世纪30年代便发现在高硒地区放牧的牲畜出现腹泻、呼吸困难、虚脱、跛行甚至因呼吸衰竭而死亡,经研究证实是由于当地牧草中硒含量过高。1957年,美国科学家发现硒可以预防动物肝坏死,并确认硒是动物必需的微量元素。20世纪70年代,我国科学家发现克山病(一种地方性心肌病)与人群缺乏硒有关,补充硒可预防克山病,从而也证明硒是人体必需的微量元素。

1. 硒的生理功能

(1) 硒是谷胱甘肽过氧化物酶的重要成分:谷胱甘肽过氧化物酶是体内重要的抗氧化酶,有保护细胞膜免受氧化损伤、延缓衰老的作用。

(2) 硒参与甲状腺素的代谢:近年来发现的Ⅰ、Ⅱ、Ⅲ型脱碘酶都是含硒酶,它们能将甲状腺素(T4)转变成活性更强的三碘甲状腺原氨酸(T3)。

(3) 硒是重金属的解毒剂:硒能与铅、镉、汞等重金属结合,使这些有毒的重金属不被肠道吸收而排出体外。

(4) 硒能维护心肌、血管的结构和功能:研究发现,血硒高的人心血管病发病率低。

2. 硒的缺乏与过量

硒缺乏可引起克山病,其主要表现为心脏扩大、心力衰竭、心律失常、心电图改变等。与缺硒有关的疾病还有大骨节病,其主要病变是骨端软骨细胞变性坏死、肌肉萎缩、发育障碍等,多发生在青春期的青少年中。

硒摄入过多可引起中毒,主要表现为恶心、呕吐、指甲变形、烦躁、周围神经炎等。

3. 硒的适宜摄入量和食物来源

中国营养学会建议硒的适宜摄入量为7岁以上人群每人每天50微克。肝脏、肾脏、肉类和海产品都是硒的良好食物来源。植物性食物的硒含量取决于当地水土中的硒含量,例如,我国高硒地区所产粮食的硒含量高达4~8毫克/千克,而低硒地区仅为0.006毫克/千克,二者相差近1000倍。

其他矿物质的生理功能如表3-6所示。

表3-6 其他矿物质的生理功能简表

名称	生理功能	缺乏症状	食物来源	每天DRIS
铜	含铜金属酶、铜蛋白成分;促进血红蛋白合成;维持神经纤维功能	贫血、生长发育迟缓、骨质疏松、白细胞减少	谷类、豆类、动物肝脏、水产品、坚果	成人2毫克(AI)

续表

名称	生理功能	缺乏症状	食物来源	每天DRIS
镁	酶的激活剂；参与蛋白质合成；调节神经、肌肉的兴奋性；心血管保护因子	肌肉震颤、手足抽搐、心律失常、血压升高	粗粮、干豆、硬果、绿叶蔬菜、肉类、海产品	成人350毫克（AI）
锰	酶激活剂；促进骨的钙化；促进生长发育与性成熟	人体未见缺锰报道	黑木耳、黄花菜、坚果、谷类、海参	成人3.5毫克（AI）
铬	促进胰岛素的作用；影响糖类、脂类与蛋白质的代谢；构成葡萄糖耐量因子的成分	出现糖尿病体征、生长发育停滞及血脂增高	肉类、海产品、谷类、豆类、啤酒、酵母	成人50微克（AI）

注：DRIS为膳食营养参考摄入量，AI为适宜摄入量。

八、膳食纤维

膳食纤维指的是人体不能消化的多糖类，包括纤维素、半纤维素、果胶、树胶等食物成分。过去认为它们是无营养价值的废料。近年来发现，很多慢性疾病（如便秘、高脂血症、冠心病、肥胖等）与膳食中膳食纤维的多寡有关。目前已知膳食纤维的主要生理功能如下。

(1) 预防便秘：这是由于它们有很强的吸水性，可在肠道内吸收水分，增加粪便体积并使之变软而利于排出。

(2) 控制体重，防止肥胖：这是由于富含膳食纤维的食物体积较大，能量密度（单位重量所含能量）较低，有利于减少能量摄入量。

(3) 降低血液中胆固醇浓度：膳食纤维可抑制胆固醇的吸收，加速其排出，从而降低其在血液中的浓度。

膳食纤维虽然有上述有益作用，但过多的膳食纤维会妨碍矿物质和维生素的吸收，这是它不利的一面。目前尚未能制定出膳食纤维的供给量标准，有学者曾建议以每人每天30 g作为供给量标准，但尚未得到公认。粗粮（如玉米、高粱、糙米、全麦粉）、干豆类及各种蔬菜、水果都富含膳食纤维，我们在安排膳食时一定不要忽视它们。

九、水

水是人体最重要的营养素。人不吃食物仅喝水仍可存活数周；如果不喝水，数天便会死亡。水是人体内占比最高的成分，占体重的50%～60%。人体新陈代谢的一切生化反应都必须在水中进行。

水的主要生理功能如下。

(1) 水是体内各种生理活动和生化反应必不可少的介质，没有水，一切代谢活动便无法进行，生命也就停止了。

(2) 水是体内吸收、运输营养物质，排泄代谢废物最重要的载体。这是由于水有很强的溶解能力，许多物质可以溶解在水中，通过循环系统转运。

(3) 维持正常体温：水的汽化热很大，1 克水汽化要吸收 580 cal 热量。汗液的蒸发可散发大量热量，从而避免体温过高。

(4) 润滑功能：泪液、唾液、关节液、胸腹腔的浆液能减少组织间的摩擦，起到润滑的作用。

许多因素（如年龄、环境温度、劳动强度和持续时间）可影响人体对水的需要量。一般情况下，正常成人每天约需水 2500 mL。人体主要通过饮水和进食获得水分。碳水化合物、脂类和蛋白质代谢过程中也产生一部分水，称为代谢水，但数量较少。

第二节　营养与疾病

营养是人体维持生命、保证生长发育、增进身体健康的重要基础。营养与人体的健康密切相关，营养不良或者营养过剩都可能引起疾病。不同年龄阶段的个体对营养的需求是不一样的。中等职业学校（后简称中职）学生这一特殊群体正处于生长发育后期，体格和心理等各方面正趋于成熟，同时又面临着较为繁重的学业负担，因此合理的营养搭配和科学的饮食指导对他们的身心发展具有重要意义。

本节将从营养的角度出发，介绍常见的营养性疾病的相关知识，以提高学生的自我保健意识，改变其不良的饮食行为和生活方式，防治营养缺乏或过剩疾病和慢性疾病，从而达到增进健康的目的。

一、营养与缺铁性贫血

（一）缺铁性贫血的概念

凡在单位容量的血液中，血红蛋白（Hb）含量低于正常值，血细胞比容（HCT）减小，伴或不伴有红细胞数减少的病理状态都称为贫血。贫血可以分为很多类型。最常见的是根据形态学分类法，即以平均红细胞体积（MCV）和红细胞平均血红蛋白浓度（MCHC）为依据，将贫血分成三种类型：正常细胞性贫血、小细胞低色素性贫血、大细胞性贫血。其中，缺铁性贫血属于小细胞低色素性贫血，是一类与营养有关的疾病。

缺铁性贫血是由机体储存铁减少，影响血红素合成所引起的贫血。临床上一般表现为皮肤、黏膜逐渐苍白，以口唇、口腔黏膜及甲床较为明显。消化系统方面，常出现食欲减退、消化不良，严重时出现吸收不良综合征。神经精神方面，易出现烦躁不安或精神不振、注意力不集中、理解力下降或智力减退。免疫功能低下，常易合并感染。常见体征为口唇、眼结膜、甲床苍白，肝、脾和淋巴结轻度肿大。

（二）关于缺铁性贫血的认知误区

1. 贫血没有太大的问题

许多人认为，贫血不是大的疾病，不会给人带来什么危害。这种想法是十分错误的。国内外很多研究者的相关研究表明,贫血不仅仅会对人的健康造成影响,也会导致脑功能和学习能力的下降,也会伴随着许多负面的情绪。铁元素的动态平衡对于脑的正常功能,特别是学习、记忆功能是非常重要的。

2. 素食中也含有大量的铁,素食不会导致贫血

素食学生缺铁性贫血发病率高有以下几个方面的原因。

(1)植物性食物中的铁是以非血红素铁形式存在的,这类铁在食物中尽管含量较高,但难以吸收;血红素铁主要存在于动物性食物中,易于吸收,肉类食物中的铁40%是血红素铁。

(2)素食者脂类缺乏,长期脂类含量过低可降低对铁的吸收。钙可部分减少植酸、草酸对铁吸收的影响,有利于铁的吸收,奶及奶制品是钙的重要来源且吸收率也高,而植物性食物中的钙吸收率相对较低,同时植物纤维能结合铁离子、钙离子等,摄入过多可干扰铁的吸收。

(三)缺铁性贫血的病因

贫血可阻碍青少年的生长发育,导致体力活动能力和免疫功能下降,影响认知和智力发展,甚至导致行为异常,给青少年的学业带来不利影响。有研究显示,即便是轻度贫血,也会对个体产生深远的不良影响,在改善贫血状态后,贫血对健康造成的不利影响仍然存在。所以,了解缺铁性贫血的病因,是我们改善贫血症状的第一步。

1. 铁需要量增加而摄入量不足

成人体内含铁3～5克,铁在体内的含量虽然甚微,却是所有必需微量元素中含量最高的元素,其作用不容忽视。例如:参与人体内血红蛋白的合成,使氧和养分在人体内正常运输、储存;催化抗体的产生,增强人体免疫力;影响儿童的生长发育等。

儿童生长期和婴儿哺乳期需铁量增加,若不能合理补给蛋类、青菜类、肉类和动物肝脏等含铁较多的食物,即可导致缺铁性贫血。妊娠期和哺乳期需铁量增加,加之妊娠期胃肠功能紊乱,影响铁吸收,易引起缺铁性贫血。青少年因为生长迅速,对铁的需要量增加,若长期所食食物含铁不足,也可能发生缺铁的现象。各年龄段中,长期挑食、膳食中缺少含铁食物,也易引起缺铁性贫血。

2. 铁吸收障碍

多种原因造成的胃肠功能紊乱,如长期腹泻、慢性肠炎等,都可能导致铁吸收障碍而引发缺铁性贫血。有研究发现,消化系统疾病是男性群体患缺铁性贫血的重要原因,是非铁摄入不足的成人缺铁性贫血的主要因素。

3. 铁丢失过多

月经期、慢性感染、寄生虫等引起的失血,如女性月经量过多导致铁丢失过多,影响血红蛋白和红细胞生存,也是引起缺铁性贫血的重要因素。

4. 其他因素

除了上述因素以外,不同文化背景下的饮食文化也是影响缺铁的因素之一。在发展中国家,以纤维性食物为主的饮食中,食物中铁的吸收率一般为5%,同时饮食中的草酸或植酸会抑制铁的吸收。所以,除了疾病等因素的影响外,食物的选择和搭配也是影响铁吸收的原因。

女性学生是一个特殊群体,身心发展刚经历快速的青春期发育,对铁的需求较多。同时,女性学生与其他育龄期妇女一样,在月经期丢失铁较多,所以出现缺铁性贫血的比例较高。此外,一些女性学生追求以瘦为美,她们为达到瘦身的目的而过度节食。长期营养摄入不足,也是导致女性学生群体缺铁性贫血比例较高的原因。

面对如此多的学生因为营养问题出现的缺铁性贫血,不得不引起教育者对学生身体健康的关注。怎样改变学生对贫血的认识?怎样改变学生贫血的现状?

(四)缺铁性贫血的防治

1. 积极治疗原发病

常见的可能导致贫血的疾病有经常性腹泻、胃溃疡、十二指肠溃疡、直肠息肉、月经失调、肠道蠕虫感染(钩虫病)等,可有针对性地治疗原发病,减少、避免铁吸收障碍。

2. 增加含铁丰富的食物

含铁丰富的食物有动物肝脏(每100克含铁52毫克)、动物全血(每100克含铁15毫克)等。其他如肉类、淡菜、虾米、蛋黄、黑木耳(干)、海带(干)、芝麻、芝麻酱、大豆、南瓜子、西瓜子、芹菜、苋菜、菠菜、韭菜、莴笋、小米以及红枣、紫葡萄、山楂、樱桃等,含铁都很丰富或较为丰富。部分含铁食物的铁含量如表3-7所示。

表3-7 部分含铁食物的铁含量

食物名称	铁含量/(毫克/100克)	食物名称	铁含量/(毫克/100克)
绿豆	6.8	胡萝卜	0.6
蚕豆	7	西红柿	0.8
毛豆	6.4	辣椒	0.7
芝麻	50	茴香	1.2
芹菜	8.5	葱头	1.8
韭菜	1.7	大白菜	0.6
黄豆芽	1.8	小白菜	1.8
茄子	0.4	青蒜	0.6
藕	0.5	花椰菜	0.7
海带	150	菠菜	1.8
黑木耳	185.2	紫菜	33
干黄豆	11	鸡蛋	2.7

设法提高铁的吸收率和利用率也是重要的。动物肝脏、血和肉中的铁是以血红素形式存在的,最容易被消化、吸收,其吸收率一般为22%,最高可达25%。植物中所含的铁,大多以植酸铁、草酸铁等不溶性盐的形式存在,所以难以被人体吸收、利用,其吸收率一般在10%以下。

纠正不良的饮食习惯也是防治缺铁性贫血的重要方法。不良的饮食习惯有偏食、素食、节食等,针对这些问题,我们需要合理安排餐次和选择食物,食欲差、胃纳少的个体可以少食多餐。

3. 政府和学校的干预

除了个体有意识地在一日三餐中增加铁的摄入,改善自己的贫血状况外,国家也针对缺铁性贫血这一普遍的营养缺乏性疾病进行了思考和探索。

人类有意识地进行人群营养改善的实践已有百年历史,这些成功的经验为我国的营养改善工作提供了借鉴。公认的营养改善方式有调整膳食结构、宣传营养知识、食物强化、提供营养素补充剂等,其中食物强化被认为是最为经济、有效、可持续的方式。

2003年,由国家卫生部组织,中国疾病预防控制中心食物强化办公室(FFO)实施的中国"铁强化酱油"项目推动工作启动。在各级疾病预防控制中心、卫生监督部门、中国调味品协会和酱油企业的共同努力下,该项目取得了一定的成绩,为我国缺铁性贫血的预防和控制找到了一条可行的途径。因此,中国"铁强化酱油"项目的推动不仅给我国,也给其他国家(特别是发展中国家)的营养改善模式提供了宝贵经验。

学校食堂的膳食搭配也是调整学生膳食结构,增加食物中铁含量的重要因素。同时,注意对学生进行饮食健康教育,指导学生养成良好的饮食习惯,不偏食。对于已经存在缺铁性贫血的学生,采用服用铁剂和强化富铁饮食等干预措施,减少缺铁性贫血对学生的危害,改善他们的营养状况。

二、营养与肥胖症

除了基因决定寿命外,健康也是影响寿命的重要因素。随着人们生活水平和行为方式的改变,肥胖症的发病率呈逐年上升趋势,发病人群越来越年轻化,肥胖问题已经成为影响人类健康的主要因素之一。流行病学调查显示,无论在经济发达国家还是发展中国家,超重和肥胖人群数正以惊人的速度在全球范围内增长,已成为21世纪全球医学和公共卫生的严重问题。令人关注的是,儿童青少年时期的超重和肥胖也呈日益增加和流行趋势。

(一)肥胖症的概念

肥胖症是由食物摄入过多或机体代谢的改变而导致体内脂肪集聚过多,造成体重过度增加并引起人体病理、生理改变或潜伏着诱发其他疾病可能的一种状态。

肥胖症分为两种类型,即原发性肥胖(单纯性肥胖)和继发性肥胖(症状性肥胖)。绝大多数肥胖症患者属于原发性肥胖,是一种无明显病因引起的肥胖,与家庭、社会经济发展、文化背景等环境因素,以及不良的饮食习惯、运动不足等个人习惯有着非常密切的关系。由某种疾病导致的肥胖称为继发性肥胖或症状性肥胖。一般来说,在临床上继发性肥胖患者都能找到原发病。

肥胖症在临床上一般有以下表现。①肥胖形态:身材一般较高大,皮下脂肪厚实,分布尚匀称,以积聚于颈部、乳胸部、肩背部、腹部、臀部等处较为显著,过胖者腹部、大腿、臀部等处皮肤可出现紫色条纹。②肺泡低换气综合征:肥胖儿童尤其是严重肥胖者,因脂肪过度堆积,使膈肌抬高,胸廓和膈肌运动受限制,影响肺容量及血液循环,出现呼吸浅速、肺泡换气不足,发生二氧化碳滞留和低氧血症,继而发生红细胞增多症、肺动脉高压,引起慢性肺源性心脏病而发展为心力衰竭。患儿常有面色发绀、气促。肥胖儿童由于经常处于缺氧和二氧化碳滞留状态,呈现倦怠嗜睡状,不愿活动。③生长发育:肥胖儿童发育较早,身高略高于同性别、同年龄健康儿童,但性发育成熟后,大部分等于或略低于同性别、同年龄健康儿童。肥胖儿童性发育略提早,男孩外生殖器常被会阴处过厚的皮下脂肪掩盖,易被误认为阴茎发育短小。女孩外生殖器多无异常,月经无延迟。骨龄正常或略超前,智力发育多属正常,但性格孤僻,有自卑感,少动。④行为偏差:过度进食、偏食、挑食,过度偏嗜高热量食物。懒于体力活动、喜静坐式生活方式,人际交流少。

(二)肥胖的评价指标和诊断标准

判断肥胖的标准常用的有两种。

1. 体质指数

体质指数(body mass index,BMI)又称为体块指数,是国际上推荐的评价儿童超重和肥胖的首选指标。

$$BMI(千克/米^2)=体重(千克)÷身高^2(米^2)$$

判断标准:正常范围为18.5~23.9千克/米², 大于或等于24千克/米²为超重,大于或等于28千克/米²为肥胖。

2. 标准体重

标准体重计算方法:

$$标准体重(千克)=身高(厘米)-105$$

$$标准体重百分比(\%)=(实际体重-标准体重)÷标准体重×100\%$$

判断标准:消瘦——-10%以下,正常——-10%~+10%,超重——+11%~+20%,肥胖——+20%以上。

(三)肥胖症的病因

肥胖症的发生和病理机制目前尚不清楚。一般认为,遗传因素和环境因素共同作用促使肥胖发生和发展。

1. 遗传因素

遗传在肥胖发生中的作用受到越来越多的重视。欧美一些国家进行的一系列以家庭为单位的大规模流行病学调查结果显示,肥胖呈明显的家族聚集性,肥胖父母所生的子女中肥胖发生率高达70%~80%;双亲之一肥胖,其子代有40%~50%发生肥胖;双亲均不肥胖,子女只有10%~14%肥胖。具有肥胖遗传素质的个体,在食物缺乏的环境下会变瘦,而无肥胖遗传素质的个体,在有美味、高热量或无体力活动的环境下也可变胖。

2. 生活环境

21世纪以来,随着社会经济发展,人们生活及行为方式的改变对肥胖发生率的逐年上升产生了明显的影响。遗传因素虽然可以解释部分原因,但是环境因素的改变对这种升高趋势有着更显著的意义。

(1)饮食因素:大量调查结果显示,摄食过度以及不良饮食行为与青少年肥胖的发生密切相关。母体妊娠期营养过剩,体重增加过速,合并妊娠期糖尿病,可使胎儿体脂过多和出生体重超重。婴儿期过度喂养和过早添加辅食,儿童期过食、贪食等均可成为肥胖的原因。肥胖也是一种与饮食行为密切相关的行为性疾病,如进食的频率和次数、食物的选择和数量、烹调方式等都将影响热量的摄入量。传统饮食中的陋习如大吃大喝、逼迫式劝饮或食、快食、重肉轻蔬,西方饮食模式的高脂快餐、饮料、甜点等,均可能引起肥胖。

(2) 体力活动:以静坐为主的生活方式导致体力活动缺乏,热量消耗减少,使多余热量转变为脂肪也是导致肥胖的一个重要原因。体育活动少,运动量小,而以车代步、看电视、玩游戏等静坐为主的生活方式增多等,都是青少年发生肥胖的危险因素。

(3) 家庭环境:家庭健康信念与健康思维模式是导致上述不良饮食习惯的重要因素。家长缺乏营养知识、显富、错爱、缺乏对肥胖程度的正确判断和危险性认识等,助长了儿童的多饮多食。特定家庭生活行为方式和习惯、运动类型,决定了儿童的行为方式与取向。如父母肥胖的家庭,在将肥胖体质遗传给儿童的同时,也将不良的生活习惯传给了下一代,在这种氛围下子女发生肥胖的机会大大增加。

(4) 喂养方式:研究发现,婴儿期母乳喂养可降低儿童期超重和肥胖的发生率,这种影响与母乳喂养持续的时间相关。

(5) 环境污染物:近几十年,随着有机和无机化学物质使用增加,人类生存的环境也发生了显著改变。有些化学制品(如某些农药、植物激素、合成洗涤剂等)在大剂量暴露时能引起体重减轻,但是在低浓度则有强大的促进体重增加的作用。这种特性已被广泛用于生产生长激素以养肥家畜。

3. 社会环境

(1) 教育水平:教育水平与肥胖有某种程度的天然联系,教育水平的高低可以明显影响个体的许多行为和生活方式。在发达国家,受教育水平高者,肥胖发生率低,人们期望的理想体型、特有的饮食习惯、生活方式等在体重变化中起重要的作用。但在发展中国家,城市儿童肥胖发生率明显高于农村,母亲文化程度越高,学龄前儿童肥胖的发生率也越高。儿童肥胖发生率随经济收入、文化程度以及城市文化素质升高而升高的原因可能与这部分人容易接受"现代生活方式"、膳食和体力活动模式改变、饮食热量增多而热量消耗减少有关。

(2) 经济状况:调查显示,发达国家社会经济状况与肥胖的发生率成反比,而发展中国家肥胖的发生率却随着社会经济状况的改善而增高。发展中国家高收入水平大概与发达国家中等收入水平相当,而发达国家低收入阶层的生活水平比发展中国家该阶层的生活水平要高得多。在发达国家,含糖丰富的食品价廉,低收入阶层摄入量大,所以出现经济收入越低,肥胖发生率越高的现象。在发展中国家经济富裕地区,虽然人们收入增加,但仍以原来贫困时的传统营养、生活、文化价值指导自己的热量摄入与支出。

(3) 城市化和地理位置:社会经济的发展和城市化是肥胖社会的特征。发达国家和经济增长迅速的发展中国家肥胖发生率明显升高。肥胖的发生也存在地区差异。美国儿童肥胖发生率在东部地区高于南部和西部。我国学龄前儿童肥胖发生率在北部、南部地区高,中部地区低。

(4) 心理因素:经历过饥荒年代的人类的潜意识中沉淀着对饥饿的恐惧。即使在现代社会,不少人仍有饥饿的不愉快经历和感受,使这一潜意识大大强化,促使贪吃心理的形成。当儿童出现情感创伤(家庭变故、父母离婚或死亡等)、精神紧张和心理障碍(家长溺爱造成儿童胆小、依赖、孤僻、社交不良等)时,往往以不断进食填补心理不安,导致儿童养成进食过量的习惯。而正常人一般在情绪良好时食欲增加,在情绪低落时食欲下降。值得指出的是,单纯性肥胖者往往存在自我意识受损、自我评价低、幸福与满意感差、内心抑郁及社会适应力降低等心理行为异常,这些肥胖导致的心理损害又进一步诱导大量进食,然而进食又促进了肥胖,形成恶性循环。

（四）肥胖症的防治

肥胖症的防治主要从以下几个方面进行。

1. 饮食调整：限制总能量

（1）限制碳水化合物的摄入：碳水化合物消化吸收快，容易造成饥饿、食欲增加，因此膳食中碳水化合物比例高对减肥不利，但过低容易诱发机体出现因脂肪氧化过多而引起的酮症。一般碳水化合物所提供的能量以占总能量的40%~55%为宜。此外，应严格限制精制糖的摄入和睡前碳水化合物的摄入。

（2）限制脂类的摄入：肥胖者往往血脂高，因此，应限制脂类的摄入，特别是饱和脂肪酸的摄入。每天除烹调用油外，尽量减少食用油腻食品。脂类所提供的能量以占总能量的25%~30%为宜。

（3）保证蛋白质供给：蛋白质在体内主要用于维持组织更新，所以必须保证膳食中有足够的蛋白质供给。由于总能量下降，蛋白质的比例可适当提高，每日供给量应达到1 g/kg体重。蛋白质的摄入也不应该过量。很多人在膳食结构上存在一种误区，认为饭多吃会发胖，蛋白质多吃有利健康。结果，饭越吃越少，肉越吃越多。

此外，限制食盐的摄入，保证每日维生素、矿物质和膳食纤维的摄入，达到饮食结构的平衡，是健康减重的重要方法。

2. 适当运动

适当运动能促进体内脂肪的消耗，达到减重的目的。肥胖者在选择体育运动形式时应遵循安全、便于长期坚持并能有效消耗脂肪的原则，主张低强度、持续时间较长的有氧运动为主，有氧运动与无氧运动交替进行，技巧运动和大肌肉运动相结合，逐渐延长活动时间和增加活动量。一般选择的运动方式有走路、跑步、跳绳、游泳、球类运动、骑自行车和跳舞等，避免激烈运动。

三、营养与糖尿病

糖尿病似乎离中职学生较为遥远，是一种多发生在50岁以上人群中的疾病。然而，很多医学研究发现，糖尿病也是一种与营养有关的疾病，发病率呈年轻化趋势。对于糖尿病的知识，你知道多少呢？

糖尿病是一种很常见的代谢性疾病，严重威胁人类健康。糖尿病并发症发生率高，造成组织器官毁损，具有致残致死性，危害很大。近年来，我国糖尿病患病率呈快速增长趋势，最新统计资料显示我国成人糖尿病患病率高达10.7%。而绝大多数糖尿病患者患有的是2型糖尿病，且2型糖尿病患者逐渐趋向年轻化。

（一）糖尿病的概念

糖尿病是以高血糖为特征的代谢综合征，是一种有遗传倾向的慢性代谢紊乱性疾病。它是一种胰岛素绝对或相对分泌不足所引起的碳水化合物、脂类、蛋白质、水及电解质的代谢紊乱。

糖尿病临床表现复杂多样,根据病情轻重、有无并发症及涉及器官、组织的不同,表现也不一样。"三多一少"症状是指糖尿病患者出现的典型临床表现:吃得多、尿得多、喝得多,即为"三多",而"一少"指的是体力下降和体重减少。"三多一少"症状并非糖尿病患者的必备临床表现,也就是说,并不是所有糖尿病患者都有"三多一少"症状,临床上大部分患者没有"三多一少"症状,或者只出现其中一两种表现,通过医生检查诊断为糖尿病。

(二)糖尿病的类型

糖尿病大致可以分为四种类型。

1. 1型糖尿病

1型糖尿病过去常被称为胰岛素依赖型糖尿病(IDDM),约占我国糖尿病患者总数的5%,常发生于30岁以前的儿童和青少年。它是由胰岛β细胞破坏或功能丧失,不能合成和分泌胰岛素,导致胰岛素绝对缺乏而引起的糖尿病。

1型糖尿病起病较急,发病时"三多一少"症状较明显,容易发生酮症酸中毒,严重者出现昏迷或死亡。1型糖尿病对胰岛素敏感,患者必须依赖外源性胰岛素治疗,一旦中止胰岛素治疗则会危及生命。

2. 2型糖尿病

2型糖尿病也被称为非胰岛素依赖型糖尿病(NIDDM),是最常见的糖尿病类型,占我国糖尿病患者总数的90%~95%。

2型糖尿病不发生胰岛β细胞的自身免疫损伤,发病是由于胰岛β细胞功能缺陷导致胰岛素分泌不足和胰岛素不能正常发挥作用。

2型糖尿病患者多有糖尿病家族史,发病年龄多数在30岁以后,起病缓慢、隐匿,"三多一少"症状较轻,部分患者没有明确的症状,而是通过健康体检或患其他疾病时,或出现慢性并发症时才发现患有糖尿病。2型糖尿病患者中多数有超重或肥胖,多有高热量、高脂、高糖饮食和活动较少的生活方式。

2型糖尿病治疗一般不依赖胰岛素,通过饮食控制及口服降糖药治疗可稳定控制血糖;但随着病情的发展或降糖药效果不好,也可使用胰岛素治疗。后期患者可出现各种慢性并发症,尤其是心脑血管疾病。

3. 特异性糖尿病

特异性糖尿病比较少见,包括病因明确的一类糖尿病,如胰岛β细胞功能基因异常、胰岛素作用基因异常、胰腺外分泌疾病、某些内分泌疾病、某些药物及化学制剂、感染等引起的糖尿病等。

4. 妊娠期糖尿病

妊娠期糖尿病(GAD)指在妊娠期间发生或首次发现的糖尿病或糖耐量减退,不包括已有糖尿病又合并妊娠者。大部分患者分娩后可恢复正常,但成为今后发生糖尿病,尤其是2型糖尿病的高危人群的概率很大。

(三)糖尿病的病因

糖尿病的病因和发病机制尚未完全阐明。胰岛素分泌不足或延迟,循环血液中存在抗胰岛素抗体,胰岛素受体或受体后缺陷致靶组织对胰岛素的敏感性降低,以及胰高血糖素不适当地分泌过多等,是本病发病的基本环节。目前认为,病因是多源性的。其中包括遗传、肥胖、感染、缺乏体力活动、妊娠、情绪紧张等因素,可能是遗传因素和环境因素相互作用的结果。目前医学界较为赞同的说法有以下几种。

1. 遗传因素

糖尿病有遗传倾向已比较肯定,国内报道糖尿病患者中有阳性家族史者占8.7%,国外报道达25%~50%。但关于遗传的方式尚未阐明,可能是多基因遗传缺陷。

2. 饮食因素

糖尿病也是一种与饮食失调、营养过剩、食物过于精细等饮食因素相关的"富贵病"。中年以上糖尿病患者在起病前后常因多食而肥胖。肥胖者外周组织靶细胞胰岛素受体数量相对减少,有些肥胖者不仅受体减少,而且受体亲和力降低和(或)存在受体后缺陷,因而对胰岛素的敏感性降低,是导致糖尿病的另一重要因素。

3. 心理因素

近40年来,人们经过临床观察和实验研究证明,心理社会紧张刺激引起的紧张情绪与糖尿病的发生和发展有一定的关系。临床观察发现,感染、外伤、精神创伤等紧张状态,可通过下丘脑-垂体-肾上腺轴刺激肝糖原分解,加重糖原异生作用和减弱肝糖原的合成,致使血糖浓度升高,引发或加重糖尿病。还有研究发现,紧张的生活事件,如丧失亲人、人际关系不协调等与糖尿病的发病或恶化有一定关系。

(四)糖尿病的防治

1. 关于糖尿病知识的健康教育

对糖尿病患者及其家属进行健康教育是重要的基本治疗措施,让患者及其家属了解糖尿病的基础知识,以及治疗、护理、监测血糖(或尿糖)的基本方法,提高糖尿病自我管理能力。对于中职学生来说,了解糖尿病的基本知识,改善自身的生活方式,增加运动,平衡膳食结构,是预防糖尿病的重要方法。

2. 饮食治疗

饮食治疗是糖尿病的基础治疗,能量以达到和维持标准体重为宜,碳水化合物、蛋白质及脂类应合理搭配。

(1) 制订总能量:首先应以下公式确定患者的理想体重:理想体重(千克)=身高(厘米)-105。然后按理想体重计算每天需要的能量:休息者每天每千克体重为105~125.5 kJ(25~30 kcal),轻体力劳动者为125.5~146 kJ(30~35 kcal),中度体力劳动者为146~167.5 kJ(35~40 kcal),重体力劳动者为167.5 kJ(40 kcal)以上。每日能量按三餐1/5、2/5、2/5进行分配。

(2) 饮食结构:饮食中碳水化合物应占每日总能量的55%~60%,提倡以谷类食物为主,特别是粗制米、面及杂粮,鼓励进食富含膳食纤维的食物,如绿色蔬菜、块根类、含糖成分低的水果等;蛋白质占每日总能量的15%~20%,蛋白质至少有1/3来自动物蛋白质;脂肪约占每日总能量的30%,其中饱和脂肪酸及不饱和脂肪酸应有适当的比例;食盐摄入量每天应限制在10克以下;血糖控制良好者可在空腹或两餐间进食少量水果;应限制饮酒。

3. 运动治疗

有规律的适量运动对 2 型糖尿病患者有减轻体重,提高胰岛素敏感性,改善血糖、血脂代谢作用。1 型糖尿病患者宜在餐后进行运动,运动量不宜过大,避免发生运动后低血糖反应。

> **思考与练习**
>
> 1. 蛋白质的主要食物来源有哪些?主要生理功能是什么?
> 2. 常见的维生素有哪些种类?主要食物来源是什么?
> 3. 肥胖症的发生与哪些因素有关?如何防治肥胖症?

第四章 睡眠充足

扫码看课件

学习目标

1. 了解睡眠的概念和睡眠周期,熟悉睡眠与健康的关系及常见的睡眠挑战。
2. 掌握改善睡眠习惯的方法,理解建立健康睡眠习惯的好处。

睡眠对于中职学生的健康至关重要。良好的睡眠习惯可以改善认知能力、提高学习成绩、增强免疫系统,并有助于心理健康。本章将探讨中职学生如何改善睡眠习惯,以取得更好的学习成绩和创造更健康的生活。

第一节 睡眠与睡眠挑战

人一生 1/3 的时间是在睡眠中度过的,睡眠是人体的一种主动过程,有助于恢复精神和解除疲劳。睡眠是一种生理现象,是生物周期性发生的一种状态。在这个状态中,大脑活动减缓,肌肉放松,对外界刺激的感觉减弱。睡眠通常是周期性的,每晚通过不同的睡眠阶段来完成一个完整的睡眠周期。

一、不同睡眠阶段

睡眠是生物体生活的重要部分,对身体和大脑的健康都至关重要。在睡眠过程中,身体会进入不同的睡眠阶段,其中包括快速眼动睡眠(REM)和非快速眼动睡眠(NREM)阶段。

1. 睡眠周期

典型的睡眠周期约为 90 分钟,包括 NREM 和 REM 阶段。人们每晚通常会经历多个这样的周期,每个周期中 NREM 和 REM 的比例会有所不同。

2. NREM 阶段

NREM 阶段又分为三个阶段,即 N1、N2 和 N3 阶段。N1 阶段是入睡阶段,N2 阶段是睡眠深度逐渐增加的轻度睡眠阶段,N3 阶段是深度睡眠阶段,也被称为慢波睡眠。在 N3 阶段,身体进行修复和恢复,包括修复组织和增强免疫功能。

(1) N1 阶段:入睡阶段,人们从清醒状态逐渐进入睡眠状态。这个阶段持续几分钟,通常很容易被外界刺激唤醒。

(2) N2阶段：轻度睡眠阶段，大脑电波活动减缓，但仍有意识。这个阶段占整个睡眠周期的大部分时间。

(3) N3阶段：深度睡眠阶段。这是最深的睡眠阶段，对身体修复和恢复至关重要。

3. REM阶段

在NREM阶段后，进入REM阶段。REM阶段通常出现在睡眠周期的后半部分。在REM阶段中，大脑非常活跃，眼球快速运动，此时发生梦境。REM阶段对于学习和记忆很重要，也与情感处理有关。

二、睡眠与健康

1. 免疫系统

睡眠对免疫系统功能有着深远的影响。充足的睡眠是维持免疫系统正常运作的关键因素之一。免疫系统在睡眠期间会释放出细胞因子，对抗感染和炎症。长期睡眠不足可能导致免疫系统功能下降，增加感冒等疾病的发生风险。

2. 心理健康

睡眠与心理健康之间存在着密切的关系。睡眠问题与抑郁、焦虑等心理健康问题有关。除了长期睡眠不足，失眠和其他睡眠障碍也与心理健康问题的发生和恶化有关。合理的睡眠有助于维持情绪稳定，提高心理韧性，帮助人们更好地应对生活中的挑战。

3. 认知能力

睡眠对大脑的认知功能有深远的影响。在深度睡眠阶段，大脑进行记忆巩固和学习整合。足够的睡眠可以提高注意力、判断力和问题解决能力。睡眠不足可能导致认知能力下降，影响学业、工作和日常生活中的表现。

4. 代谢和体重管理

睡眠与代谢和体重管理之间存在复杂的关系。长期睡眠不足可能导致激素失调，增加食欲，尤其是对高糖和高脂肪食物的渴望。此外，睡眠不足还可能影响胰岛素敏感性，增加糖尿病和心血管疾病的发生风险。因此，保持良好的睡眠质量对于维持身体的健康和体重管理至关重要。

5. 养生和修复

深度睡眠阶段是身体修复和养生的重要时期。在这个阶段，人体释放生长激素，促进细胞修复和生长。此外，深度睡眠还有助于修复免疫系统，恢复肌肉组织，维持身体各系统的平衡。因此，充足的深度睡眠对于身体的整体健康至关重要。

6. 睡眠障碍与解决方法

尽管睡眠对健康至关重要，但很多人面临着睡眠问题。常见的睡眠障碍包括失眠、睡眠呼吸暂停综合征、不宁腿综合征等。这些问题可能由生活方式、心理因素或基础健康问题引起。

解决睡眠障碍的方法如下：①建立规律的睡眠时间：确保每天都在相同的时间入睡和起床，帮助调整生物钟。②改善睡眠环境：确保卧室安静、黑暗、凉爽，使用舒适的床垫和枕头。

三、睡眠挑战

睡眠在中职学生的生活中扮演着至关重要的角色,然而,他们面临着多种挑战,这些挑战可能会影响他们的睡眠质量。本部分将深入探讨这些挑战,包括学业压力、社交娱乐和工作需求,以及如何应对这些挑战,以实现更健康的睡眠。

1. 学业压力

学业压力是中职学生经常面临的挑战之一。他们必须应对大量的课业任务、考试和学业竞争,这可能导致严重的睡眠问题。以下是学业压力对中职学生睡眠的一些主要影响。

(1)焦虑:学业压力往往导致学生感到焦虑。他们可能会感到时间紧迫,必须不断努力才能保持良好的学业表现,这可能会导致失眠和睡眠质量下降。

(2)熬夜学习:许多学生倾向于通过熬夜学习来应对学业压力。这种行为可能会破坏他们的正常睡眠模式,导致睡眠不足和睡眠质量下降。

(3)时间管理困难:学业压力可能会使学生感到时间管理困难,难以平衡学习和休息时间。这可能导致他们牺牲睡眠时间来完成学业任务。

(4)考试焦虑:考试焦虑也是学业压力带来的一个主要问题。学生可能会在考试前夜失眠,担心考试成绩,这会进一步影响他们的睡眠质量和睡眠时间。

为了应对这些挑战,学校和家长应该鼓励学生采取健康的学习习惯,并提供适当的支持和指导,帮助他们更好地应对学业压力。

2. 社交娱乐

社交娱乐是中职学生睡眠质量的另一个重要挑战。这些因素通常成为睡眠障碍的主要原因之一。

(1)社交活动:中职学生常常在社交活动中投入大量时间和精力。这些活动可能延长他们的清醒时间,导致夜间失眠或睡眠不足。

(2)手机和社交媒体:电子设备成为睡眠质量的一个主要威胁。中职学生常常在晚上睡觉前使用手机和社交媒体,这会干扰他们的睡眠节律。蓝光和令人兴奋的内容可能导致睡眠质量下降和失眠。

(3)沉迷问题:一些学生可能对社交媒体和手机过度沉迷,这可能导致失眠、睡眠不足以及对学业的影响。

针对这些问题,教育机构和家庭需要共同努力,帮助学生建立正确的睡眠习惯。学校可以通过提供关于合理使用电子设备的指导和教育来帮助学生管理社交娱乐,降低其对睡眠的影响。

3. 工作需求

在中职学生的日常生活中,工作需求可能是睡眠挑战的另一个重要来源。中职学生可能需要通过兼职工作来赚取零花钱或减轻家庭负担。这种情况可能会对他们的睡眠产生负面影响,具体表现如下。

(1)时间压力:兼职工作可能会使学生面临时间上的压力,特别是当工作时间与学习时间冲突时。他们可能不得不熬夜工作,这会削减他们的睡眠时间。

(2)身体疲劳:长时间工作可能导致学生感到身体疲劳,这会影响他们的睡眠质量。如果学生长时间工作后不能得到足够的休息,他们可能会出现睡眠不足。

(3)心理压力:兼职工作可能会增加学生的心理压力,尤其是当他们需要同时应对学业和工作时。这种压力可能导致焦虑和失眠。

第二节　改善睡眠习惯

一、改善睡眠习惯的方法

在这一部分,我们将深入探讨如何改善中职学生的睡眠习惯。睡眠对健康和学业表现至关重要,因此建立良好的睡眠习惯对于中职学生来说至关重要。以下将着重讨论建立规律的作息时间、营造宜人的睡眠环境、适度锻炼、限制咖啡因和糖分摄入、管理学业压力等方面。

1. 建立规律的作息时间

规律的作息时间对于保证良好的睡眠质量至关重要。建议每天保持相同的入睡和起床时间,包括周末。这种规律可以帮助调整生物钟,使身体适应一定的作息模式。以下是一些建议。

(1)设定固定的入睡和起床时间:尽量每天在相同的时间上床入睡和起床,以养成规律的作息时间。

(2)避免长时间睡眠和熬夜:尽量避免长时间睡眠或熬夜,以保持作息的稳定性。

(3)避免长时间午睡:如果需要午睡,也要保持规律,避免午睡时间过长,以免影响晚上的睡眠质量。

2. 营造宜人的睡眠环境

创造一个安静、舒适、有利于睡眠的卧室环境对于改善睡眠质量至关重要。以下是一些建议。

(1)维持舒适的温度:保持卧室适宜的温度,一般来说,较凉爽的环境有助于更好地入睡。

(2)保持安静和黑暗:使用遮光窗帘或眼罩,尽量减少外界光线对睡眠的干扰。如果周围环境嘈杂,可以考虑使用耳塞。

(3)使用舒适的床和床上用品:确保床垫、枕头和床上用品舒适、合适,符合个人喜好,这有助于良好的睡眠体验。

(4)减少电子设备的使用:避免在床上使用电子设备,如手机或平板电脑,因为这些设备可能影响入睡时间和睡眠质量。

3. 适度锻炼

适度的体育锻炼对于改善睡眠质量有积极作用。锻炼有助于释放压力和能量,帮助入睡。以下是一些建议。

(1) 选择适当的运动时间：尽量在白天或傍晚进行轻度至中度的运动。

(2) 不要在临睡前进行过于激烈的运动：剧烈运动会使身体兴奋，不利于快速入睡，选择适度的运动更为适宜。

(3) 养成锻炼习惯：尽量每周维持一定频率的锻炼，以保持身体健康，但也不要过于频繁，以免影响睡眠。

4. 限制咖啡因和糖分摄入

咖啡因和糖分是刺激性的物质，过量摄入可能会影响睡眠。以下是一些建议。

(1) 避免在夜间摄入咖啡因：咖啡、茶、可乐等含有咖啡因的饮料可能刺激神经系统，影响入睡，尤其是在夜间。

(2) 控制糖分摄入：避免吃过多含糖食物，尤其是在晚餐时和临睡前，以免造成血糖波动而影响睡眠质量。

(3) 注意食品标签：注意食品标签上的咖啡因和糖分含量，尽量选择低咖啡因和低糖的食品。

5. 管理学业压力

学业压力对睡眠质量有显著影响。以下是一些应对学业压力的方法。

(1) 良好的时间管理：制订合理的学习时间表，充分规划学习时间和休息时间，避免"临时抱佛脚"。

(2) 寻求支持和帮助：如果学习遇到困难，及时寻求老师、同学或家长的帮助，共同解决问题。

(3) 学会放松：学习适当的放松技巧，如冥想、瑜伽、呼吸练习等。

二、建立健康睡眠习惯的好处

在前面的部分，我们已经讨论了改善睡眠习惯的方法，以及如何实施这些改进措施。现在，让我们深入探讨建立健康睡眠习惯对中职学生的好处。建立健康睡眠习惯可使学生获得充足的睡眠，对学业成绩、免疫系统和心理健康都有积极的影响。

(1) 提升认知功能：睡眠有助于记忆力、学习能力和问题解决能力的提升。当学生睡觉时，大脑进行记忆的重新组织和信息的加工，这对于学业表现至关重要。学生在学习过程中需要大脑将信息进行储存和整理，然后在需要时迅速提取。充足的睡眠有助于这些认知过程的顺利进行。

(2) 使精力充沛：睡眠不足会导致疲劳，影响学生的专注力和动力。充足的睡眠能够确保学生在早上醒来时感到精力充沛，更好地应对一天的学习任务。

(3) 稳定情绪：睡眠与情绪管理密切相关。睡眠不足可能导致情绪波动，使学生更容易感到疲倦、烦躁和焦虑。这些情绪状态不仅会影响学生的心理健康，还可能分散他们的注意力，使学习变得困难。

(4) 增强免疫系统：充足的睡眠对免疫系统有积极影响，这是为数不多的人人皆知的好处之一。免疫系统是我们身体的防御机制，它保护我们免受感染和疾病的侵害。

(5) 促进心理健康：充足的睡眠与心理健康之间有着密切的联系。充足的睡眠不仅可以帮助缓解心理健康问题,还对预防这些问题至关重要。

思考与练习

1. 睡眠分为哪几个阶段?
2. 睡眠不足对我们的健康有哪些损害?
3. 如何改善睡眠习惯?建立健康睡眠习惯有哪些好处?

第五章 规避损伤

扫码看课件

学习目标

1. 了解造成运动损伤的原因和预防原则。
2. 能够在运动损伤发生后正确进行早期诊断和处理。

无论是在日常生活中还是在运动锻炼中,注意规避风险和预防运动损伤都是非常重要的。运动损伤是指在体育运动过程中发生的各种损伤,如打球时踝关节扭伤、肌肉拉伤,以及锻炼者的腰肌劳损、骨折等。根据损伤病程,运动损伤可分为急性损伤和慢性损伤;根据受伤部位皮肤与黏膜的完整性受到破坏与否,又可分为闭合性损伤和开放性损伤。除此以外,按损伤程度不同,运动损伤还可分为重伤、中度伤和轻伤等。

运动损伤既有外在因素的影响,又有内在因素的作用,损伤往往是内外因素综合作用的结果,损伤部位往往与运动项目以及专项技术的特点有关。在运动中人体有时会受到外界因素的影响而引起皮肤、肌肉韧带、骨骼关节及内脏器官的损害,轻则妨碍日常工作和生活,重则危及生命。因此,学生在运动中要加强预防意识,了解运动损伤的原因和特点,采取相应的防治措施,最大限度地避免和减少运动损伤的发生,从而使身心得到更好的锻炼。

第一节 造成运动损伤的原因

造成运动损伤的原因较多,其发生与锻炼者身体素质和体质水平、安全措施、运动项目、运动技术水平、环境和条件等因素有关。

1. 自我认识不够,健康意识不足

主要是对预防损伤的意义认识不足,放松警惕;安全意识不够,思想松懈,没有积极采取有效的预防措施;发生运动损伤后,没有认真分析原因、吸取教训,使伤害事故再次发生。

2. 准备活动不合理、不充分

准备活动是体育运动的基本前提。其目的如下:第一,提高中枢神经系统的兴奋性,加强各器官系统的活动,克服人体机能惰性,使身体有准备地从相对静止状态转入紧张的活动状态,从而缩短人体对运动的适应过程;第二,使身体发热,提高呼吸和血液循环的功能;第三,降低肌肉、韧带的黏滞性,增加其弹性和伸展性,使关节活动幅度加大,从而减少或避免损伤的发生;第四,熟悉运动环境,避免安全事故的发生。

当参加体育运动时,未做准备活动或准备活动不充分,准备活动的内容与正式运动的内容结合得不好或缺乏专项准备活动,准备活动的运动量过大,准备活动未遵循循序渐进的原则,准备活动距正式运动的时间太长,都容易引起损伤。

3. 身体素质问题或运动技术错误问题

每个运动项目都有自己的技术特点,身体各部位的负担量也不尽相同,因此要学习正确的技术,并进行科学锻炼。技术动作不正确,违反了身体结构与机能的要求,违背了运动力学原理,往往造成局部用力不合理,使身体失去平衡和控制,从而造成损伤。身体素质水平低,如肌肉力量和弹性差、反应迟钝、关节灵活性和稳定性不够,也容易造成损伤。

4. 运动量安排不合理

运动量太大,或运动量提升得太快、太急,使局部负担量过大,可导致对组织的破坏性较大,造成损伤。

5. 心理状态问题

睡眠或休息不好,以及患病、受伤或伤病初愈,可导致疲劳和身体机能下降,造成机体反应迟钝;心情不好,情绪不佳,思想不集中,兴奋不起来;情绪急躁,自控能力差,场上心慌意乱;好胜心强,盲目或冒失地进行锻炼,都易发生损伤。

6. 缺乏运动经验和自我保护能力

体育运动中出现意外时不知道如何处理,惊慌失措或缺乏自我保护能力和意识等时容易发生损伤。如摔倒时用肘部或直臂撑地,造成尺骨或肘部损伤;由高处跳下时,脚跟落地或屈膝缓冲不够,造成腿部、腰部损伤。

7. 运动组织方法问题

运动组织方法不好,容易造成损伤:在运动过程中,缺乏严格的医务监督;没有遵循锻炼原则,不从实际出发区别对待,未认识到不同年龄、性别的人群,其解剖、生理、心理特点不同;运动安排上,不是从小到大,从简单到复杂循序渐进、逐步进行;在进行器械练习时,缺乏必要的保护。

8. 场地、服装设备和环境问题

场地、服装设备和环境出现问题,均会造成损伤:运动场地不平,有碎石或杂物;跑道太硬或太滑;器械维护不良或年久失修,表面不光滑或有裂缝;器械安装不牢固或放置位置不妥当;缺乏必要的防护用具;运动时的服装不符合运动卫生要求;在高温、寒冷或大风大雨等恶劣的天气下锻炼,身体的机能发挥受到影响。

第二节 运动损伤预防原则

根据产生运动损伤的原因,预防原则有以下几个方面。

1. 从思想上引起重视

运动时要有安全意识,有预防运动损伤的思想准备以及克服麻痹大意的思想。特别是在对抗性体育运动中,要发扬良好的体育道德风尚。

2. 合理安排体育运动

要根据自身的年龄特点、健康状况和运动技术水平,合理安排运动量;运用各种形式的身体练习方法,全面提高身体素质,防止运动过程中的过度疲劳;运动负荷的安排要循序渐进、逐步增加,避免局部肌肉负担过重。

3. 认真做好准备活动

准备活动的内容,要根据锻炼或比赛内容,做到一般和专项准备活动相结合;准备活动的运动量,要根据身体特点、气象条件和训练或比赛的需要而定。一般认为,以身体感到发热,微微出汗为宜;准备活动结束与正式运动之间的时间不要过长,一般为3~4分钟。

4. 加强保护和自我保护

运动中适当的保护可以增强运动者的信心,避免一些意外事故的发生。有意识地进行自我保护的专门性练习。如身体失去平衡时应立即向前或向后迈出一大步,以保持平衡。当快要跌倒时,立即低头、屈肘、团身,以肩背部着地并顺势做滚翻动作,不可直臂撑地。

5. 加强医务监督

若经常参加体育运动,要有自我监督身体状况的能力,定期进行体格检查;有伤病或身体不适时禁止参加剧烈运动或比赛;做好自我保健工作,身体有不良反应时,应认真分析原因,必要时请医生做医学检查;要认真做好运动场地、器械和个人防护用具的管理和安全卫生检查。

第三节 运动损伤与处理

在体育运动过程中,发生运动损伤是比较常见的。当运动损伤发生后,不可惊慌失措,应采取相应的急救措施,避免损伤重上加重。

对于运动中发生的闭合性损伤和开放性损伤的早期诊断与初步处理方法:一般应减轻患者痛苦,减少并发症,为转送医院做进一步治疗创造条件。运动损伤的急救是一项极为重要的工作,如处理不当,轻者损伤加重,导致感染,增加痛苦,重者致残,甚至危及生命。因此,急救者采取的措施必须及时、准确、合理、有效。

一、关节脱位

关节脱位是指由于暴力的作用使关节面之间失去正常的连接关系。其中关节脱位是关节面完全脱离原来的位置,而关节半脱位为关节面部分错位。完全脱位时常伴有关节囊撕裂、关节周围韧带和肌腱的损伤。

1. 原因

运动中发生的关节脱位,大多是间接外力撞击所致。如摔倒时,用手撑地,引起肘关节或肩关节脱位。

2. 症状

关节脱位后,常出现畸形,患肢与健肢对比不对称(患肢有变长或缩短的现象),因软组织受损而出现炎症反应。局部疼痛、压痛和关节肿胀,并失去正常活动功能,甚至发生肌肉痉挛现象。

3. 处理

用长度和宽度相称的夹板和绷带在脱位所形成的姿势下固定患肢。如果没有夹板,可将患肢固定在患者的躯干或健肢上,防止震动,随后立即送医院治疗复位。

二、骨折

骨折是指骨的完整性或连续性遭到破坏的现象。骨折分为闭合性骨折和开放性骨折。严重骨折常伴有出血和神经损伤,易产生休克,甚至危及生命。体育运动中以四肢长骨的闭合性骨折多见。

1. 原因

直接暴力作用,骨折发生在暴力直接作用的部位,如足球运动中,上场队员的胫骨受到对方队员的猛烈撞击而发生骨折;肌肉强烈收缩,由于肌肉急剧收缩和牵引而发生骨折,如跨栏时引起大腿后群肌肉起点部坐骨结节的撕脱骨折。

2. 症状

骨折发生后患处即刻出现肿胀、皮下淤血,产生剧烈疼痛,肢体失去正常功能,肌肉产生痉挛,有时骨折部位发生变形,移动时可听到骨擦音。严重骨折时,还会出现出血和神经损伤、发热、口渴,甚至休克等全身性症状。

3. 处理

(1) 首先镇痛抗休克。

(2) 对于开放性骨折,应先止血,再做局部无菌处理和伤口包扎。

(3) 临时固定,不要无故移动患肢,不要试图复位,可牵引,夹板的长度必须超过骨折部位的上、下两关节间的距离。就地取材,夹板可用树枝、木棍、球棒代替,夹板与皮肤之间必须垫上软物,固定的松紧要适宜,非医护人员不宜随意使用复位手法。

(4) 简易处理后,应迅速送医院进行检查和治疗。颈椎发生骨折时,注意不能摇动头部。

三、腰肌劳损

1. 原因

急性腰扭伤后未彻底治疗,或逐渐劳损、出汗受凉以及运动量过大,超过了局部的承受能力或反复单一动作疲劳所致。

2. 症状

酸胀、疼痛由轻到重,自感不适,夜间疼痛加重,轻微活动疼痛减轻,在竞技状态时几乎不疼,活动后疼痛加重。在腰部肌肉可触到硬结或大面积疼痛但难以确定痛点,在竖脊肌的止点处有压痛点。有些患者不仅腰部疼痛,疼痛也放射至臀部或下肢,出现麻木疼痛或蚁走感。

3. 处理

物理治疗、按摩或在痛点注射5%当归注射液,同时可以口服中药。

四、肌肉痉挛

肌肉痉挛俗称"抽筋",指肌肉不自主地强直性收缩。运动中常发生痉挛的肌肉为小腿腓肠肌,其次是足底部的屈肌。肌肉痉挛常见于足球、篮球、游泳等运动项目中。

1. 原因

(1) 寒冷刺激:肌肉受到低温影响,兴奋性会增强,易发生强直性收缩。因而寒冷刺激,如游泳时受到冷水刺激、冬季户外锻炼时受到冷空气刺激,都可以引起肌肉痉挛。

(2) 电解质丢失过多:运动中大量排汗,特别是长时间的剧烈运动或高温季节运动时,电解质从汗液中大量流失,导致肌肉的兴奋性增强,发生肌肉痉挛。

(3) 肌肉连续过快收缩而放松不够:运动训练或比赛中,肌肉连续过快收缩,放松时间太短,以致肌肉收缩与放松失调而引起肌肉痉挛。

(4) 疲劳:身体疲劳会影响肌肉的正常生理功能,疲劳的肌肉中往往血液循环和能量物质代谢发生改变,肌肉中会有大量乳酸堆积,乳酸不断对肌肉的收缩物质起作用,致使痉挛发生。

2. 症状

痉挛的肌肉僵硬、疼痛难忍,痉挛肌肉所涉及的关节伸屈功能有一定障碍。

3. 处理

对于轻度肌肉痉挛,以相反的方向牵引痉挛的肌肉,一般可以使其缓解。牵引时切忌用力过猛,以免造成肌肉拉伤。腓肠肌痉挛时,可伸直膝关节,同时用力使踝关节背伸。此外,还可配合局部按摩,重力按压、揉捏和点掐或针刺委中、涌泉等穴。游泳中发生小腿肌肉痉挛时,用痉挛肢体对侧的手握住痉挛肢体的足趾,用力向身体方向拉,同时用同侧的手掌压在痉挛肢体的膝盖上,帮助将膝关节伸直,待缓解后,慢慢游向岸边。发生肌肉痉挛后,一般不宜继续游泳,应上岸休息、局部按摩。

4. 预防

加强身体训练,提高机体的耐寒能力和耐力。运动前必须认真做好准备活动,对容易发生痉挛的肌肉可事先做适当按摩。冬季锻炼要注意保暖。夏季运动时,尤其在进行剧烈运动或长时间运动时,要注意电解质的补充和维生素 B_1 的摄入。疲劳和饥饿时不宜进行剧烈运动。游泳下水前应先用冷水冲淋全身,使身体对寒冷有所适应,水温低时游泳时间不宜太长。在运动过程中要学会放松肌肉。

五、肌肉酸痛

肌肉酸痛由肌肉活动量大,引起局部纤维及结缔组织的细微损伤,以及部分肌纤维的痉挛所致。由于这种肌纤维细微损伤及痉挛是局部的,因而就整块肌肉而言,仍能完成运动功能,但存在酸痛感。酸痛后,经过肌肉局部细微损伤的修复,肌肉组织变得比以前强壮,以后同样的运动负荷将不易引发损伤(酸痛)。

1. 处理

(1) 热敷酸痛的肌肉,促进血液循环及代谢过程,有助于损伤组织的修复及痉挛的缓解。

(2) 做一些伸展性练习有助于缓解痉挛,使酸痛尽快消除。

(3) 按摩,使肌肉放松,促进肌肉血液循环,有助于损伤的修复及痉挛的缓解。

(4) 服用一些维生素C,促进结缔组织中胶原合成,有助于加速损伤的结缔组织修复,从而减轻和缓解酸痛。

(5) 针灸、电疗等对缓解酸痛也有一定的作用。

2. 预防

(1) 根据实际情况安排不同的运动负荷,负荷量不宜过大,也不宜增加过猛。

(2) 锻炼时,尽量避免长时间集中练习身体某一部位,以免局部肌肉负担过重。

(3) 进行准备活动时,注意对即将进行重负荷的局部肌肉进行更充分的活动。

(4) 整理活动时注意进行肌肉的伸展牵拉练习,有助于预防肌纤维痉挛,从而避免酸痛发生。

六、网球肘

网球肘又称肱骨外上髁炎,由肱骨外上髁伸肌总腱的慢性劳损或拉伤所致。多见于网球、乒乓球和击剑等运动,如进行网球的反拍或下旋击球时,球的冲力作用于腕伸肌或被动牵扯该肌而致伤。

1. 症状

初期肘外侧疼痛,休息后缓解,病情发展呈持续性疼痛,重症提物时有突然"失力"现象。检查可见肱骨外上髁局部压痛、肿胀、伸腕抗阻痛。

2. 处理

早期停止局部运动,症状可自行缓解,在前臂肌腹处扎弹力绷带能减轻症状,按摩和手法治疗均有效果。预防在于逐渐增强肘部肌力,避免局部负荷过重,早期发现病症,及时调整训练。

七、运动中腹痛

运动中腹痛是指在运动训练或比赛中发生的腹痛。中长跑、马拉松和竞走中多见。运动中腹痛多发生在运动过程中或运动结束时,以右上腹痛为常见。

1. 原因

引起运动中腹痛的原因,主要有腹腔内疾病、腹腔外疾病和不明原因但与训练有关的运动性腹痛三大类。运动中腹痛的产生,往往与下列因素有关:缺乏锻炼或锻炼水平低;准备活动做得不充分;身体状况不佳,如劳累、精神紧张等;呼吸与动作之间的节奏配合不佳;膳食制度不合理,饮食上存在问题;运动速度和强度提升过快或太突然等。

2. 症状

运动中腹痛的发生过程与运动负荷和运动强度密切相关。大多数运动员或锻炼者在小负荷和慢速运动时,腹痛不明显,随着运动负荷和强度增加,腹痛也逐渐加剧。腹痛的部位,常为病变脏器所在。右上腹痛,多为肝胆疾病、肝脏淤血;中上腹痛,多为急性或慢性胃炎;左上腹痛,多为脾淤血;中部腹痛,多为肠痉挛、蛔虫病;右下腹痛,多为阑尾炎;左下腹痛,多因宿便引起。由于引起腹痛的原因不同,其疼痛的轻重也不一样。一般来说,如果腹痛是直接由运动引起的,多为胀痛或钝痛,经过降低运动强度或深呼吸以及按压腹部后,疼痛可以缓解。如果原来已患有疾病,只是因运动而诱发腹痛者,多为锐痛或阵发性绞痛、钻痛,运动员或锻炼者往往要终止运动,经治疗后疼痛才能缓解。

3. 处理

运动中若出现腹痛,应减慢运动速度和降低运动强度,加深呼吸,调整呼吸和运动节奏,用手按压疼痛部位,或弯腰跑一段距离,一般疼痛即可减轻或消失。如果无效,或疼痛反而加重,应停止运动,口服镇痛药物(如阿托品等),点掐或针刺内关、足三里、三阴交等穴,进行腹部热敷等。如仍无效,则需请医生治疗。

4. 预防

训练时要遵循科学的训练原则,循序渐进地增加运动量。加强全面身体训练,提高生理机能水平。膳食安排要合理,饭后须经过一定时间(1.5小时左右)才可进行剧烈运动,运动前不宜过饱或过饥,饮水不宜过多。要做好准备活动,运动中注意呼吸节律,中长跑时要合理分配速度。对于各种疾病引起的腹痛,应就医确诊,彻底治疗。疾病治愈之前,应在医生指导下进行体育活动。

八、昏厥

昏厥是指脑部供血不足引起的一时性知觉和行动能力丧失的状态。在体育运动中常是过度紧张的一种表现。

1. 原因

(1) 精神和心理状态不佳:如锻炼者过分紧张或激动,见到别人受伤、出血而受惊等,引起血压下降,导致脑部供血不足。

(2) 直立性低血压:长时间站立不动,久蹲后突然起立,长期卧床后突然坐起或站立时,引起血压显著降低,使脑部供血不足所致。

(3) 重力性休克:锻炼者疾跑后立即站立不动引起。

(4) 胸内和肺内压力增大:增加力量练习时,锻炼者呼气后憋气,可使胸腔和肺内压力增大,致心输出量减少而引起。

(5) 其他:损伤后剧烈疼痛、低血糖、中暑、心脏节律紊乱或心脏病等也可引起昏厥。

2. 症状

患者突然失去知觉、昏倒。发生前可感觉全身软弱无力、头昏、眼前发黑、耳鸣、恶心、出虚汗和面色发白等。昏倒后,皮肤苍白、四肢发凉、脉搏细弱、呼吸加快或缓慢。一般在昏倒片刻后,由于脑部供血不足的消除可清醒过来。

3. 处理

使患者平卧或头部稍低位,松解衣领束带,用热毛巾擦脸,做下肢(从足部)向心性重推摩或揉捏,嗅以氨水或点掐、针刺人中、百会、合谷、涌泉等穴。如有呕吐,宜将患者头部偏向一侧,如呼吸停止,应立即做人工呼吸。在患者知觉恢复前,或有呕吐者,均不宜给予任何饮料。

醒后可给予热饮料或少量食品（低血糖者），注意休息。

4．预防

平时要坚持体育锻炼，提高血管运动机能水平。久蹲后要慢慢地站立，疾跑后不要马上站定，应继续慢跑，调整呼吸，逐渐停下来。当有昏厥前征象时，应立即俯身低头或躺下。平时加强心理和意志训练；饥饿或空腹时不宜参加体育活动；进行超长距离运动时，应备有含糖饮料，供途中饮用。

九、休克

休克是人体遭受体内外各种强烈刺激后发生急性循环功能不全，以周围循环衰竭为特征的严重全身性综合征。

1．原因

引发休克的因素主要通过减少血量、减少心输出量及增加外周血管容量等途径引起有效循环血量剧减、微循环障碍，导致组织缺血、缺氧，代谢紊乱，重要生命器官遭受严重的乃至不可逆的损害。休克分为如下类型。

（1）失血性休克。急性失血超过全身血量的20％（成人约800 mL）即发生休克，超过40％（约1600 mL）即濒于死亡。严重的腹泻、呕吐所致休克亦属此类型。

（2）心源性休克。由急性心脏射血功能衰竭所引起，最常见于急性心肌梗死，死亡率高达80％。

（3）中毒性休克。主要见于严重的细菌感染和败血症，死亡率为30％～80％。

（4）过敏性休克。主要发生于具有过敏体质的患者。致敏原刺激组织释放血管活性物质，引起血管扩张、有效循环血量减少而发生休克。常见于药物和某些食物过敏，尤以青霉素过敏最为多见，严重者数分钟内不治而亡。

（5）神经源性休克。剧烈的疼痛刺激通过神经反射引起周围血管扩张，血压下降，脑供血不足，导致急剧而短暂的意识丧失，类似于昏厥。有时虚脱与休克相仿，但虚脱的周围循环衰竭发生突然，持续时间短，在及时补液后可迅速得到缓解；休克主要发生于大量失水、失血和出汗时，如伴有肾、心、肺功能衰竭可导致死亡。

2．症状

面色苍白、四肢湿冷、血压降低、脉搏微弱、神志模糊，进而出现昏迷，甚至死亡。

3．处理

（1）休克的一般处理：在体育运动中，失血性休克较为多见。对于轻度的头昏症状，可搀扶患者走一段时间，不适的感觉就会消失。症状稍重时，可让患者平躺，衣领松开，头部略放低（头部受伤、呼吸困难者则不宜采用此法），然后抬高患者下肢做轻微的抖动，患者症状可以立即得到缓解。注意全身保暖，尽量少搬动，有时可给予姜糖水、热茶水等饮料，有条件的可以吸氧，尽快静脉输液以扩充血容量等。轻度昏厥时，还可以掐点人中、内关、合谷、涌泉、足三里等穴，使患者苏醒。

（2）针对病因进行处理：对于由外出血引起的休克，应立刻选择适宜的止血法，使出血停止；内出血时可冷敷。对于由外伤、骨折等剧烈疼痛引起的休克，应给予药物镇痛，尽量避免患肢移动,就地用夹板固定。休克是一种严重而危险的病理状态,如呼吸困难,应进行人工呼吸或给氧急救;如疼痛剧烈,可给予镇痛剂或镇静剂。在急救的同时,应迅速请医生处理或送医院。

十、脑震荡

脑震荡是指大脑神经细胞和神经纤维受到震动后所引起的意识和机能的一时性障碍,脑神经无明显器质性病理改变。

1. 症状

脑震荡引起的意识障碍,可持续数分钟至半小时或12小时之久,同时患者面色苍白、血压下降、脉搏细弱、冒冷汗、瞳孔散大或缩小、呼吸浅而慢。意识障碍消除后,患者无法回忆当时受伤的情景(即逆行性遗忘),并遗有耳鸣、头痛、头晕、失眠、记忆力减退、恶心、心慌等。一般很快即恢复正常,但要注意脑内是否有出血、血肿、骨折等症状。

2. 处理

立即使患者平卧,头部冷敷,身体保暖。点掐人中、合谷、内关等穴,给氨水嗅闻,使昏迷者苏醒。对发生呼吸障碍的患者,可做人工呼吸。对昏迷时间超过4分钟,两侧瞳孔大小不一、口、鼻、耳出血,眼球青紫及清醒后头痛、剧烈呕吐或又再度昏迷者,应立即送医院抢救。对短时间内意识恢复的轻度患者,应尽可能使其平卧并送回宿舍休息,一般卧床休息到头痛、头晕的症状完全消除。不宜过早参加运动,避免头部震动,减少脑力劳动以免留下头痛、头晕的后遗症。忌用吗啡和哌替啶。对症治疗,发热时要用冷水或冰块敷于额部降温。

十一、中暑

中暑是高温环境中发生的一种急性病,多发生在长跑、越野跑及足球等运动项目中。

1. 原因

在炎热的夏季进行长时间耐力训练或比赛,身体疲劳、失眠、失水、缺盐,对热环境适应能力差及训练水平较低者都较容易发生中暑。

2. 症状

中暑早期可有头晕、头痛、呕吐现象,逐步发展为体温升高、皮肤灼热干燥,严重者可出现精神失常、虚脱、痉挛、心律失常、血压下降,甚至危及生命。

3. 处理

当有中暑先兆或轻度中暑时,应将患者迅速撤离高热环境,移至通风阴凉处休息,解开衣领,并给予清凉饮料、浓茶、淡盐水等。对病情较重的患者,应立即移到阴凉处,让其平卧,根据不同的病情,处理方式如下:中暑痉挛时,牵伸痉挛肌肉使之缓解,并给予含盐清凉饮料;中暑衰竭时,给予含糖、盐饮料,同时做四肢按摩;中暑昏迷时,可针刺人中、合谷、涌泉等穴,并立即送医院进行抢救。

4. 预防

在高温炎热季节锻炼时,应当减少运动量和缩短锻炼时间,适当调整作息时间及延长午休时间,避免在烈日下长时间锻炼。夏季在室外锻炼时,应戴白帽,穿浅色、宽敞、透气性能好的运动服。应准备清凉消暑或低糖含盐饮料,并准备急救药品。如出现中暑症状,应立即停止运动,并及时处理。

十二、运动性低血糖

当运动引起血糖浓度下降至低于 2.78 mmol/L 时,患者易出现惊厥甚至昏迷。体育运动中,低血糖多发生在长跑、长距离滑冰、滑雪和骑自行车等项目中,多出现于剧烈耐久性运动或运动结束后不久。

1. 原因

主要是由于长时间剧烈运动使体内消耗大量血糖,其次就是运动前或运动时饥饿,体内肝糖原储备不足,又没有得到及时补充。此外,赛前情绪过分紧张,赛后强烈的失望情绪或患病(如胰岛疾病、严重肝脏疾病等),都可以使血糖浓度降低,导致低血糖。

2. 症状

当出现低血糖时,首先受影响的是神经系统,脑细胞的工作能力下降,继而体内多个器官的功能降低。轻者有强烈的饥饿感,疲乏无力、心慌、头晕、皮肤苍白及出冷汗等;重者神志模糊,言语不清或精神错乱,手足颤抖,步态不稳,甚至昏倒。检查时脉搏快而弱,呼吸短促,瞳孔放大。

3. 处理

使患者平卧,冬季注意身体保暖,对神志清醒者可以供给热糖水或进少量流质食物,一般短时间内症状消失。对昏迷者,可静脉注射 50% 葡萄糖注射液 50~100 mL,同时针刺(或指掐)人中、涌泉、合谷等穴。此外,还可用热水泡(或热敷)下肢,以促进下肢血液循环。

4. 预防

平时缺乏锻炼、疾病未愈(或初愈)及饥饿者,不要参加长时间的剧烈运动;进行长时间耐久性运动前 2 小时(或赛前 15 分钟),口服 100~150 克葡萄糖,运动中适当补充糖饮料。

思考与练习

1. 造成运动损伤的原因有哪些?
2. 预防运动损伤有哪些原则?
3. 如何处理常见的运动损伤?

第六章 认识自我

扫码看课件

学习目标

1. 了解自我概念的维度,熟悉人格的内涵,掌握提升积极认识自我的方法。
2. 了解自我发展的不同时期和自我认同的功能,理解成长与转变的过程。

第一节 认识自己

著名作家塞万提斯曾说:"把认识自己作为自己的任务,这是世界上最困难的课程。"现在人们也常说:"人贵有自知之明。"人的一生,始终是一个寻找自我、体验自我、实践自我、完善自我和超越自我的过程。认识自我,不仅是一个哲学命题,更是一个人生课题。

一、问我是谁

美国前总统约翰逊曾经这样描述他自己:"一个随意的人,一个美国人,一个合众国参议员,一个民主党人,一个自由主义者,一个保守派,一个得克萨斯人,一个纳税人,一个牛仔,一个不再像过去和所期望的那样年轻的人。"尽管并非每个人都会用如此多的术语描述自己,但每个人的确有着丰富的关于自我的认识,有关于自己身体状况和能力、社会角色、思想、天赋、个性等诸多方面的看法。

二、自我概念的维度

当我们认为自己是一个怎样的人时(例如我的能力是不错的,只是恒心不够罢了),我们就为自己制造出了"自我概念"。顾名思义,自我概念就是自己对自己的看法。关于自我概念的维度,不同的心理学家提出了不同的观点。

(一)威廉·詹姆斯的自我理论

威廉·詹姆斯将自我分为三个部分:物质自我、社会自我和精神自我。

1. 物质自我

物质自我包括躯体自我和躯体外自我。躯体自我很容易理解,当我谈及我的手臂或我的腿时,很显然就是在谈躯体自我。但我们对自我的感知并不仅限于我们的身体,还包括其他人(我的孩子)、宠物(我的狗)、财产(我的汽车)、地方(我的家乡),以及劳动成果(我的绘画作品)等。

物质自我不仅包括我们的身体特质和所有物,也包括社会中的其他成员,如我们的家庭、朋友和所爱的人。比如,人们在描述他们自己时往往会带上其他人(如"我是××的儿子")。其他人也能唤起我们的自我知觉。当发现自己所属的群体比其他群体更好时,人们的感觉会更好。

2. 社会自我

社会自我指的是我们如何被他人看待和承认,包括我们所拥有的各种社会地位和扮演的各种社会角色。在不同的社会情境中,我们的社会自我也是不同的。例如,我们处在"学生"角色时和处在"儿女"角色时的行为是不同的。一个在父母和老师面前举止文雅的少年,在其同伴面前很可能像个"狂妄自大"的海盗。我们不会将我们在同伴面前的表现展现在老师面前,也不会拿同样的态度对待未来的老板,这说明我们有多个不同的社会自我。

3. 精神自我

威廉·詹姆斯认为,精神自我是我们的内在自我或心理自我。我们所感知到的能力、态度、情绪、兴趣、动机、意见、特质以及愿望都是精神自我的组成部分。精神自我是我们所感知到的内部的心理品质,它代表了我们对于自己的主观体验,即我们对自己有什么样的感受。

拥有一个良好的精神自我是非常重要的。研究表明,一个人对自我能力的评估会影响到他所设定的目标水准,进而导致截然不同的绩效表现。当一个人认为自己能力不错时,通常会制订比较难达到的目标,虽然结果常是没有达到预期目标,但绩效仍远比那些认为自己能力差而制订低水平目标的人高。

(二)托里·希金斯的自我差异理论

威廉·詹姆斯的物质自我、社会自我以及精神自我都是个体对现实中自我的主观看法,而心理学家托里·希金斯将自我分成两类:现实自我和标准自我。

1. 两类自我

现实自我是指个体认为自己实际上是一个怎样的人,例如,我是一个内向的人、一个理智的人。标准自我是自己想成为什么样的人的表征,其分成两种:理想自我与应该自我。理想自我是自己或他人希望自己具备哪些特质的表征,例如,一名历史系的学生,他的理想自我可能是成为一个学富五车的人。而应该自我则是自我或他人认为有义务或有责任应该具备的特质的总和,例如,我应该成为一个有社会正义感的人,"社会正义感"就在应该自我之中。

心理训练营

想象出你想成为的那个人

选择一个你可以放松并独处几分钟的安静地方,闭上眼睛,尽可能清晰地想象出你想成为什么样的人。

你的长相将会如何?

你的穿戴将会如何?

你的感觉将会如何?

你将是快乐的、严肃的还是放松的?

你将会做什么?

你将会在哪里?

你可以在每晚睡觉前重复这个练习,如重复一个星期,然后看看你有什么变化。

2. 自我差异

标准自我与现实自我之间的差距就是自我差异,对应于两种标准自我,存在两种自我差异:现实-理想自我差异和现实-应该自我差异。自我差异作为一种不协调的信念,会引起人们消极的情绪反应。现实-理想自我差异会带来沮丧类的负性情绪,比如失望、抑郁、不满等。例如,在一次期末考试前,你给自己定下的最理想目标是门门课程的学分绩点都为4.0,结果最后有两门课程的学分绩点只有3.7,你会有些失望、郁闷。而现实-应该自我差异则会带来焦虑类的负性情绪,比如羞愧、害怕、焦虑等。例如,你的托福考试的预期目标最低是90分,但是结果连90分都没有达到,羞愧之情油然而生。

三、解读你的人格

宝玉的多情与反叛、黛玉的忧郁与聪慧、曹操的雄心与奸诈、关公的勇猛与忠诚……一个个栩栩如生的人物显示出人格的千姿百态。在现实生活中,我们也能发现性格迥异的人:有人性格内向,有人性格外向;有人性情泼辣、开朗,有人性情温柔;有人顽强、果断,有人优柔寡断……正所谓"人心不同,各如其面"。那么是什么东西使得人与人之间如此不同呢?答案是人格。

什么是人格?从古代人到现代人,从戏剧家到心理学家,人们对它进行几千年的探讨,但谁也说不清楚。但是,研究者们一致认为,人格的本质是一个人区别于他人的独特的、稳定的心理品质和行为模式。回想某个你真正信任的人,想象你最想与之共度一生的人,以及你无法忍受生活在一起的人,最先进入你脑海的都是这个人一贯的特点,例如真诚、可信、大方、自私、情绪化或悲观,正是这些稳定的特点构成了他们每个人独特的人格画面。

2500多年前,我国古代教育家孔子就根据人的心理差异提出了因材施教的教育原则。他将人格差异分为五种类型,从庸人到圣人,各具特色。人格的差异还直接关系到人的身心健康。1974年，美国著名心脏病学家弗里德曼和罗森曼的研究发现，患心脏病的原因与人的性格有关。弗里德曼将人格分为两大对立的类型：A型人格和B型人格。

A型人格：性格急躁，缺乏耐性，成就欲高，上进心强，具有苦干精神，工作投入，做事认真负责，时间紧迫感强，富有竞争意识，外向，动作敏捷，说话快，生活常处于紧张状态，但办事匆忙、社会适应性差。

B型人格：性情随和，悠闲自得，举止稳当，对工作要求较为宽松，对成败得失看得较淡，喜欢慢步调的生活节奏。在需要审慎思考和耐心的工作中，B型人格往往比A型人格好。

关于人格，不同的心理学家按照不同的方式将其分为不同的类型，下面介绍几种主要的分类理论。

（一）多元类型理论

多元类型理论将气质分为四种典型的类型：胆汁质、多血质、抑郁质和黏液质。这四种气质类型具有不同的优点和缺点。

1. 胆汁质——实干家、支配型

这种类型的人像"夏季里的一团火"，他们脾气火爆，做事雷厉风行，勇敢、果断，精力旺盛，坚定、自信，支配欲强，有决心，有远见，着眼大局，组织力强，为人热情、直爽、朴实、真诚，是天生的实干家和领袖。这种类型的人通常比较喜欢户外运动。他们的缺点是好发号施令，常常粗枝大叶，不求甚解，遇事欠思量，鲁莽、冒失。

2. 多血质——影响力强者、互动型/社交型

这种类型的人总是像春风一样"得意洋洋"，他们善言谈，喜交际，影响力强，因而这种类型又被称为互动型或社交型。热情、活泼、幽默、灵活、开朗、乐观是他们的优点。这种类型的人乖巧伶俐，惹人喜爱。他们的情绪丰富而外露，喜怒哀乐皆形于色。他们喜欢社交和聚会，思维灵活、行动敏捷，对各种环境适应力强。他们的缺点是缺乏耐心和毅力，稳定性差，见异思迁。

3. 抑郁质——思想家、分析型/思考型

这种类型的人具有天才倾向，聪明而富有想象力，自制力强，善分析，追求完美，才华横溢，具有创造力和牺牲精神。他们是分析型和思考型的人，多才多艺，具有艺术气息，易于成为艺术家和音乐家。这种类型的人的情绪体验深刻、细腻而又持久，主导心境消极、抑郁，多愁善感，心事重重，给人以"秋风落叶"般无奈、忧伤的感觉。他们的缺点是挑剔、悲观、情绪化。

4. 黏液质——重视关系者、稳健型/支持型

这种类型的人冷静、稳重、有耐心，他们重视人际关系，好和谐、易共事，与人交往适度、交情深厚，被称为重视关系者。他们机智、从容、仁慈，具有同情心，善倾听，且具有协谈能力。他们自制力强，不怕困难，忍耐力强，内刚外柔。他们表情平淡，情绪不易外露，外表似乎给人"冬天般冷"的感觉，但内心的情绪体验深刻，外凉内热。他们的缺点是被动、刻板、目标性差，缺乏动力，优柔寡断，思维欠灵活。

上述四种气质类型显示出人们"四季"般的天性。有些人会发现自己具有不止一种气质类型的特征。事实上，单纯属于这四种典型气质之一的人并不多，在生活中，有些人是两种气质的混合型，有些人是三种气质的混合型，有些人则是四种气质的混合型。

（二）外控与内控

二十世纪五六十年代，心理学家朱利安·罗特观察到许多人在获得成功经验之后并没有提高个人的控制感，而有些人多次失败之后也没有降低他们对成功的期望水平，这引起了他的兴趣。换句话说，有些人拥有较高的个人控制感，即使多次失败，他们依然如故，但是有些人总是将成功的结果归因于运气好。因此，罗特将人格分成两种类型：外控型和内控型。

外控型的人认为个人生活的主导力量是外力，常常将许多事情归结为外部的原因，认为快乐和痛苦是无法自我掌控的，很多事情都是由他人或者命运主宰的。他们常说："这件事我也无能为力，命运如此，我又能怎样呢？"而内控型的人认为，事在人为，自己的付出和努力是可以改变事情的发展走向的，即使无法改变，也可以通过其他方式达到目的。内控型的个体更有可能获得成功，因为他们看到自己的行为能够产生积极的影响。研究结果发现，外控型的人倾向于不那么独立，比内控型的人具有更高的焦虑感和更低的自尊感。

第二节 自我认识

一、自我认识的来源

1. 成功与失败的经验

心理学家一般认为，大量的成功会提升自尊，而不断失败会削弱自尊。尝试挑战性的任务并取得成功会使我们感到自己很能干。学业上成功的学生会对自己的学术能力做出更高的评价，从而激发他们更努力地学习以取得更大的成就。全力以赴并取得成功会使人感到更加自信。当我们征服挑战或学到技术后，成功会让我们具有一种充满希望的、自信的态度。研究表明，积极的信息会提升自尊，会激发个体取得更大的成就。

2. 社会比较

我们如何判断自己是否富有、聪明或高大？一种方式是通过社会比较。我们周围的其他人会帮我们树立富有或贫穷、聪明或愚蠢、高大或矮小的标准；我们会将自己和他人进行比较，并思考自己为何不同。有些同学觉得从小学到中学之后，我好像不再是我了，以前的我那么优秀，那么受老师宠爱，可到了中学，大家好像都比我好。我还是我吗？以前我是白天鹅，现在怎么变成丑小鸭了？于是有些同学得出结论：上了中学，我不再优秀。真的是这样吗？

假设桌子上有十碗珍珠，那么每个碗中肯定都有一颗最亮的。现在，我们把每个碗中最亮的珍珠拿出来，同时放入一个碗中，那么这些在原先碗中最亮的珍珠肯定要重新定位，原先最亮的可能成为最不亮的了。但是，我们必须看到，它还是原先的亮度，绝对亮度没有变，只不过是比较标准发生了变化，相对亮度发生了变化。所以，是比较团体的变化带来了个人相对位置的变化。那么我们应该如何调节相对位置的变化带来的心理失落呢？这就要跟自己比较，不要总拿自己和别人比，不管别人过得多好，自己才是最重要的。

3. 反射性评价

反射性评价即观察其他人对自己的反应。例如，一个人讲了一个笑话，并觉察到别人都笑了,这个人可能会推断自己是一个幽默的人。当他人的评价带有指责、批评的意味时,往往会激发我们的对抗情绪。有时候我们不但不愿意承认对方的评价,还会反唇相讥,甚至无理搅三分。即使对方是心平气和地指出我们的问题,我们也知道自己的确存在问题,但仍会觉得不舒服,甚至感觉受到伤害。面对他人的批评,这时候作祟的不是自尊心而是虚荣心,怕因为被指出缺点而被人看不起,有了缺点就低人一等,或者认为对方是有意要反对、伤害自己。其实在批评和指责的背后是对方对你的关心和希望你能更好的期许,当我们能觉察到对方的关心和美好时,我们就能以更开放的心态来对待他人的评价。

4. 内省

内省即个体向内部寻求答案,通过反省自己、分析自己,来认识自己的态度、情感和动机。例如,假定我想知道我是不是一个情感丰富的人,我可以问自己,当处于与感情有关的场合如婚礼、葬礼现场时的情绪如何。如果我在这些场合感到激动和同情,那么我就可以认为自己是一个情感丰富的人。"吾日三省吾身"。我们可以在白天有时间的时候静下来想想自己已经做了什么、接下来应该做什么,注意保持平和的心态,对自己的言语保持觉知。晚上睡觉之前,回想一下一天的收获和不足,欣赏自己做得好的地方,并提出完善和提高的计划。

二、自我认识的偏差

人们可以通过以上四种途径认识自己。有些人可以正确地认识自己,认为自己是一个有价值的人,与人相处时不会过于在意别人的评价,保持愉快、稳定的心境,但并不是每个人都能够正确、全面地认识自己,这就是自我认识的偏差。自卑和自负是自我认识偏差的两种不同的情况。

1. 自卑

一个来自偏远山区的女生小莉,向咨询师倾诉自己经常心情不好,学习学不下去,做什么事情都打不起精神。入学以来,她发现自己和班上来自城市的同学有很大的差距。"作为一个女生,我没有她们漂亮,不懂打扮,不懂化妆。作为一个学生,我的成绩平平,英语也没有其他人说得好。从小到大,我都没学过音乐和画画,什么特长都没有,连兴趣爱好都没有。平日在宿舍里,其他人都是有说有笑,谈天说地,我却插不上话。放假了,其他人都出去旅行了,天南海北,好羡慕他们,可是自己又没有那样的经济实力,爸妈供我读书就很不容易了。总之,我长相平平,成绩不突出,交际面窄,玩也不会,什么都不会,简直是一无是处。"

小莉表现出来的就是学生群体中并不罕见的自卑心理,感到自己有某些缺点和不足,对自己不满意,觉得自己不如别人,这是一种消极的自我评价,也是一种自我认识的偏差。阿德勒的自我心理学认为,人的一生就是克服自卑与追求卓越不断循环的过程,这种循环可以让一个人的能力得到不断的提高。但是有时候,自卑感太强,会阻碍人们的进步。自卑会将某一方面的不足过分放大,导致人们认为自己一无是处,对自己已有的闪光点视而不见。长此以往,自卑的人容易产生抑郁情绪,丧失参加活动的兴趣。

2. 自负

自负是自卑的对立面,但二者都源于自我认识的偏差,都是不能够恰当地评价自己的表现。自负的人往往过高地评价自己,自以为是,有种盲目的自信。

在心理上，自负的人自视过高，认为别人不如自己，总爱抬高自己、贬低他人，固执己见，将自己的观点、想法强加于人，明知道别人正确，也不愿意改变态度。另外，自负的人往往不能接受别人的批评，但面对别人取得的成绩时，却又容易产生嫉妒之心，排斥他人。这种心理和行为模式容易使自负的人在人际交往方面受挫，进而影响心理健康。

自负源于对自我认识的片面化，夸大自己的长处、优点，缩小或忽略自己的短处、缺点。一方面，这与早年的家庭教育有关，父母的过分宠爱和不恰当的夸奖，会让他们自小认为自己样样优秀，什么都行；另一方面，很多学生没有受过打击和磨砺，这也容易造成自负心理。换个角度来说，自负其实是另一种形式的自卑，是对自卑的防御，是内心深处存在自卑感，通过自我放大和贬低他人来补偿自己的不足和自卑，是一种无意识的防御机制。

三、提升积极自我认识的因素

1. 选择对自我有利的信息

为了形成并保持积极的自我观念，人们倾向于寻找对自我有利的信息。比起与自我有关的消极信息，大多数人更容易记住积极信息，以使他们坚信自己拥有积极的特质。

在一项研究中，研究者首先引导被试者，使他们相信自己在一个智力任务上具有较高的能力或较低的能力，然后给予他们获得更多关于他们能力信息的机会。结果发现，高能力组的被试者对于了解自己表现出更为浓厚的兴趣，而低能力组显得更为矛盾。这个模式表明，当人们得知他们具有较高的能力时，他们会热心地寻求反馈，反之则不然。

2. 自我服务归因

自我服务归因是另一个帮助人们保持积极自我观念的因素。当我们加工与自我有关的信息时，会出现一种潜在的偏见。我们一方面轻易地为自己的失败开脱，另一方面欣然接受成功的荣耀，在很多情况下，我们把自己看得比别人要好。这种自我美化的感觉使多数人陶醉于光明的一面。

我们把成功归因于自己较稳定和核心的方面（如"我得了高分是因为我聪明"），把消极结果要么归因于外部因素（如"我得了低分是因为测验很难"），要么归因于自我的非核心方面（如"我得了低分是因为我用错了复习材料"）。否认消极结果是由个体的特性、能力和特质等原因造成的，个体即便面对消极反馈，也能保持对自我的较高认识。

3. 自我妨碍

有时人们会给自己的成功设置障碍。比如学生不好好准备考试或运动员在一次重要比赛前不进行训练，这些行为使成功的可能性减小，但它们能使个体不把失败看作自身能力的不足。这种策略是为失败准备托词：这不意味着我没有能力，而是因为我没有很好地准备。

如果你害怕发现自己不具备获得奖学金的资格，你可能会与朋友聚会而不是努力准备某一重要考试。这样，如果你没有获得奖学金，你可以将失败归咎于不够努力，以避免你认为自己不具备获得成功的能力。你可能等到最后一分钟才向女孩发出约会邀请，如果被拒绝，你会告诉自己那只是因为自己说得太晚了，而不是因为对方不喜欢自己。你有采取自我妨碍的情况吗？

4. 选择性相互作用

我们看待自己的方式因所面对的人的不同而不同。霸道、挑剔的人让我们感到烦躁不安，对我们赞赏有加的亲密朋友令我们充满自信。这不是说我们是两面派或不实在，而是说这些人的每一个举动或暗示都引出了我们自我的某个方面。意识到这一点，我们就可以尽可能找寻那些能够让我们展现最佳自我，并且令我们感觉良好的人。从某种意义上讲，我们周围的人会参与塑造我们看待自己的方式。有没有过分挑剔、贬低我们的人呢？当然有。我们应该避开他们。有没有看到我们最好的一面的人呢？当然也有。我们应该经常找出这些人，与处世积极、喜欢与我们同行并共享人生的朋友交往。

第三节　自我发展与自我认同

如果我们希望改变自己，我们就需要了解我们是如何成为今天的我们，从生命的角度理解我们是如何选择了我们现在的生活方式，并重新审视这些方式，看看现在的我们是否可以做出新的、更好的选择。

心理训练营

我如何成为今天的我

在一个舒适、安全的环境里，为自己准备一张大白纸和一盒彩笔，根据下面的提示为自己画一条到目前为止的生命河。

我们每个人的成长经历就好像一条生命河，在生命过程中我们都经历过一些给我们的生命留下烙印的人物和事件，到现在还是这样。现在请回顾你的成长经历，从孩童时期有记忆时开始回忆，一直到现在。重点回顾成长过程中对自己的成长具有重要作用和意义的人物或事件，可以是高兴的，也可以是悲伤的。

现在，给自己20分钟的时间，用自己喜欢的颜色画一条表示自己成长经历的生命河。这条生命河可以表达自己的成长阶段，可以标上自己接触过、经历过并留下深刻印象的人物和事件。

当你画完的时候，再回头看看：你的生命河是什么颜色的？生命河的宽度怎样？河中和河岸有什么景色？当你重新看这条生命河时，你有什么样的体会和感受？

一、自我发展

有许多理论涉及人的发展问题，这些理论可以帮助我们更好地理解自我的成长过程。在这里我们主要描述艾里克森的人格发展理论。艾里克森将人格发展分为八个阶段，每个阶段都面临着要完成的任务,如果个体难以完成他所处阶段的任务,就会出现发展危机(表 6-1)。危机既是危险也是机遇,关键取决于我们如何解决。如果我们成功地解决了冲突,就可以向前进步,反之,我们就会在这个转折点停滞下来。我们在每个阶段做出的选择将在很大程度上影响我们的生活。

表 6-1　艾里克森的人格发展八个阶段

生命阶段	心理社会冲突	特征
1 岁	信任 vs 不信任	当婴儿受到温暖、持续的照顾时,他就能建立起信任感;缺乏照料或照顾不够则产生不信任感
2～3 岁	自主性 vs 羞怯和怀疑	当儿童受到鼓励去探索自我和环境时,自主性得以发展。当儿童的探索受到抑制时,则会产生羞怯和怀疑
4～5 岁	自发性 vs 内疚感	当鼓励儿童进行各种各样的尝试时,他们的自发性就会得到促进。如果父母嘲笑孩子或过度批评他们,就会使他们产生内疚感
6～12 岁	勤奋 vs 自卑	当儿童受到表扬时,他们就会获得勤奋感。当他们所做的努力被认为是不充分的或差劲的时,他们就会产生自卑感
青春期	同一性 vs 角色混乱	处于这个阶段的个体要面临的一个关键问题是"我是谁",拥有可靠和统一特性的个体被认为是达到同一性的,无法建立稳定和统一特性的个体将会面临角色混乱
成人早期	亲密 vs 孤独	建立一种形成承诺和亲密的人际关系,这个过程出现失败将导致孤独
成人中期	生殖 vs 停滞	个体是社会中能够进行生产活动的成员,为社会做出贡献,为未来创造人口。这可以通过工作和抚养孩子等来实现。与之相反是停滞,它的特征是个体过度关心自己的幸福或认为生活是无意义的
成人后期	完整 vs 绝望	完整是指当个体回头看自己所经历的生活时会有满足感,这使他能够有尊严地面对死亡。如果遗憾成为主导,那么个体会感到绝望

婴儿在出生后第一年的主要任务是发展出对自己、他人以及环境的信任感。他们需要依赖他人,需要感觉到自己是被他人关怀、照顾着的个体,需要认识到世界是安全的。如果婴儿感觉到他人给他提供了所需要的温暖、拥抱以及关注,婴儿就会发展出信任感;如果这些需要没有被满足,婴儿就会怀疑和他人之间的相互关系,并会对人与人之间的关系产生不信任感。

2～3 岁的核心冲突是自主性对羞怯和怀疑的冲突。如果儿童没有完成建立自我控制及学会应对周围环境的任务,那么就会发展出羞怯感,他们会怀疑自己的能力。在此阶段,儿童的语言及运动机能等方面将有大幅度的进步。这是儿童学会独立的阶段。儿童需要学会控制和管理自己的冲动和情绪,包括学会延迟满足。

4～5 岁,此阶段儿童的主要任务是建立能力和主动性,其核心冲突是自发性 vs 内疚感。他们将尝试探索他们能做的事情到底有多少。如果现实允许他们自己做决定,他们将会发展出积极的自我定向,对自己的能力充满自信,并且会对他们的未来产生积极影响。如果他们被过度限制或者大人嘲笑他们的选择,他们就容易形成内疚感,并放弃主动权。

1. 人生最初六年的影响

被誉为精神分析之父的弗洛伊德认为,我们在性别和社交方面的发展如何,主要取决于我们出生后最初六年的生活经验。在这期间,我们经历了截然不同的发展阶段。我们后期的人格发展往往取决于在每个阶段的需求和冲突是否能被很好地满足或解决。我们在成年之后会遇到很多令人头疼的问题,大多数和那些在幼儿期没被解决的冲突存在或多或少的联系。

有时人们会问:"为什么要回忆过去?挖掘那个痛苦的时期对我来说没有任何意义,何况我一直在努力压抑我的这部分经历。"许多童年经验会深刻地影响个体的现在和未来。如果你根据自己年少时候的经验得出了错误的结论,那么将来你仍然很可能根据这些错误的结论来行事。如果你在孩童时期对自己说"爸爸永远嫌我做得不够好",那么,在你长大之后,你很可能仍会认为你永远无法满足他人的期待。生命早期六年中处理问题的方式会影响个体的一生。

2. 儿童中期

在儿童中期(6~12岁),儿童需要完成的任务如下:投入社交活动,扩大有关身体以及社会的知识学习,继续学习和扩展合适的性别概念,发展价值观,掌握新的社交技能,学习读、写、算,学会给予与接受,学会接纳他人的不同,学会容忍不确定的事物并学习一些身体技能。此阶段面临的主要冲突是勤奋 vs 自卑,主要任务就是形成勤奋感,如果没有达成这一目标,个体将会产生不足感及自卑感。

形成自我概念是此阶段的一项重要任务。在6~12岁,你在学校的经历、和老师及同学的关系、和家人的互动方式都会影响你的自我概念。你发展出的是积极的自我概念还是消极的自我概念,往往和亲近的人对你的期望有关。自我概念会影响你如何将自己呈现给他人,还会影响你和他人在一起时的行为和感受。你传达的言语和非言语信息是在"告诉"别人你是一个什么样的人,别人会根据这些信息来看待并对待你。你应该管理传达的这些有关自己的信息,并且要知道,这些信息会长期影响他人如何认识你的特点。如果你一直在对自己"打折",那么你周围的人很难对你形成积极的看法。相反,那些拥有积极自我概念的人更可能去自信地做事情,他人也就会以更积极的方式对待他们。

3. 青春期

此阶段个体面临的主要发展问题是要明晰自己是谁,要去往何方,以及如何到达目的地。这个阶段的核心问题是同一性和角色混乱之间的冲突。这是一个矛盾的阶段,人们不会把处在这个阶段的人看作成人,但又往往按照成人的标准去预期他们的行为。通过不断挑战人们强加给他们的种种限制,这些年轻的个体强烈希望摆脱对成人的依赖,从而获得自由。

青春期所带来的许多变化包括身体变化(如月经来潮)、认知变化(形式运算思维的出现)和社会变化(社会期望的转变和友谊模式的变化),会造成个体自我概念的混乱和不稳定,发生青春期同一性危机。

自我同一性形成过程中,关键部分就是个性的形成,个体将从原生家庭系统中脱离出来,形成以自己的经验为基础的同一性。他们需要面对的问题是完成自己的教育过程,学习未来职业的必需技能。他们开始为未来做准备。他们要形成自己的价值观,选择属于自己的生活方式。对青少年来说,这是一个艰难的阶段,这个阶段会有很多矛盾:他们寻求亲密关系,但又害怕亲密关系,并且时常会回避它;他们想摆脱成人控制,但又需要他人的引导和组织;他们推开并抗拒所有加在他们身上的限制,但又把这些限制看作别人对他们的关心。人们没有给予他们完全的自主权,但又预期他们的行为像成人一样;他们以自我为中心、自我意识很强,而且总是生活在他们自己的世界中,然而人们又期望他们可以满足社会要求,扩展自己的世界并摆脱自我;人们要求他们面对并且接受现实,同时他们又想方设法逃离现实;人们总是劝说他们多为未来着想,但他们总是想活在当下,享受生活。

青春期是生命中嘈杂而紧凑的阶段,这个阶段的个体经常会有无力感、混乱感以及孤独感。这个阶段是做出重要抉择的关键时期,几乎在生活的各个领域都存在这样或那样的抉择,而这些抉择在很大程度上决定了我们的同一性。

4. 成人早期

这是建立家庭生活的阶段,任务是获得亲密感、避免孤独感。亲密感包括友情和爱情。这时需要在自我同一性巩固的基础上获得共享的同一性,才能促成美满的婚姻而得到亲密感,但由于寻找伴侣包含着偶然因素,所以也有可能产生害怕独自生活的孤独感。

5. 成人中期

这是获得创造力、避免自我专注的阶段。这一阶段有两种发展可能性:一种可能性是向积极的方面发展,个人除关怀家庭成员外,还会扩展到关心社会其他人,关心下一代乃至子孙后代的幸福。即使没有自己的孩子,也可以通过在工作上勇于创造、追求事业的成功等途径获得满足感,而不仅仅是满足个人需要。另一种可能性是向消极方面发展,即所谓自我专注,只顾自己及自己家庭的幸福,而不顾他人的困难与痛苦;即使有创造,其目的也完全是为了自己的利益。

6. 成人后期

这一阶段主要是获得完善感、避免失望和厌倦感。这时人生进入了最后的阶段,回顾一生,如果前七个阶段积极的成分多于消极的成分,则会产生一种完善感,觉得一辈子过得有价值,生活得有意义。如果消极成分多于积极成分,就会产生失望感,不免会恐惧死亡,觉得人生短暂,对人生感到厌倦和失望。

二、自我同一性(自我认同)

自我同一性是艾里克森提出的一个描述个体自我一致的心理感受的术语,指的是对自我有一个恒定的认识,体验到自我的完整性,在过去、现在和将来的自己之间,给个体明确的价值观、目标和信念,以及生活的方向、目的和意义。它包括自我肯定(我是谁),以及找寻自己的人生目标(我要往哪里去)。从青少年阶段开始,个体开始建立和发展自我同一性,需要经常考虑"我是谁"以及"我想成为什么样的人"这两个大问题,要主动了解自我和探索世界。

1. 自我同一性的状态

心理学家玛西亚扩展了艾里克森的同一性和角色混乱的两极术语,认为自我同一性处于同一性成功与角色混乱两极之间的连续体的某处,提出了四种自我同一性状态。

(1) 弥散型同一性:没有固定的承诺并且不主动寻求形成承诺,没有经历过探索的阶段,处于同一性危机中,但不能成功地解决。这样的个体对未来感到彷徨、迷惑,不知所措,没有确定的目标。

(2) 排他型同一性:没有经历过探索阶段,就对一定的目标、价值观和信念形成了承诺,这些承诺反映的是父母或权威人物的希望和要求。成长在权威家庭中的个体经常一切事物都听从父母的命令,生活中大大小小的事情都由父母包办,他们不需要自己思考未来要走怎样的道路,因为父母已经为他们安排了一条"康庄大道"。这些人从来不会茫然,只要按照权威人物的希望和要求来完成一定的目标就可以了。

(3) 延缓型同一性:正在经历同一性危机,积极地思考各种可能的选择,积极探索自己的价值定位,但还没有形成最终的承诺。这一状态下的个体正处于积极的探索中,虽然还没达到最终理想的同一性状态,但是通过不断挖掘,他们会形成最终的承诺。

(4) 成就型同一性:已经经历了一段时间的探索,度过了同一性危机,呈现出相对稳定的承诺,是最成熟和最高级的同一性状态。在这一状态下,个体已经不再彷徨、迷茫,心中已经有确定的目标,并且能够为此持之以恒、坚持不懈。

2. 自我同一性的功能

(1) 为理解一个人是谁提供了支撑。研究发现,成就型同一性状态下的学生很少有自我中心主义,这些人有着积极的自我意向,能够自我取悦。

(2) 给予个体明确的价值观、目标、发展方向和生活的意义。研究发现,成就型同一性状态下的学生比弥散型同一性状态下的学生有着更显著的价值观和目标承诺,有着较强的自我导向和自我动机。

(3) 给个体提供了明确的个体控制感和自由意志。研究发现,成就型同一性状态下的学生很少表现出外控,他们相信自己可以把握自己的生活,具有较高的自觉性,能组织、计划并努力追求自己的目标而不是自我放纵、顺其自然。

(4) 有助于个体追求价值观、信念和行为的内在一致性。研究发现,成就型同一性状态下的学生表现出良好的学业适应。

(5) 有助于个体潜能的认识和发挥。研究发现,成就型同一性状态下的学生有继续学习的强烈愿望,而且较弥散型同一性状态下的学生有更好的学习成绩。

自我认同危机对于学生来说是一个绝好的机会,它有助于打破旧的自我形象,换取一个新的、更适合自己的自我形象。渐渐地,你会发现你比自己认定的那个你要强得多。

第四节 自 我 成 长

一、爱自己——发现自己的宝藏

1. 真正的转变来自接纳

过去,我们常将自己认为需要改变的地方看成缺点,把生命中的这个部分当成敌人,请你想想,当你面对敌人时,你会采取什么方式?你首先就是想要击败它、摧毁它。然后当你觉得敌不过它时,你会避开它。然而,这些部分是无法被消灭、摧毁的,你只能把它压制下来。而此时,它会跑到生命的其他层面,继续影响你、控制你。因此,真正的转变并不是要避开它,真正的转变来自接纳。

当你发现生命中的每一个部分都曾经帮助你生存下来时,你会开始带着感激的心去面对过去你认为是敌人、缺点的部分,开始将它当作朋友,这时候,你自然就不会想要摧毁它、打败它,或是避开它。当你把它当作朋友时,就会想去接近、了解它,而当你开始接近、了解它时,这部分就在你的生命中融化,成为生命能量的一部分而被吸收。这时真正的转变才开始产生,生命中开始充满喜悦、平和、宁静。

2. 接纳自己的不同——每个人都是独特的

我们每个人都是独特的,每一个人在这个世界上都有自己独特的、不同的经历,就如同在这个世界上没有两朵完全相同的花、没有两个纹路完全相同的贝壳一样。所以,当我们要求自己和他人一样,或者要求他人和我们一样时,痛苦就产生了。我们会试图去改变他人或者改变自己,我们为自己建立一套是非对错的标准,要求自己必须做什么样的人才是对的、好的和完美的。我们努力去修正自己,为自己"剪枝",直到心力交瘁。

记住,在这个世界上,除了你自己再没有其他人是和你完全相同的了,因此,你有足够的理由表现得与众不同。不要将自己与他人进行比较,你自己是独特的,要学会欣赏自己的独特之处。

3. 接纳自己的缺点

任何事情都有两面性,就像一枚铜钱的两面。想想看,那些让我们深深自责、讨厌的缺点,其实一直在陪伴我们、保护我们。这些缺点都是我们为了生存在这个世界上而学会的。如果你觉得自己是一个容易退缩、没有自信的人,那么回想一下在生命的某一阶段,退缩曾经是你最好的选择,退缩让你免受他人的批评而使自己更安全;如果你觉得自己是一个很难与人亲近的人,那么你也可以回头看看自己的成长过程,或许不与别人亲近是你曾经所能做到的最佳选择;如果你觉得自己是一个很容易放弃、很难坚持的人,你也可以回头看看,在生命的过程中,你曾经有过因为坚持而更痛苦的情况,为了不让自己受到更深的挫败,你学会了待在安全的地方而选择了放弃。

所以,今天你所有的一切,无论是有意识的、无意识的,都是生命最高智慧为你所做的选择,此时你所呈现的一切面貌,都是生命的潜能为了生存下来所做的选择,这不是你不好,因为在你成长的过程中,你已经做了你所能做到的最佳选择。

因此,我们不仅要接纳生命中的缺点,也要懂得感谢在过往生命中曾经被认为的缺点。更重要的是,现在你知道你不再像小时候那样无助了,你的身体已经变强壮,你的力量已经变大,你可以在自己的生命里重新做不同的选择。

4. 无条件地爱自己

无条件的爱即没有任何代价和条件的爱,爱我们本来的样子。"我爱你,因为你就是你,不管你将来是什么样子,变老了、变丑了、变穷了,甚至少了一只手、一只眼,我都一样地爱你。"真爱里没有"应该"、没有"条件"、没有"牺牲",也没有"控制"。当我们刚来到这个世界的时候,接受到父母无条件的爱,但是这样的爱对我们而言,接受的时间及分量都太少了。很快地,我们就开始接受有条件的爱。我们父母希望我们成为他们心目中有用的、有价值的人。于是父母为了爱我们,开始用他们的爱来控制我们、塑造我们。为了适应这个环境,避开惩罚和痛苦,得到认可和爱,我们开始做出一些不是发自内心的行为。渐渐地,我们依附外在标准的性格开始形成。

一个真正爱自己的人不需要将自己的价值依附于任何外在的世界,他们的内心是坚定的,外在是刚强的。他们重视自己的价值,而不是藐视自己的存在去迎合一些所谓的价值观。真爱里只有敬重及真正的接纳,去接受你本来的样子。每天在镜子里看着自己的眼睛,轻呼自己的名字,并且对自己说:"我爱你,并且接受你原来的样子。"

二、觉察并克服生命的限制

你见过马戏团的大象吗?它们原来生活在非洲大草原,被人类捕获,起先人们用铁链困住它们,它们会挣脱,但是徒劳无益,便放弃了挣扎。多年下来,它们在人类给予的食物的安抚下,忘了自己的本性,即使人们用不能束缚它们的麻绳困住它们,它们也不会反抗,而是温驯地待在有限的范围内。我们就像这些马戏团的大象,在我们的成长过程中,在我们经历了许多痛苦、无助和挣扎之后,在心灵最深处的地方,记住了许许多多的限制。当一个幼小的生命来到这个世界上,必须依靠他人才能生存下来。对我们来说,父母、大人们就好像神一般,他们赐给我们所有需要的东西。当我们与他们有了冲突,大人的情绪、愤怒,甚至他们的责备、惩罚,对我们来说都是一种巨大的恐惧。为了让自己快乐地生存下来,我们学会了说谎,学会了不再那么勇敢、不再那么诚实,学会了生命当中的种种限制。

有时候我们觉得生命中有一种无力感,觉得自己被环境、被现实限制住。事实上,环境与现实就如同大象脚上那条外在、有形的绳索,绑住我们的并不是它们,而是烙印于我们内心深处、在成长过程中的许多无形的限制。

所以,当我们在外界环境中碰到限制和捆绑时,要向自己的内在去看:到底绑住我们的是外界环境,还是我们自己内在的一些成长经验?如果可能的话,试着拿出一些勇气、冒一些险,去突破自己生命的限制。

1. 你拥有哪些限制?

那么我们如何知道自己有哪些限制呢?改变的第一步就是觉察,深入地觉察我们是如何把早期的禁令内化进了我们的生活,变成了我们的限制。我们要知道生活中的"必须"和"应该"都有哪些,并且,它们是怎样影响了我们的生活。然后,我们可以做出新的选择,而不再像过去那样被自动化的反应所控制。也就是说,我们将逐渐成为自己的主人。

以下列举的是一些常见的禁令:

(1)"不许犯错。"经常听到并且接受这一信息的儿童会害怕冒险,以防自己看起来很愚蠢。在他们看来,犯错就等于失败。那么儿童可能会认为:"既然做出错误的决定会挨骂,那么我就简单点,索性不做决定好了。""既然我已经做出了一个沉默的选择,那么以后我也不再做任何重要的决定。"

(2)"别和他人亲近。""别相信别人!""不要爱别人!"接受这一信息的儿童可能会认为:"亲近他人是一件令人恐惧的事情,所以,我应该保持冷漠。"

(3)"你不重要。"如果你在说话的时候经常被忽视,你就有可能认为自己是不重要的。

(4)"不要做你自己。"这暗指儿童的性别、外形、身高等不符合父母的期望,或者他们有一些不能被父母接受的想法和感受。儿童可能会认为:"如果我是个男孩(女孩),他们就会爱我了。所以,他们不可能爱我。""我要像个男孩(女孩)一样。"

2. 如何克服这些限制?

我们要克服这些限制,学会反驳那些对自己不利的想法,学会挑战家长和批评者。例如,你在学校里可能认为自己学不好某门课程,因为你很早以前就认为自己在这门课程上"不够聪明"。你可能告诉自己:"我在这门课程上永远不可能及格,所以为什么还要尝试?"然而,你可以选择不在障碍面前停下脚步,你可以问自己:"谁说我无能?就算老师说我反应慢,难道这就是事实吗?我为什么要不加思索地接受这种看法呢?让我尝试一下,瞧瞧结果是怎样的。"我们可以选择和不同的自我进行对话。例如,你可能努力将自己向他人开放、信任他人,然而同时又听到你的内心告诉你:"不要信任任何人!"在这种情况下,你可以和你的信任方和怀疑方进行双向沟通。重要的一点是,我们现在不一定要把孩提时的信息都当作真理一样毫无保留地接受。我们已经成年了,可以检验这些信息了。

三、成长与转变

1. 成长与转变是渐进的过程

我们需要明白,成长与转变是缓慢、渐进的过程,而不是快速、跳跃式的过程。你需要每天下功夫,一分耕耘一分收获。成长与转变是螺旋上升的,不是直线向上的。犹如爬山一样,有时候当你爬到某一点时会看到与前面相似的风景,但高度已经不同了。所以在成长的道路上有时你会觉得返回了原点,但是即使你外表不曾改变,内心、能量已不同。回到原点,并不表示你在倒退,而是内心正在统合更大的能量,等下一次出发时,步伐会跨得更大、走得更远。"学如逆水行舟,不进则退"的观念在自我成长的道路上是错误的。成长的道路上没有所谓的退步,你的每一个脚印、每一分耕耘,都会有收获。另外,成长与转变是过程,而不是结果。在整个过程中,每一个不同的自己,每一个不同的刹那,都值得你去享受。生命的品质一天天提升,每天你都会因转变而看到不同的世界和自己。所以,整个成长与转变是觉察它的过程,而不是一个目标、目的。

当然,在我们成长的道路上,还有很多其他的方法能够帮助我们,比如大自然和音乐,当然这个音乐是符合我们生命韵律、优美的音乐,或是天籁,或是类似天籁的音乐。还有大自然,我们要像拥抱大自然的春、夏、秋、冬一样拥抱我们的喜、怒、哀、乐,当我们懂得了欣赏春天的草长莺飞、万物滋生,懂得感受夏天的茂盛、繁华,懂得面对秋天的萧瑟、寂寞,更懂得了蕴藏在严冬背后的无限生机,我们就懂得了欣赏生命的分离聚散、悲欢离合。

2. 成长与转变——你准备好了吗?

转变是可能的。如果你想转变,你的生活就能转变,你可以选择,而且有能力通过你所做的选择来完善自己。下决心转变并不是一件简单的事情。也许你会感到迷茫:我是否真的需要转变?为了转变而付出的代价是否值得?人们在转变时有顾虑、有恐惧是很正常的。事实上,它标志着你对转变的犹豫以及应该对生活负起更多责任的焦虑。认识到你是谁,并接受自己,是转变的起点。转变不是随随便便的自我批评,或是走向你现在生活的反方向。只有当你能够准确评价自我,并且能恰当地处理自己的问题时,才能获得成长与转变。转变的过程是最重要的,不在意是一步到位还是循序渐进,希望进行转变本身就是一个新的开端。

思考与练习

1. 现在你怎样看待自己？你可以接纳独特的自己吗？
2. 在你的生活中都有哪些重要的转折点？这些重要的转折点对你的成长有何影响？
3. 你认为你可以掌握自己的命运，做出自己的决定吗？

第七章 管理情绪

扫码看课件

学习目标

1. 了解情绪的内涵以及情绪对身心健康的影响。
2. 了解中职学生常见的情绪困扰。
3. 掌握调节情绪的方法,并能在生活中灵活运用。

第一节 认识情绪

情绪是对一系列主观认知体验的统称,是多种感觉、思想和行为综合产生的心理和生理状态。也许你认为情绪只是一种感觉——"我高兴"或者"我愤怒"。确实,情绪是人对客观事物的主观体验。然而,人类的情绪不仅包括内心的主观体验,还伴随着相应的外部表现和生理反应。主观体验是个体的感受,外部表现是个体的表情和行为,生理反应包括心跳加快、手心冒汗、血压升高等。

我们的情绪好像阴晴不定的天气,有时候阳光灿烂,有时候阴云密布。课堂上得到老师的肯定,我们会愉悦;篮球比赛失利,我们会郁闷;和好朋友吵架,我们会悲伤……各种各样的情绪形成了我们五彩斑斓的心理世界。如果你能清楚地认识情绪,合理地管理情绪,培养自己的积极情绪,就能成为自己情绪的主人。

第二节 常见的情绪困扰

一、抑郁

抑郁是一种以情感低落为主要表现的心理状态。正常人也有抑郁的时候,应该说,这是一种正常的情绪反应。青少年的抑郁情绪多半是由学习或生活中的各种烦恼造成的。比如有人觉得自己"生不逢时",抱怨生活对自己不公平,有的人为一些微不足道的小事忧心忡忡等。

然而,如果抑郁毫无原因,或虽有原因,但不能自控而显得心事重重、愁眉苦脸,则属于心理问题。心理问题之一抑郁的核心表现是一段时间内的郁郁寡欢。当然,具体表现形式因人而异,在通常情况下,抑郁者总是显得内心愁苦,缺乏愉快感,思维迟钝,注意力不集中,记忆力减退,动作缓慢,疲乏无力,常感到不顺心,对什么事情都没有兴趣,缺乏信心,有时还伴有失眠或昏睡,体重下降,饮食过多或过少等生理变化。

二、焦虑

所谓焦虑是指当一个人预测将会有某种不良后果产生,或模糊的威胁出现时的一种不愉快情绪,表现为紧张不安、忧虑、烦恼、害怕。焦虑是应激状态下人的一种最常见的情绪反应,任何对人身心构成威胁的情境都可以引起焦虑。如疾病的威胁、个人自尊心的挫伤、超过个人能力限度的学习与工作上的压力、人际交往中的矛盾冲突、生活中的挫折等,都可以引起人的焦虑。

人若长期处于焦虑状态,就会形成心理问题,这对身心健康都是极为不利的。它会使人常处于持续紧张状态,终日惶恐、忧心忡忡、提心吊胆、坐卧不安、过分敏感、容易激动、注意力不集中、胃肠不适等。严重时会导致胃溃疡、心脏病、高血压等多种影响身体健康的慢性病。

三、强迫

这里所说的强迫,并非指强迫症,而主要是指发自内心,虽无意义却反复出现,但有时也能克制和摆脱的某些观念和行为。由于经常莫名其妙地出现某些不必要的观念和行为,所以常常被紧张不安和内心冲突所困扰。自我强迫多是由于性格过于内向和拘谨,自我封闭,使心中的想法不能宣泄于外,或是过分注意细节,责任感过强,追求十全十美。

自我强迫虽然也主要表现为强迫观念和强迫行为,但其严重程度和频率远不如强迫症。强迫观念只是表现为对已做妥的事情感到不放心,如出门后总是担心门没有锁好,反复想回去检查;明知没有必要深究,却反复思考,例如,总是反复思考"世界上是先有鸡还是先有蛋?"之类的问题。强迫行为则是屈从于强迫观念的具体动作,如过度洗手,认为手总是没有洗干净,于是一遍一遍反复洗手。

四、恐惧

恐惧作为一种心理问题,是指对某种特定对象或境遇产生了强烈、非理性的害怕。而实际上这类引起害怕的对象或境遇,一般并不会导致危险或存在威胁。这种情况多发生于儿童和青少年时期,如怕黑、怕孤独、怕一些小动物等。随着年龄的增长,恐惧感会逐渐减弱或消失。但是,因个人的认知能力和神经系统的耐受性以及个人生活经验、意志品质等方面的偏差和缺陷,加上某种令人恐惧的刺激情况的强烈且长期作用,也会使一些年龄稍大的青少年仍然存在着不合情理的恐惧心理。当人处于这种恐惧状态时,不仅会出现明显的紧张、焦虑,甚至愤怒等情绪反应,有时还伴有心悸、出汗、头痛、头晕等强烈的生理反应。

恐惧心理有各种各样的表现。对某一特定事物或现象的害怕,是青少年最为普遍的恐惧心理。如一位中职学生,有一次偶然看到一场葬礼,这时他突然想到总有一天自己也要死,于是,这种对死的恐惧时时笼罩着他。开始只是晚上无人时害怕,后来一天到晚都被这种恐惧所困扰,整天感到心里像压了块巨石。严重时大脑昏昏沉沉,并伴有头痛、脖子僵硬等现象。虽然他也曾努力控制自己,但这种恐惧总摆脱不掉,使其身心健康受到很大影响。

人际交往中出现的恐惧心理也是青少年较为普遍的恐惧心理。青少年由于神经系统功能还不稳定,对心理压力的承受能力较弱,再加上为人处世的经验不足,社交技能欠佳,因此,在人际交往中难免会遇到这样或那样的问题,受到种种挫折。如有的青少年因与自己的好朋友发生了矛盾,便觉得人与人之间存在着太多的虚伪。有的青少年因曾在众人面前受过伤害,觉得丢了脸面,于是在这种心理压力驱使下,回避众人,逃避交往,甚至不出门,将自己孤立起来,不仅拒绝朋友、熟人,甚至泛化到陌生人。但是,他们在逃避交往的同时,内心又十分渴望与人交往。正是这种矛盾心情,使他们倍感苦恼和焦虑,陷于忧郁和痛苦之中。有社交恐惧心理的青少年大多性格内向,并且不同程度地有神经质、自卑或自尊心、虚荣心过强的表现。

五、易怒

所谓易怒,就是指容易冲动、急躁,爱发脾气。从心理学上讲,这是因为兴奋过度或紧张过度而出现的心理异常,表现为情绪反应过敏,情绪的自我控制能力减退,激惹性增高,即使是轻微的刺激,也容易引起强烈而短暂的情绪反应。

现实生活中,有些青少年常常会出现这样一种情况,本来只是一些鸡毛蒜皮的小事,在别人看来不以为意,而他却容易动怒,甚至火冒三丈。为此,经常损害朋友之间或同学之间的感情,把一些本来能办好的事情搞砸,这对个人的身心健康、学业成长都有影响。

六、冷漠

所谓冷漠,从心理学上讲是指情感冲动强度较弱,表现出心灰意冷、漠然的心态。这是一种情感上的心理问题,表现为对外界刺激缺乏相应的情感反应,对亲友冷淡,对周围事物失去兴趣,面部表情呆板,内心体验贫乏,严重时对一切都漠不关心,与周围环境失去情感上的联系。

造成情感冷漠的主要原因是受到外界刺激、打击或遭受挫折。有些青少年,由于在现实生活中碰了几次钉子,受到些挫折和打击,就变得心灰意冷了,原来对生活的热情消失了,对一切事物的兴趣都没有了,对周围一切都漠然处之、麻木不仁。他们看不到生活的本质和人生的真谛,看不到希望和曙光,不能寻觅到挚友和知音,也激发不起对生活的热情和兴趣,终日伴随自己的只是内心深处的孤寂、凄凉和空虚。这种对人和事都采取漠视和冷淡态度的人,不仅会丧失青春活力,而且容易步入歧途。

第三节　情绪对我们身心健康的影响

经典案例

案例一：美国作家卡森曾患有一种会致残的脊椎病，医生预言，他存活的可能性只有1/500。可是，卡森经常阅读幽默小说，看滑稽电影，每大笑一次，他就觉得病痛减轻很多，浑身舒服一阵。于是他坚持这种"笑疗"，后来他的病情逐渐好转，几年后竟然恢复了健康。

案例二：红楼梦中的林黛玉，聪明美丽，多愁善感。但由于寄人篱下，终日愁云笼罩，体弱多病，更因为无法获得与宝玉的圆满爱情，而忧心如焚，饮恨而亡。

卡森康复，黛玉赴黄泉，这两个案例说明了什么？

卡森坚持"笑疗"，最后恢复了健康，说明情绪可以对人的身体和生活产生积极影响；黛玉终日忧心如焚，以致饮恨而亡，说明情绪也可以对人的身体和生活产生消极影响。即情绪对身体健康既会产生积极影响，也会产生消极影响。

我国有句俗语："笑一笑，十年少；愁一愁，白了头。"我国古代医书上也有"喜极伤心""怒极伤肝""忧极伤肺""恐极伤肾"等说法。现代医学研究发现，人的身心健康与情绪因素有着密切的联系。积极情绪有利于我们的身心健康，消极情绪则会严重影响我们的身心健康。

哪些情绪是积极情绪，哪些情绪是消极情绪呢？一般情况下，快乐、忠诚、希望、喜悦、兴奋等情绪属于积极情绪，恐惧、仇恨、愤怒、嫉妒、伤心等情绪属于消极情绪。但不能简单地认为喜悦就是积极情绪，愤怒就是消极情绪。同一种情绪既有可能是积极情绪，也有可能是消极情绪，我们不能一概而论，应具体问题具体分析。

知识链接

医学家做过一个实验：给同窝生的两只公羊同样的食物，但分别放在不同的地方饲养。一只公羊放在没有危险的草坪上，另一只公羊放在旁边关着狼的笼子里。不久，关在狼旁边的羊就死了。为什么关在狼旁边的羊很快就死了呢？时时能看到狼的羊在整个实验过程中，一直处于紧张、焦虑、恐惧中，这些都是消极情绪，这些消极情绪对生物有机体有重大的影响。这只羊的死和不良情绪是密切相关的。

第四节　调节不良情绪的方法

青少年阶段是人生的花季。我们在拥有色彩缤纷的生活的同时,也经历着丰富的情绪变化。情绪会带给我们勇气、信心和力量,也会使我们冲动、懦弱、忧郁,甚至做出一些违反道德与法律规范的事情。所以情绪需要调控,对任何人都一样,对青少年来说,更应如此。那么正确调节情绪的方法有哪些呢?

一、放松训练——深呼吸

放松训练是指使身体和精神由紧张状态转向松弛状态的过程。深呼吸是最基本也是最容易掌握的一种放松方法,它简便易行,而且立竿见影。现在,我们就来尝试一下。

请大家以一个让自己感到舒服的姿势坐好,双手自然地放在身体两侧或双腿上,最好闭上眼睛,屏住呼吸几秒钟,心里默数"1—2—3—4—5"。好,慢慢地把气呼出来,想象着气球在漏气,好,闭上眼睛。深深地吸一口气,尽量吸到腹部,想象着腹部像一只气球在慢慢地充气。好,尽量把腹部和胸腔的气全部吐出来。我们再做几次,吸—呼—吸—呼—吸—呼。

深呼吸这种放松方法我们可以随时随地进行,在考场上感觉紧张的时候,要上台演出的时候,体验到焦虑、恐惧的时候都可以进行深呼吸来放松。

二、积极的心理暗示

心理专家郝滨先生认为,心理暗示是用含蓄、间接的方式,对人的心理和行为产生影响的过程,是人们日常生活中最常见的心理现象。我们来做一个小实验:你静下心来,心中默念"开怀大笑",并想象这样的情景。

你会产生什么感觉?在这个过程中你也许会产生一种真的很高兴的感觉。这个实验说明语言能对人的情绪产生暗示作用。当你紧张时,可以反复暗示自己放松、再放松;当你陷入忧愁时,可以暗示自己振作起来。心理暗示时配合深呼吸会取得更好的效果。

知识链接

英国著名网球明星吉姆·吉尔伯特的故事

吉姆·吉尔伯特小的时候曾经历过一次意外。一天,她陪妈妈去看牙医,这本来是一件生活中的小事,她以为一会儿就可以跟妈妈回家了。但是我们知道,牙病是会引发心脏病的,可能她妈妈之前没有查出来自己的身体存在着这样的隐忧,结果让她看到了骇人的一幕,妈妈竟然死在了牙科的手术椅上。这个阴影一直跟随她40年,可惜的是,她从没想过去看心理医生,她一直回避,尽管她的牙很痛,她也从来不去看牙医。后来,她成了著名的球星,过上了富足的生活。有一天她被牙痛折磨得实在受不了了,家人都劝她,就请牙医到家里来吧,咱们不去诊所,这里有你的私人律师、私人医生,还有所有亲人陪着你,你还有什么可害怕的呢?于是,她请了牙医到家里来。意外的事情发生了,正当医生准备手术器械进行手术的时候,一回头,吉姆·吉尔伯特已经死了。当时伦敦的报纸发表了这样一句评语:吉姆·吉尔伯特是被四十年来的一个念头给杀死的。

不良的心理暗示不仅会对人体的血液、神经系统等产生不良影响,对人体的脏器、感觉也会产生不良影响。希望大家给予自己积极的心理暗示,努力让自己的内心更加强大。

三、合理发泄情绪

不知同学们在看电视和电影时有没有注意到这样的镜头:某人因极度悲伤,便跑到旷野、海边、山上无拘无束地喊叫,或者拼命地击打树木,或者狂奔。这就是合理发泄情绪。

合理发泄情绪是指在适当的场合,用适当的方式,来排解心中的不良情绪,将不良情绪发泄出来可以防止不良情绪对人体造成危害。

1. 哭、喊——适当地哭、痛快地喊

从科学的观点看,哭、喊是自我心理保护的一种措施,它可以释放不良情绪产生的能量,调节机体的平衡。哭、喊是解除紧张、烦恼、痛苦的好办法。许多人哭、喊一场后,痛苦、悲伤的情绪就会减少许多。

2. 诉——向亲朋好友倾诉衷肠

把不愉快的事情隐藏在心中,会增加心理负担。找人倾诉烦恼、诉说衷肠,不仅可以使自己心情舒畅,而且还能得到别人的安慰、开导,获得解决问题的方法。请记住培根的名言:"如果你把快乐告诉一个朋友,你将得到两个快乐;而如果你把忧愁向一个朋友倾诉,你将被分掉一半的忧愁。"

四、转移注意力

把注意力从引起不良情绪的事情转移到其他事情上,这样可以使人从消极情绪中解脱出来,从而激发积极、愉快的情绪反应。可以通过改变注意力的焦点来达到转移注意力的目的。当自己情绪不好时,可以做一些自己平时感兴趣的事,进行一些自己感兴趣的活动。通过游戏、打球、下棋、听音乐、看电影、读报纸等正当而有意义的活动,使自己从消极情绪中解脱出来。还可以通过改变环境来达到转移注意力的目的。当自己情绪不佳时,到室外走一走,到风景优美的环境中玩一玩,会使人精神振奋,忘却烦恼。把自己困在屋里,不仅不利于消除不良情绪,而且可能加重不良情绪对自己的危害。

五、心理换位

心理换位,就是打破思维的定式,站在别人的角度上思考问题。充当别人的角色,来体会别人的心态与思想，就会增加相互间的理解与沟通，防止一些不良情绪的产生。心理换位更重要的是可以消除自己不能调节的情绪。

六、学会升华

升华法，即将消极的情绪与头脑中的闪光点相联系，把不良情绪转化为积极有益的行动。升华法是一种高水平的发泄，是将情绪激起的能量引导到对人、对己、对社会都有利的方向。塞万提斯在自己早年不幸的基础上，写出了《唐·吉诃德》；歌德在失恋的基础上，写出了《少年维特之烦恼》。这些都是利用升华法调节情绪的典型事例。

思考与练习

1. 哪些是你容易出现的消极情绪？想想这些情绪在向你提示什么？
2. 哪些方法对你来说更能控制情绪？
3. 当你感到愤怒、委屈或不满时，你有什么方法可以有效地表达这些情绪？

第八章 磨砺意志

扫码看课件

学习目标

1. 认识挫折，了解挫折存在的普遍性和必然性。
2. 理解挫折的积极作用。
3. 学会运用策略应对挫折，增强抗挫折能力。
4. 认识心理创伤，掌握应对心理创伤的方法。

第一节 认识挫折

同学们用心感受下列情境，体会如果你身处其中会有何情绪反应。

早晨你在闹铃声中醒来，关闭铃声时你不经意地发现还有10分钟就到上课时间了，原来是昨天定闹钟时弄错了时间。顾不上吃早饭，你骑上自行车就往学校赶，可谁知在距离学校100米的地方，自行车链条突然断了。毫无办法的你推着自行车来到学校后，还来不及解释就遭到班主任的批评。数学课上，老师将昨天的作业发了下来，由于你的粗心，很多本不该错的题目你却错了。下课后，同学小明不小心打破了你的墨水瓶，为此你与小明吵了起来，同学们一致认为你的做法很过分。放学了，你本想回家跟父母讲一讲今天的遭遇，却看见父母在吵架。请说一说每件事发生时你的感受会是什么。

挫折是指人们在实现目标的活动中，其需要或动机不能获得满足和实现时，所产生的紧张状态和消极的情绪反应。在生活中有哪些因素能导致我们产生挫折感呢？

在生活中，社会因素、生理因素、心理因素都能导致我们产生挫折感。

社会因素是指个人在社会生活实践中，遭受来自政治、经济、法律、道德、风俗、习惯、宗教、人际关系等方面的挫折。如：因正义得不到伸张而长期蒙受冤屈；由于受到他人的排挤而使个人才能无法发挥等。

生理因素指个体与生俱来的身材、容貌、健康状况、生理缺陷等先天素质所带来的限制。如眼睛近视者无法当飞行员，身材不高者无法成为专业篮球运动员等。

心理因素是指由个人知识和能力的不足，或者对自己的估计不恰当，期望值过高，或者是意志薄弱、情绪低沉等，造成愿望、目标无法实现。

虽然人人希望时时幸运、事事顺利,但是,"万事如意""心想事成""一帆风顺"毕竟只是人们的一种良好愿望。从古至今,没有哪个人能不经历天灾人祸的打击而遭受挫折。人们不可能完全避开导致产生挫折感的因素。这就决定了在人生道路上,挫折是不可避免的。

知识链接

一般人遇到重大创伤,包括天灾如大地震、海啸,以及人祸如被施暴等,都可能会出现不安、担心、紧张、恐惧、害怕等情绪,如果这些症状持续不到一个月即缓解,则称为急性压力反应。

创伤后应激障碍(PTSD)是指个体亲身经历或目睹极大的创伤,特别是威胁到生命的极重大伤害时,会产生极度害怕、恐惧或无助的感受,且这种情绪反应持续时间超过一个月。

第二节　挫折与机遇同行

英国作家萨克雷说过:"生活是一面镜子,你对它笑,它就对你笑;你对它哭,它也对你哭。"面对挫折,我们应该用怎样的态度来对待它呢?

挫折是把双刃剑,它会让我们产生忧愁、焦虑、不安、恐惧等消极心理,甚至会阻碍我们前进的脚步。但在生活中存在很多的强者,他们也经历过挫折,甚至他们经历的挫折是我们未曾承受之痛。他们能成为强者往往是因为被挫折激发出强大的身心力量,虽身处逆境,但百折不挠,投入更多的时间和精力,不懈努力,终于实现了自己的愿望。

文王拘而演《周易》;仲尼厄而著《春秋》;屈原放逐,乃赋《离骚》;左丘失明,厥有《国语》。古今中外一切杰出人物,没有一个是一帆风顺走向成功的。在失败和不幸面前,他们无不是选择了发愤图强之路,奋起与逆境抗争,做生活的强者,通过自己的艰苦奋斗,最终赢得命运的青睐。

第三节　在挫折中奋起

挫折在我们的人生道路中无法避免,那当我们遇到挫折时,该怎么办呢?

一、放松心情,调整情绪

1. 调整心态,换个角度看问题

一皮鞋公司派了两位调查员到一个海岛去进行市场可行性调查。这个岛上的居民没有穿鞋子的习惯,男女老少一律打赤脚。不久,两位调查员分别向公司做了汇报。A调查员神情沮丧,说道:"此岛上的人都不穿鞋子,所以根本没有市场前景!"B调查员神采飞扬、兴高采烈地说道:"此岛上居民都没鞋子穿!"

讨论：
(1) A 调查员神情沮丧的依据是什么？
(2) B 调查员兴奋的依据是什么？
(3) 通过 A、B 两位调查员的结论，你能悟出什么道理？

积极的心态能让我们在挫折中看到机遇，赢得成功。相反，消极的心态就会使人们前进的步伐在面临挫折时受到阻碍，从而产生忧愁、焦虑、不安、恐惧等消极心理。

2．要学会宣泄内心的挫折感

挫折感憋在心里，只会越积越多，达到一定阈值，人就无法承受，要善于寻找途径宣泄。比如：找父母、老师、朋友谈心；写日记，促使自己反思；听音乐，音乐疗法被称为"同步情绪法则"，先听一曲与目前情绪相似的音乐，然后更换成你想达到的情绪状态的音乐。

3．不要对失败做消极联想

失败都是暂时的，我们应该做的是在失败中找原因，在失败中成长。切忌对失败做消极联想，从而影响自己正常水平的发挥。

4．不要总以幻想来应对挫折

以自己想象的虚幻情境来应对挫折，借以脱离现实，被称为白日梦，白日梦偶尔有之并不为过。若不敢想，有时就不敢做，幻想有时可以缓解挫折感。但回到现实中，现实挫折会使其更痛苦，有可能形成病态行为反应。

有个人被老虎追赶，他拼命地跑，一不小心掉下悬崖，他眼疾手快抓住了一根藤条，身体悬挂在空中。他往下看，万丈深渊在等着他；他抬头向上看，老虎在上边盯着他；他往中间看，突然发现藤条旁有一个熟透了的草莓。现在这个人有上去、下去、悬挂在空中什么也不做和吃草莓四种选择，你们说他应该选哪个？

二、积极认知，正确归因

人们对挫折的情绪反应不在于挫折本身，而在于对挫折的不合理认识。能力、努力、任务难度和运气是人们在解释成功或失败时总结出来的四种主要原因。

心理学家韦纳通过一系列的研究，得出归因理论：如果一个人将成功归因于能力和努力等内部因素时，他会感到骄傲、满意、信心十足；如果一个人将失败归因于缺乏能力或努力，则会产生羞愧和内疚，而将失败归因于任务太难或运气不好时，产生的羞愧则较少。而归因于能力和努力与归因于任务难度和运气相比，无论是成功或失败均会产生更强烈的情绪体验。通过努力而获得成功，体会到愉快；由于不努力而导致失败，体验到羞愧；而经过努力后的失败结果也应受到鼓励。

经典案例

拿到成绩单后

新的成绩单出来以后，甲、乙、丙三位同学对本次考试成绩的反应如下。

学生甲(垂头丧气)走进教室："哎,我真是笨死了,又是50分,看来我就不是读书的料,我决定回家卖红薯算了!"

学生乙(愤怒)："我决不能原谅自己的失误,从现在起我要好好学习,张三才考了30分,我比他高20分呢!现在再努力也不晚。"

学生丙(冷静)："这次我考得特别不好,说明最近我的学习状态不好,我要及时调整,我一定要好好努力,不气馁。"(无数个夜晚挑灯苦读。)

猜猜,下次考试,这三位同学谁的成绩会更好呢?

三、调整目标,果敢行动

抱负水平是个人成功和失败的一种杠杆,所以确定适度的抱负水平是避免挫折和失败的主要方法。

确立适当的目标有4项参考尺度:①智力程度,指观察力、想象、记忆、思维、操作等;②知识厚度,指所具备的知识面;③人才密度,指其他竞争对手的实力和分布;④兴趣浓度。

课外小知识

解决困难五步法:①认真仔细地分析你的困难;②抽身出来,放松一下;③思考并列举出所有可能的解决办法;④搜集解决问题所需的所有信息和资源;⑤做出选择。

四、积极走出创伤

在我们的人生道路中,难免会碰到一些让我们无法承受的挫折,而这些挫折会给我们带来一定的心理创伤,甚至留下心理阴影。当我们面对这些创伤时该怎么办呢?

1. 接受创伤事件带给自己的各种反应

当我们遇到一些重大的挫折,超出我们心理承受范围的时候,我们难免会出现睡眠问题(如失眠、做噩梦)、情绪问题(如焦虑、恐惧、抑郁)、进食问题(如胃口不好、吃不下饭)、过度关注自己的未来、对周边的事物和人有极度的警觉等一系列的急性应激反应。

当出现这些反应时,我们不要躲避,要学着接受,并尝试自己解决或者寻求帮助。

2. 宣泄悲伤情绪

宣泄悲伤情绪的方式有很多,如找好友倾诉、运动减压、深呼吸、听自己喜欢或者令人放松的音乐,还有吃甜食、号啕大哭等。切忌酗酒或暴饮暴食。宣泄方式多种多样,只要能让自己放松的方式我们都可以尝试。但是宣泄也要合理,切忌过度。

3. 尽快恢复自己的生活规律

挫折已经发生,如果在这期间,日常一些小事情没有处理好,不断积累,就会不断地给自己增加心理压力,久而久之,就会在心理上产生一种失败感,觉得自己什么事情也做不好,从而加重心理挫折感。

4. 积极寻求亲人、朋友的支持

我们的长辈都是从我们这个年龄段过来的,经历过我们现阶段会碰到的问题,他们对此多少都有些经验,知道如何应对。所以当我们碰到挫折不知所措时,不妨向长辈寻求解决方法。同时,身边朋友的支持也是我们对抗挫折的一大动力。

5. 必要时向专业人员寻求支持和帮助

当自我调节无效时,我们要学会向专业人士求助,寻求专业的帮助。摒弃去做心理咨询就是心理有疾病的不良观念。

小组活动

面对暴风雨

6~8人一组围圈坐。每个成员诉说自己遇到的困难,并说说自己克服困难的过程。如果小组成员不知道如何解决自己的困难,其他成员可以帮助他找出解决方法。每个成员在组内谈谈克服困难之后的感受。最后,把你们的解决方法制成一张海报,向其他小组进行展示。

同学们正当青春年华,虽说也曾遇到这样或那样的不顺,但总的来说,基本上是在顺境中成长起来的。今后在漫长的人生道路上难免会遇到更大的挫折与不幸,大家要立志发愤图强,学会在挫折中奋起,在挫折中走向成功。

思考与练习

1. 挫折的定义是什么?有哪些因素能引发我们产生挫折感?
2. 当你面对学习或生活中的挫折时,你会如何应对?

第九章 心态乐观

扫码看课件

学习目标

1. 了解积极心理资本的含义。
2. 理解乐观的积极作用。
3. 了解目标的含义和目标管理的概念,学会调整心态的方法。

第一节 积极心态

现代积极心理学创始人之一塞利格曼在《真实的幸福》一书中把积极情绪分为三类:与过去有关的、与现在有关的和与未来有关的。与未来有关的积极情绪包括乐观、希望、信心、信仰和信任。心理学家路桑斯则认为积极心理资本就是个体在成长和发展过程中表现出来的一种积极心理状态,自我效能、乐观、希望、韧性是最核心的积极心理资本。

一、自我效能

有效地改变生活和改善健康往往具有挑战性,但幸运的是,我们有一系列的心理和社会途径帮助我们改变。自我效能就是其中一种。班杜拉将自我效能定义为个体对自己是否有能力控制情况并产生积极结果的信念。如果有问题需要解决,自我效能(也就是具备"我能行"的态度)与去寻找解决方案有重要的关系。正如大家熟知的安慰剂效应,安慰剂虽没有实际效果,却能在治疗中产生积极反应,这实际上来自个体对治疗有效性的信念。你能减掉5千克体重吗?也许可以,也许不行,但如果你坚信可以做到,则已经带来了安慰剂效应。自我效能的力量就来自自我信念。

二、乐观

关于乐观有两种理论:一种理论认为乐观是一种人格特质,以普遍的乐观期望为特征,也就是气质性乐观;另一种理论认为乐观是一种解释风格。气质性乐观是总体上期望未来好事多于坏事。卡佛认为,乐观的人在困难面前会继续为目标而奋斗,还会采取有效的应对策略,不断调整自我状态,以便尽可能实现目标。乐观是个相当稳定的特质,具有25%的遗传度。而塞利格曼认为,乐观的人把消极事件或体验归因于外部的、暂时的和特殊的因素,比如大环境不好;而悲观的人把消极事件或体验归因于内部的、稳定的和普遍的因素,比如自己能力不足。

综观国内外心理学有关乐观的研究成果,乐观被解释为一个与个体的未来定向密切相关的概念,是影响人身心健康的重要因素。塞利格曼(1998年)把乐观看作一种解释风格。他认为一个人选择乐观还是悲观,取决于其解释问题与挫折的方式是采取乐观的归因方式还是采取悲观的归因方式。其中,乐观产生健康、康复和精神。Schweizer等人(2001年)的研究结果表明,在压力情境下,乐观者比悲观者的工作表现更好,因为乐观者和悲观者采取了不同的策略来应对他们所面临的问题,乐观者使用积极的应对策略,而悲观者更可能采用分心和否认的策略。因此,培养学生的乐观情绪,对学生积极面对未来有重要意义。

知识链接

世界上大多数人是悲观的,他们倾向于认为别人比自己乐观。乐观的人寿命更长,塞利格曼对70例心脏病患者进行了测试,17例被测试为较悲观的患者中,有16例没有经受住第二次心脏病发作而去世了;而19例被测试为较乐观的人中,只有1例被第二次心脏病发作夺去了生命。乐观是抵抗疾病的第一道防线。研究表明,具有乐观性格的人在保险公司销售人员中,往往是销售业绩冠军。乐观的学生很少患抑郁症,走向社会后,在工作成绩和社会地位方面一般会超过悲观的人。

三、希望

斯奈德把希望定义为在成功的动因(指向目标的能力水平)与路径(实现目标的计划)交叉所产生的体验的基础上,所形成的一种积极的动机状态。也就是说,他认为希望主要包括两个部分,一个是能力,一个是动力。能力是指能够规划出克服困难、实现目标的路径,动力是指愿意沿着这些路径前进。人们在追求任何一个有价值的目标时,希望的强度由下面三个因素共同决定:对结果或目标的价值评定;对达到目标的所有可能路径的思考,以及相应的期望;对自身动力的思考,以及对自身能如何有效地沿路径前进的思考。以上三个因素都取决于在当前情境下,人们根据先前知识、过去经验在以下两个方面的思考:根据自身对相关因果的了解来思考实现目标的路径;根据自身在事件因果链条上的经验来思考实现目标的动力。斯奈德用图9-1呈现了他的希望理论。

根据斯奈德的希望理论,后人借鉴认知行为疗法、焦点解决疗法和叙事疗法的思想,提出

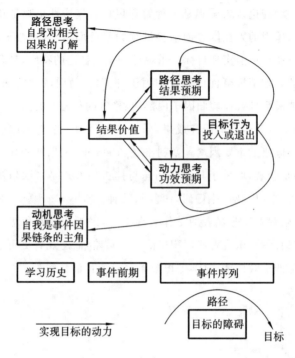

图 9-1　斯奈德的希望理论

了希望疗法,目的是帮助来访者形成清晰的目标,找出实现目标的多条路径,激励他们去追求目标,把障碍视作挑战。

四、韧性

临床心理学中,心理学家将韧性定义为以在重大困难或危险情境中能积极适应为特征的一类现象。韧性不仅包括从困境中,还包括从非常积极、具有挑战性的事情中恢复过来的能力及超越平凡的意志力。

诸多研究表明,自我效能、乐观、希望和韧性与学业成绩、职业适应和家庭生活密切相关,乐观和希望还可以促进身心健康,是个体心理健康和社会适应水平的重要预测变量。

知识链接

两种不同的心态

美籍华人、著名的心理学家李恕信在《潇洒的母亲》一书中讲了这样一则故事。某镇上住着一个小女孩。一天,她打开窗户,正巧看见邻居在宰杀一条狗。小女孩看着那悲惨的场面,情不自禁地流了一脸的泪。连续几天,小女孩都沉浸在悲痛之中。她的母亲见状,便把小女孩领到另一间房间,打开了一扇窗户。窗外是一个美丽的花园。那里,鲜花五彩缤纷,蝴蝶和蜜蜂在花间嬉戏,可爱的小鸟站在花园的栅栏上,开心地唱歌。小女孩看了一会儿,心里的愁云一扫而空,心境重新开朗起来。母亲抚摸着女儿的头说:"孩子,你前几天开错了窗户。"在人生的旅途中,我们会面临很多开窗的机会,打开不同的窗户,我们会看到不同的风景,收获不同的心境,拥有不同的人生。有人看到的是无尽的黑暗,有人看到的却是满天的星斗。

第二节 目标管理

一、目标的含义

目标是指期望的成果,这些成果可能是个人的、部门的或整个组织努力的结果。目标作为活动的预期目的和结果,它可以对人产生巨大的激励作用,主要表现在以下三个方面。

一是在目标确定后,由于它能使人明确方向、看到前景,因而能起到鼓舞人心、振奋精神和激发斗志的作用。

二是在目标执行过程中,由于目标的制订具有一定的先进性和挑战性,在实际工作中必须通过一定的努力才能达到,因而有利于激发人们的积极性和创造力。

三是在目标实现以后,由于人们的愿望和追求得到了实现,同时也看到了自己的预期结果和工作成绩,因而在心理上会产生一种满足感和自豪感,这样就会激励人们以更大的热情和信心去承担新的任务以实现新的目标。

二、目标管理的概念

美国管理大师彼得·德鲁克于1954年在其名著《管理实践》中最先提出了"目标管理"的概念,其后他又提出"目标管理和自我控制"的主张。德鲁克认为,并不是有了工作才有目标,而是有了目标才能确定每个人的工作。

1. SMART原则

德鲁克提出了设定目标的5项原则:明确的(specific),可衡量的(measurable),能达成的(attainable),相关的(relevant),限定时间(time-bound)。

2. 连锁塑造

连锁塑造是指通过小步骤反馈来达到学习目标,也就是说,首先要把目标分成几个小目标,每完成一个小目标就要进行反馈或强化,最终实现终极目标。

一个怀有希望的人,也就是拥有实现目标所需要的"动因"与"路径"的人,他去克服困难的动力更强,也就更有能力去克服各种困难,因此也就更有韧性。自信的人可以把希望、乐观和韧性迁移并运用到他们某一特定生活领域的具体任务中去。

三、人生需要规划

作为学生，一定要想好自己的一生准备做些什么，按自己的理想，一步一个脚印向踏实的人生目标靠近。人的一生如果没有目标，没有方向，就是随波逐流，得过且过。有些时候，理想也等同于我们的目标，但只是有了理想却没有认真规划，在实现理想的路上歧途很多，看着是大道，走的却是岔道，计划往往赶不上变化，到头来感叹行路难，安慰自己已经在过程中尽力了就不要太在意结果。这是理想与现实出入太大不得不给自己的安慰。而如果你的确认真规划了你的人生，每一个阶段都有自己既定的目标，过程出现了偏差就及时改正，始终让自己的目标存在于现实的征途中，你会发现你有战无不胜的力量，而且会努力为自己的最终理想奋斗不已。目标清晰与浑浑噩噩是两种截然不同的人生选择，规划好你的人生，你会奋不顾身地为理想而努力，而你行动的动力就是你每一个阶段不同的规划目标。

综上所述，在个体发展过程中，自我效能、乐观、希望和韧性的相互作用可以让积极心理资本效益最大化，不断实现目标，提升自我，创造更精彩的人生。

知识链接

调整心态的方法

- 自我心理暗示法：每天清晨起身照镜子，不断重复一些鼓励性的话语，比如"我每天都在各方面变得越来越好""我一定能行"等。
- 寻找积极事物法：回顾过去一星期自己在哪些方面表现突出，有何优点，然后给自己一些小奖励。
- 倾诉法：找一个合适的对象，诉说自己开心的事以及烦恼，或者养成写日记的习惯，将消极情绪写下来。
- 乐在其中法：常常给自己创造快乐，和同学说笑，在网上看搞笑视频，或者创作笑话等。
- 生理控制法：每天做30分钟有氧运动，身体好，精神好，人自然就乐观了。
- 自我催眠法：找一个舒服的角落，用五官感受四周的一切，记住其中一种最深刻的感觉，每晚睡前反复练习，重温最深刻的感受，慢慢幻想直到你置身于那个舒服的角落的感觉出现。多做这个练习，可以控制使自己心灵舒服的角落。在最紧张的时候，只需要回想这个最深刻的感觉，就能让自己放松、快乐。

思考与练习

1. 积极心理资本包括哪些心理状态？
2. 如何通过目标管理调整我们的心态？

第十章 完善人格

扫码看课件

学习目标

1. 了解自我意识与人格的含义,以及人格的特征和成熟人格六要素。
2. 掌握培养健康自我意识的方法。
3. 了解人格与心理健康的关系,学会完善健全人格。

中职学生正处于自我和人格发展的关键时期,努力培养自己以形成积极的自我意识和成熟的人格,无疑是促进身心健康的非常重要而有效的途径之一。

第一节 自我意识与人格

一、自我意识的含义和结构

（一）自我意识的含义

自我意识是人类所有意识中最核心的部分,是自己能感知到的所有与自己有关的信息的总和,其内容范围包括自己的生理状况（生理自我）、心理特征（心理自我）及自己与他人的关系（社会自我）。

（二）自我意识的结构

1. 自我认知

认识自己不是一个简单的问题,自我认知是主观自我对客观自我的认知与评价,包括自我感觉、自我观察、自我印象、自我分析、自我评价等。自我认知回答的问题是"我是谁?""我是一个什么样的人?",大量相关研究表明,对自我认识不清晰、不全面,自知力不强,易出现误判自我,或自负,或自卑,从而导致诸多心理问题或人格障碍,正确的自我认知,对人们的心理会产生重大影响。

2. 自我体验

自我体验是主观自我对客观自我产生的情绪体验,其回答的主要问题是"我是否喜欢自己?""我是否满意自己?"等。可见,自我体验是在自我认知基础上产生的对自我的感受。特定的自我认知决定了个体对自己产生何种体验,而自我体验反过来又强化着之前的某种自我认知。

自我体验的内容十分丰富,包括自尊心、自信心、义务感、责任感、优越感、荣誉感、羞耻感等。特别是自尊心、自信心对人的影响很大。有自尊心的人,总是不甘落后,力争上游,具有不达目的不罢休的好胜心,是一种动力;自信心同样是人们成长与成才不可缺少的重要心理品质。如果一个人总是很自卑,看不到自己的力量,久而久之会形成一种固定的心理定式,犹如戴上了一副"灰色的眼镜",这将给他的学习、生活的各方面都带来不良的影响;相反,如果一个人对自己充满信心,坚信通过自己不断的努力必然能获得一定程度的成功,那么他自然就会向着积极的目标去奋斗。

因此,可以说自我体验对个体成长具有不可替代的重要作用,由自我体验所驱使的动力,有时远远超过理性层面的认知改变所能起到的推动作用。

3. 自我控制

自我控制是自我意识的意志成分,是对自己思想和行为进行控制,以实现自我期望的目标。具体来讲,自我控制对个体的作用体现于两个方面:发动和制止,如几点钟起床、不随地吐痰,前者是发动一个特定的行为,后者则是制止一种与自我认知及自我体验不相符合的行为。

自我控制对个体的学习和生活具有推动作用,使个体为了获得优秀成绩、社会赞誉以及实现自己的目标而做出不懈的努力,包括自我激励、自我暗示等,核心内容是"我将如何规划自己的人生?""我应该做什么?""我应该成为什么样的人?""我可以选择如何做?"等。

控制是自我意识的关键环节,"知"与"行"之间有很长的路,中职学生常常"心动而不行动",事实上心动是一件容易的事,而真正历练意志则需要更多的自我控制。我们不妨打一个比方:早晨起床应当是一件简单不过的事,但对懒惰者而言,也是需要意志的,特别是在寒冷冬天的早晨,起床时,都要进行一番相当的斗争,不过,当意志慢慢成为一种习惯时,自我控制便转变为"自动化"了。一般来讲,成功的人都有较高水平的自我控制并已达到一种习惯化的状态。

二、人格的特征及成熟人格六要素

人需要在各种各样的社会环境中寻求生存、适应和发展。同学间、朋友间、恋人间、师生间、亲子间,甚至是与近邻、与路人间的互动,由于对象和场合的不同,要求我们采取的应对方式也不尽相同。没有很好的理解力、领悟力和应变力,或者没有成熟的人格都是很难适应这些变化多端的复杂环境的。

(一)人格的特征

从心理学概念上讲,人格亦称个性,它反映了一个人总的心理面貌,是相对稳定,具有独特倾向性的心理特征的总和,它是在长期的社会生活实践中形成和发展起来的。它和一个人的素质、情绪、行动倾向、行为模式、习性、态度等都有着不可分割的关系。

人格的特征主要包括以下四个方面。

1. 独特性

个体的人格是在遗传、成熟、环境、教育等先天、后天环境交互作用下形成的,不同的遗传、生存及教育环境,形成了各自独特的心理特点,我们经常说的"人心不同,各如其面"就是指这个意思。如有的人开放自然、有的人顽固自守,有的人沉默寡言、有的人善于沟通,有的人坦率豪爽、有的人谨小慎微……

总之,环境会使某一人格特质在不同人身上表现出不同的含义。如独立性这一人格特质,对于在缺乏父母爱护的家庭中成长的孩子来讲,独立带有靠自己努力的含义;而对于一个在民主型家庭成长的孩子来讲,独立则是健全人格培养的重要部分。

2. 稳定性

人格的稳定性是指那些经常表现出来的特点,是一贯的行为方式的总和,正如人们所说的"江山易改,本性难移"。一个人的某种人格特质一旦稳定下来,要改变是较为困难的事,这种稳定性还表现在人格特征在不同时空下的一致性。例如,一个性格外向的中职学生,他不仅仅在家庭中非常活跃,在班级活动中也会表现出积极主动的一面;不仅在校期间如此,即使毕业若干年再相逢,这个特质也可能依旧不变。

3. 统合性

人是极其复杂的生物,人的行为表现出多元性、多层次的特点。人格的组合千变万化,因而人格表现得色彩纷呈,在每个人的人格世界里,各种特征并非简单的堆积,而是如同宇宙世界一样,依据一定的内容、秩序与规则有机组合起来的动力系统,人格的有机结构具有内在一致性,受自我意识的调控。当一个人人格结构的各方面彼此和谐一致时,这个人就会呈现出健康的人格特征,否则这个人就会出现各种心理冲突,导致"人格分裂"。

4. 功能性

人格是一个人成败或喜怒哀乐的重要决定者,正如人们常说的"性格决定命运",人格决定了一个人的生活方式,甚至有时会决定一个人的命运,人们常常使用人格特征来解释某个人的言行及事件的原因,面对挫折与失败,有志者认真总结经验教训,在失败的废墟上重建人生的辉煌;而怯懦的人一蹶不振,失去了奋斗的目标。当人格功能发挥正常时,个体就会表现得健康并充满了热情与活力;而当人格功能失调时,个体就会表现得懦弱、无力、失控甚至出现病态的特征。

(二) 成熟人格六要素

被称为"人格研究界第一人"的哈佛教授奥尔波特,运用观察法研究了人格的成熟度问题,并在他的著作《人格形态与成长》中提出了成熟人格六要素,作为"人格成熟的基准",我们可以将此作为自我完善的目标。

1. 自我意识(自我感觉)的扩大

人最初在婴儿时期是只知道爱自己的,不久,自我意识开始扩大到母亲和亲近的照顾者身上,之后,我们则会对自己的衣物、财产,以及名誉、地位等都有"这些属于我"的意识。当自我意识从最原始的形态扩展到与包括物质自我、社会自我、心理自我和集体自我这几种不同层次、不同本质的领域时,便可作为人格成熟的表征之一。

2. 和他人的密切联系

由于自我意识的扩大,关注焦点可以慢慢从自身转移一部分到外界的人和事上来,我们也开始与周围的人建立亲密感及认同感,当这个方面发展很顺利时,我们便不会随便在背后说人坏话、挑人毛病、发牢骚等,也懂得如何尊重对方、宽容对方,处理自己与对方的差异性。我们不仅需要被爱,同时也渴望投入地去爱别人,在接受爱与付出爱之间能达成很好的平衡。

3. 情绪的安定(自我包容)

把自己的愤怒、恐惧、激情、性的冲动,都当作一种"自我情绪"来处理。不盲目压抑,也不钻牛角尖,尽量以双赢的方式来解决自己与周围环境的矛盾冲突,因此不会担心自己会无缘无故地患上恐惧症或强迫症等,而且,拥有安定情绪的个体在碰到挫折或欲求不满时,也具有相当的耐力,不会乱发脾气、牢骚,也不会随便责怪他人、自怨自艾。他们懂得时时反省自己、等待时机,寻求解决问题的方法,具有可延迟满足的特点。因此,他们既能避免情绪持续低落,又能克服情绪的焦躁不安。

当然,说一个人具有成熟的人格,并不等于说他随时能保持冷静、沉着,既然是人,就免不了有喜、怒、哀、乐等心情的转换,有时也会莫名其妙地忧郁。但他绝不会成为这些消极情绪的奴隶并在其推动下做出冲动性的行为,损害自己和他人的福祉。这种情绪的安定,是由内在的和谐感及自我控制感所造就的,因此他们对别人情绪的表达也不会感到威胁或有逃避的冲动。

4. 对现实的知觉和解决问题的技能

具有成熟人格的个体能正确地认识现实,且具备解决问题的技能。虽然有高度智慧和职业技能的人不一定都是具有成熟人格的人,但智慧和技能是成熟人格所不能欠缺的部分,一个缺乏做事能力,缺乏与外界现实打交道能力的个体,即使在其他点上合格,其也不能被认为是具有成熟人格的人。

另外,投入自己工作的能力,与正确的认知、技能一样重要。所谓投入自己工作的能力,是指有某个课题的时候,那种忘我投入工作的热情。

5. 对自我的客观认识——洞察和幽默

以自我为对象,客观地看待自己,也就是说要真正地了解自己、洞察自己。很多人认为了解自己是理所当然的,也是一件很简单的事情,但事实上真能称得上了解自己的人并不多。在很多情况下,我们并不能确切地知道自己之所以如此思考、如此感受和如此行动的真正缘由。

除了洞察自己之外,还要有幽默的感觉,真正的幽默,是保持某种距离凝视自己,发自内心地接纳理想的自己和目前现实的自己之间的差距,并能自我安慰,寻找快乐和轻松的感觉。真正的幽默与嘲笑、攻击性的调侃等不同,幼儿和不成熟的人也许会感觉到别人的滑稽可笑,却不具备笑自己的能力,失败的时候,往往无法一笑置之,相反容易将失败视为痛苦的遭遇。

其实,人生就像一场戏,能够客观地凝视自己所扮演的角色,同时以幽默的态度面对生命中的起起落落,才是成熟人格的表现。

6. 统一的人生哲学

把自己的人生当作有意义的东西,具有统一人生各种活动与追求的人生哲学,这里所说的哲学,并不是指专门性的理论学说,而是个人的生活信条、生活价值观、个人独特的世界观和生活目标。

具有统一的人生哲学的个体能清楚地知道什么是自己人生最高的价值,并了解应该以哪种方式来生活,他们对于自己的人生有较为清晰的规划,对于如何达到目标也制订了相应的方针、计划。

三、影响自我和人格发展的因素

自我意识和人格的产生并非与生俱来,而是个体在后天生理和心理能力发展到一定成熟程度的基础上逐渐发生和发展起来的,也是在个体与社会环境长期相互作用的动态过程中形成和发展起来的。因此,许多社会心理因素会对这个过程产生重要的影响。

(一) 家庭环境

家庭是我们最早接触的社会环境,在我们自我意识形成和人格发展的过程中起着关键性的作用。一般而言,家庭环境是指家庭的物质生活条件、社会地位、家庭成员之间的关系及家庭成员的语言、行为和感情的总和。

父母本身对婚姻和生活的满意度,他们的教育理念和方针、对待孩子的态度和方式,无不与孩子的自我概念和人格形成显著相关。如父母对孩子持积极关注的态度,给予温情和爱的支持,评价或批评时对事而不对人,则可以在很大程度上提高孩子的自信心,有利于孩子人格的发展。

不过值得注意的一点是,子女心中感知到的家庭环境和父母的教养方式,比它们实际上是什么样的对孩子的影响更大。因此,若父母能根据孩子认为是爱与支持的方式来给予爱与支持,能经常与孩子交流、沟通,则能在一定程度上扩展家庭环境对孩子自我意识和人格成熟的积极影响。

(二) 学校环境

学校是学生除家庭以外的主要生活环境之一,个人人格形成和自我意识发展的黄金时期大多是在学校里度过的。其中,老师和同辈群体都会对此产生重要的影响。

有研究发现,老师对待学生的态度和方式、师生关系、学生学业成绩对学生自我意识的形成与发展有正向的预测作用。此外,学校是一个人际互动的重要场所,尤其对于青少年来说,他们会依据同伴的看法和反应反观自己,重新定义自己、评价自己。同时也会在和同学的交往中通过不同的角色扮演来促成更高水平的自我意识发展,使自己更加适应社会环境,另外,学校学习生活中的"榜样"作用也是不容忽视的。"榜样"也可以说是参照群体,一般而言,青少年常常根据参照群体的价值取向定义自己,形成自我观念。将参照群体的价值取向理解为一种期望,约束自己的思想、行为,融入自己的意识之中,与参照群体比较以进行定位,因此,青少年在学校生活中选择什么样的人作为自己的"榜样"对其自我意识的发展和变化至关重要。社会心理学家谢里夫也指出,可以把参照群体的规范看作个体的社会目标、自我评价、社会评价乃至世界观形成的基准线。

(三) 社会文化环境

社会文化在个体社会化的进程中扮演着重要的角色,也必然与自我意识和人格的形成及发展密不可分,政治、经济、国家的宣传体系、宗教团体、风俗禁忌、习惯传统以及生产力发展水平等都在日常生活中潜移默化地渗透到人们的自我意识中。

在同一文化背景下生活的人们,总是具有一些共同的自我意识成分。这在跨文化研究中有明显的例证。

四、人格发展与自我意识的关系

人格的形成和发展,虽然受遗传和环境两个方面的作用,但是在这两种因素的相互作用中,人不是被动的,人是万物之灵,人与动物的重要区别之一就在于人有意识,人不仅能够驾驭外界环境,而且能驾驭自我,驾驭自我与外界环境的关系。人总是不断地在进行着自我评价和自我调节,以求人格的自我完善和理想自我的实现,在一定意义上,可以说每个人都在塑造着自己的人格,每个人都在书写着自己的历史,因此,自我意识作为一个人的自我认识调控系统,在人格的形成和发展中起着积极的、主导的作用。

首先,一个人对自己人格的发展是否具有远大的目标和严格的要求,是消极地接受环境的影响还是主动地塑造和发展自己,都对人格起制约作用。

其次,当一个人确立了人格发展的目标之后,他能否对这个目标的实现采取积极的态度和方式,能否经常对自己人格的发展进行自我监督、自我反省、自我强化、自我批评,将决定着人格发展目标能否实现。

总而言之,在人格发展过程中,自我意识起着极其重要的调节作用,自我意识调节着遗传和环境因素对人格的影响,也是导致人格差异的重要原因。在此意义上我们可以说,人的人格不仅是社会环境的产物,同时也是自我塑造的产物。

第二节　培养健康的自我意识

自我意识是一个复杂的、多维度的、多层次的心理系统,是意识发展的高级阶段,因此它既有特定的发展历程,又有丰富的内容,还有多种表现形式。

中职阶段正是一个人从青春期向成年期过渡的重要时期,也是人自我意识发展的关键时期,对处于成长期的中职学生而言,如何拥有全面而积极的自我意识,无疑是一道至关重要的人生方程式,也是一本需要悉心学习和钻研的人生教科书。

因此,从了解自我意识的内涵、结构、特征入手,学会调节自我意识所出现的偏差,从而客观地认识自我,正确地评价自我,积极地悦纳自我,有效地控制自我,科学地发展自我,不断超越自我,建立起一个充满自信心与独立性的健康自我。这对于每个中职学生来讲都是非常重要的。

一、中职学生自我意识的分化与矛盾冲突

自我意识是主客观因素相互作用的结果,人首先是对外部世界、对他人的认识,然后才逐步认识自己,这个过程在我们的一生中都持续进行着,因此,探讨自我意识的分化与矛盾冲突,有利于促进中职学生自我意识的健全发展。

个体自我意识的发展是从明显的自我分化开始的,原来完整笼统的我被打破了,出现两个我:主观的我(I)和客观的我(me),即每个人既是观察者又是被观察者。这就使得个体开始主动地关注自己的内心世界,从而对自己产生了新的认识和体验,但与此同时也带来了激动、喜悦、不安和焦虑。于是,个体自我反思和反省的需要日渐增多,伴随而来的是渴望有属于自己的一片空间和世界,渴望被理解、被关怀、被支持。

此外,随着主观的我和客观的我的分化,"理想自我"与"现实自我"也开始分化。我们每个人都为自己设计了一个"理想自我",以区别于目前的状况。"理想自我"有时会对"现实自我"起到积极的促进作用,有时也会成为导致困扰、冲突和压力的源泉。

归纳起来,中职学生自我意识的矛盾主要表现在以下四个方面。

(一) 成就期望与现实失望的落差

每个人都会有自己的远大理想和抱负,并对理想的实现充满自信和强烈的成就欲,即设计一个"理想自我"的形象。然而,对于中职学生来讲,"现实自我"的能力、知识、经验与"理想自我"的实现尚有相当大的差距。

面对"理想自我"与"现实自我"的落差,中职学生有可能选择积极进取使"现实自我"向"理想自我"趋近,也可能自认"志大才疏"而放弃"理想自我"。事实上,我们需要理解的一点是,对于任何一个尚未到达人生终点的个体,尤其是对于还有相当大的成长和发展空间的青年人来讲,"理想自我"与"现实自我"总是存在一定差距的,这是非常正常的现象。也恰恰是这两者间的差距,才一直激励着我们奋发图强、积极向上,向理想方向不断前行。

但是,若"现实自我"距离"理想自我"太过遥远,个体就容易在付出努力却总得不到满意的回报时,产生挫折感、无助感,甚至无所事事、自暴自弃。在这种情况下,个体需要重新审视"理想自我",看看是否超过了自己的能力和经验所及,可以暂时降低目标,或将其划分为一个个更小、更短期的目标,循序渐进以达到最终的"理想自我"。

(二) 强烈的独立意识与难以摆脱的依附心理的冲突

考上中职学校以后,同学们常常并没有满足并停留于自己迈出的独立人生的第一步——从家庭、父母的管教和约束下挣脱出来。"理想自我"为我们呈现了一个经济、学习、生活乃至心理上完全独立的蓝图,这就是独立意识。

但对中职学生来说,对学校、家庭、父母、教师、同学的依附心理又是无法完全摆脱的。在经济上,中职学生几乎完全依赖于父母的供给或学校的资助;在心理上,由于社会经验的缺乏,能力的限制,中职学生无法摆脱对老师、学校、同学等的依附。而对复杂的生活环境和人际关系的决策和应变,也离不开同学、朋友、老师、父母的帮助。因此,中职学生常常怀揣着对独立的追求与渴望,却又在无奈和依附的旋涡中徘徊。

(三) 交往需要与自我封闭的矛盾

没有哪个时期的个体比青少年时期的个体更加渴望友情与爱情的滋养,更加渴望同辈群体的认同与归属感。在这个时期,每个人都渴望着爱与友谊,渴望着交往与分享,渴望着自我价值得到实现,渴望着探讨人生的真谛,寻找人生的知己,希望成为群体中受尊敬与欢迎的人。

另外,中职学生的这种自我表露又受自我封闭的影响,总是不经意地将自己的心灵深藏起来,有意无意与同学保持着一定的距离,存在着戒备心理,不能完全敞开心扉与同学交流和沟通思想,感到没有人理解自己,缺乏知音。这种盼望有个好人缘的"理想自我"与社交恐惧("现实自我")的冲突常常使自己无所适从,饱受孤独感的煎熬。

(四)自尊心与自卑感的冲突

很多中职学生在中学期间并不是同辈群体中的佼佼者,对此,在社会认同及个人优越感方面,一些中职学生可能存在一些不足,并可能由此产生自卑感。在这种情况下,有的中职学生对自我的认识与评价会走向一个极端,即全盘怀疑、否定自己。比如,当遭遇失败与挫折时,有时甚至是小小的失利如考试失败,他们便开始怀疑自己的能力,进而产生自我否定、自我怀疑甚至自暴自弃的想法,陷入强烈的自卑之中。

但另一方面,中职学生所处年龄阶段的特点之一是他们对自尊有着强烈的需求,一些中职学生渴望成功、不甘落后,却又常常以自负的方式来掩饰自己内心的脆弱。事实上,这些方式都与一些中职学生自我认知不良、自我定位不准确有关。自我意识良好的核心是自知与自爱,能了解自己的实际情况,意识到自己的优点和弱点,并且容忍和认可它们,这样才能达到真正的和谐与成熟。

二、培养健康自我意识的方法

(一)树立正确的自我观

首先,应正确地认识自己。只有正确认识自己,才能宽容地对待自己的过去,恰当地确立自我发展的方向,实实在在地把握现在;才能在社会情境中找到自己恰当的位置;才能理解他人,尊重他人,与他人和谐相处,被社会所接纳。

其次,要多角度地评价自己,通过自我评价和听取他人对自己的评价,来正确认识自己。我们不妨认真仔细地想一想,用尽量多的形容词描述自己,要忠于自己的内心。在此基础上,进行第二步,采用他观的角度描述自我,描述父母眼中的我、同学眼中的我、老师眼中的我、兄弟姐妹眼中的我等,再寻找这些描述中共同的品质,将其归类。你描述的维度越多,你越能找到比较正确的自我。

最后,经常进行自我反省也是必要的。曾子说"吾日三省吾身",这就是一种自我反省活动。没有自我反省,自我完善也就无从实现。通过反省、分析自己成功或失败的原因,对自己做一分为二的分析,从而正确定位自我,提高自我认识,并将其作为自我调控的出发点。

(二)积极地悦纳自我

悦纳自我是对自己的本来面目持肯定、认可的态度,是自我意识健康发展的关键所在。一个人只有欣然接受自我,才能有信心去面对真实的我,自尊、自爱,珍惜自己的人格和名誉,注重自我修养,使自己发展到一个较高境界。

悦纳自我首先要接纳自己,喜欢自己,欣赏自己,看到自己身上的闪光点,知道自己潜藏着大量待挖掘的能量,具有存在的价值。天生我材必有用,因而不必苛求自己做个十全十美的人。体会自我的独特性,在此基础上体验价值感、幸福感、愉快感与满足感。同时,还要全面看待自己的优缺点。每个人都既有长处又有短处,接纳自己的不完美,树立正确的认知观念。人既不会事事行,也不会事事不行,只要善于克服自己的缺点,扬长避短,才能充分发挥自身潜力,施展自身抱负。

(三) 有效地控制自我

有效地控制自我是完善健全自我意识的根本途径,中职学生要控制自我,就要培养顽强的意志力。很多人为自己树立了远大的目标和理想,但在努力的过程中,没有足够的自制力和意志,经受不住挫折和打击,也无法实现自我理想。比如"我想早起,可就是没有恒心""我想学习,可就是学不进去"等话语则是未能有效控制自我的一种表现。应培养顽强的意志,发展坚持性和自制力,增强抗挫折能力,使自己能自觉主动地认清目标,为实现目标而努力排除干扰、克服困难。

(四) 重塑自我、不断超越自我

认识自我,接纳自我,都是为了塑造自我、超越自我,对于中职学生而言,超越自我更是终身努力的目标。在行动上,无论对人对事,均应全力以赴,使自己的能力品行得到最大限度的发挥。超越是一种境界,更是一种过程,一种"新我、独特的我、最好的我"的形成过程,这个过程并不总是一帆风顺的,而是需要付出艰辛努力的。

有句话这样说道:这个世界上,你是独一无二的一个,生下来你是什么,这是上帝给你的礼物,你将成为什么,这是你给上帝的礼物,上帝给你的礼物你无法选择,但你给上帝的礼物,将由你个人去创造,主动权在你自己。所以应该认识自我、悦纳自我、激励自我、控制自我、完善自我、超越自我。

因此,每一名中职学生都需要具有主动成长的意识,积极参加各种社会实践活动,努力提高自己抗挫折的能力和各方面素质,逐步完善和发展自我。

第三节　塑造健全的人格

一位老教授昔日培养的三个得意门生事业有成:一个在官场上春风得意,一个在商场上捷报频传,一个埋头做学问,如今也苦尽甘来,成了学术明星。于是有人问老教授:你认为三人中哪个会更有出息? 老教授说:现在还看不出来。人生的较量有三个层次,最低层次是技巧的较量,其次是智慧的较量,他们现在正处于这一层次,而最高层次的较量则是人格的较量。

这个故事生动地向我们说明,在人的素质结构中,人格起着近乎决定性的作用。

一、了解人格与心理健康的关系,重视健全人格的塑造

(一) 中职学生的气质与心理健康的关系

气质是指人与生俱来的心理活动的动力特征,是情绪和活动发生的速度、强度、持久性、灵活性和指向性等动力方面特点的综合,在日常生活中我们会看到,有的人活泼好动,反应灵敏;

有的人安静稳重,反应缓慢;有的人总是显得十分急躁,情绪明显表露于外;有的人则总是不动声色,情绪体验细腻深刻。人与人在这些心理特征方面的差异正是个体所具有的气质不同的缘故。按照西方"医学之父"古希腊著名医生希波克拉底的体液说,人可以相应地分为四种气质类型,即胆汁质、多血质、黏液质和抑郁质。

气质在个体心理中是最稳定、变化最少也最慢的一种心理特征,气质本身无好坏之分,每一种气质都有它积极的一面,也有它消极的一面。但不同气质类型对人的心理与行为有着不同的影响。如胆汁质的人常同他人发生一些感情的冲撞。比如开始谈话时,根本没有想到要吵架,但也许什么事情触犯了他(对别人来说可能是小事一桩),于是他突然之间怒不可遏,如果谈话对象是神经系统微弱型(抑郁质)的人,他将长期陷于委屈之中,导致孤僻古怪、谨小慎微,甚至会给人冷若冰霜的感觉,说话也会语中带刺。黏液质的人一般很难同胆汁质的人在一起生活。胆汁质的人坐立不安,容易冲动,手忙脚乱;黏液质的人则慢腾腾,四平八稳。了解自己和他人的气质特征,无论对自身的心理健康还是人际交往,都有着重要的意义。

(二)中职学生的性格与心理健康的关系

性格是一个人对现实的态度和习惯化了的行为方式所表现出来的较稳定的心理特征,是人的个性心理特征的重要方面,人的个性差异首先表现在性格上。一个人能否在人际交往中做到"游刃有余""得心应手",与他的性格有很大关系。当代中职学生只有全面了解自己与他人的性格,并在交往实践中不断优化自己的性格,才能更好地处理自己与他人的人际关系。

每个人的性格都反映了他对现实的态度和习惯了的行为方式。当代中职学生(特别是独生子女)有不少是家庭的"宠儿",在人生的道路上还没有经历过大的起伏和挫折,因此,一些人自命清高、眼里容不下他人。遇到困难时意志薄弱,容易感情用事;对人和事容易斤斤计较,心胸狭隘。这些不良的性格特征不仅容易造成人际交往的障碍,而且会影响自身的身心健康。此外,好的性格品质也要把握好"度",一旦表现过度或与环境不协调,也容易导致不好的结果。比如,过于直率而不顾场合和对象,就可能伤害到对方,引起反感。

二、改善人格缺陷,完善健全人格

在这里,首先要明确一点,人格缺陷不是人格障碍。人格障碍是针对那些有心理疾病的人而言的,而人格缺陷是大多数人或多或少都会有的。中职学生心理发育还没有完全成熟,人格出现一些偏差也在所难免。有些同学认为自己的人格是正常的,可走入社会后却发现矛盾重重。因此,让中职学生充分了解自身个性,找出缺陷并进行调适,有助于今后更好地适应社会。

(一)以自我为中心及其克服

小宋是一名中职二年级学生。入学以来,他始终觉得周围的人都不喜欢他,都对他不满。两年来,他几乎没有朋友,同学也鲜有来往,他很孤独,但从内心来讲他很想交朋友。小宋抱怨说现在的中职学生思想特别不成熟,行为举止幼稚,特别是自己身边的同学,俨然就是初中生的生活状态,这让他非常看不惯。有次上完某老师的课,室友回来纷纷抱怨该老师照本宣科,课堂枯燥无味,以后有机会就旷课,小宋打断大家,说:"学习靠自己,你们这样是给自己的懒惰找借口。"当时寝室空气都凝固了。去食堂打饭,小宋看见炒的蔬菜色泽不好,大声嚷嚷"这菜喂猪还差不多",刚巧同班两位女同学正在打蔬菜,她俩回过头狠狠地丢下两个白眼。全班去郊游,班委提前召开讨论会商量方案,大家想去风景区,可小宋认为这个季节风景区没有风景,据理力争要把活动安排在附近儿童福利院,结果讨论会不欢而散,郊游还是去了风景区,大家却没有通知小宋。小宋一再表明,他说的都是真话、大实话,为什么现在的人不能理解呢?他还说,如果坚持真理就注定孤独的话,他要坚持下去,走自己的路让别人说去吧。

乍一看,似乎小宋确实挺委屈,但仔细分析就会发现小宋的主要问题是习惯性地以自我为中心来看待和思考问题。有这种缺陷的学生为人处事都以自己的兴趣和需要为中心,只关心自己的想法和感受,不考虑他人的感受,完全从自己的角度、自己的经验去认识和解决问题,缺乏换位思考能力,似乎自己的看法就一定也要成为他人认可的看法。

克服以自我为中心要注意以下三点:

(1) 克服以自我为中心的关键是换个立场看问题,学会换位思考,可借助心理咨询中的空椅子法和角色扮演法来尝试从别人的角度思考。

(2) 坦然接受批评和建议,允许有不同意见,将那句经典"也许我和对方都是对的,只是看问题的角度不同而已"常记在心,从而改变自以为是、固执己见的心理。

(3) 学会一些人际交往的技巧,如倾听,以自我为中心的人往往在倾听之前就已经关闭了耳朵,只听得见自己的声音,真正会倾听的人不仅用耳朵在听,更是用眼睛、用心灵在听,不仅能听懂语言所包含的意思,也能听懂弦外之音。总之,要克服以自我为中心的交往障碍,既要使自己融入集体,又要在集体中保持自己独立的个性。

(二) 自卑心理及其克服

自卑心理也是中职学生中较为常见的心理问题,其实质是一种消极的自我评价或自我意识,一个自卑的人往往过低评价自己的形象、能力和品质,总是拿自己的短处和别人的长处比较,觉得自己事事不如人,在人前自惭形秽,从而丧失自信,悲观失望。

克服自卑心理应从认识上、情绪上、行为上同时入手。可以从以下五个方面克服自卑心理:

(1) 相信自己。从认识上讲,自卑来自社会比较,如果能客观、全面地评价自己,发现自身的优势和闪光点,必将是克服自卑心理的最好方法。

(2) 欣赏自我。把自己最满意的照片选出来,并悬挂。衣冠不整的人想要建立自信是不可能的,就像整天愁眉苦脸的人想要心情愉快也很难一样。注意外表形象将帮助你看重自己。

(3) 建立乐观的生活态度。积极使你的力量与自我形象相吻合,培养积极乐观的生活态度是建立自信的基础。

(4) 敢于面对错误与挫折。

(5) 经常进行自我鼓励与自我暗示,如"我能行,我一定能行""我很放松,我能做好""再加把劲儿,离目标不远了""我感觉不错"。

(三) 嫉妒心理及其转化

这是一篇中职学生的日记:"我觉得自己的灵魂在被恶魔吞噬,我在一步步走向罪恶,我真怕自己从此错下去,但是我真的不知道怎样走出来,一切都因为陈×,我的同班同学。以前我俩也算是形影不离的好朋友,是大家共同关注的焦点。我不知道她使了什么法,让大家似乎更喜欢她,一些对我冷淡的同学对她亲密有加,她平时几乎都与我在一起,一起上课,一起自习,一起逛街。从上学期起她就特别走运,春风得意,先是获得了奖学金,后又被评为优秀学生干部,而且还主持了晚会。她就像一位美丽的公主,上帝把所有的光环都罩在她身上,我呢?就是衬托她美丽的丑小鸭。我不愿意这样活。那天我和她同台在晚会上唱歌,趁她不备,我弄坏了她演出服的拉链,等着看她出丑,结果她临时用丝带套上,大家都夸她聪明,服装别具一格,我当时差点喷火。在寝室我接到找她去做兼职的电话,我假装她的声音,帮她推掉了,事后我被揭发了,陈×哭着问我为什么这样做。我们彻底决裂了。看着她哭,我也很难受,可我就是看不惯她什么都走运。现在同学们对我的非议也不少,有时想想自己怎么变成这样了,自己到底做了些什么,越想越害怕,我是不是成了坏人?我到底应该怎样做?"

吞噬这位同学灵魂的恶魔正是嫉妒,嫉妒会让人迷失方向,几近疯狂。巴尔扎克说:"嫉妒潜伺在人心底,如毒蛇潜伏在穴中,嫉妒者比任何不幸的人更痛苦,因为别人的幸福和他自己的不幸都将使他痛苦万分。"从心理学的角度来看,嫉妒是担心别人超过自己而引起的抵触情绪。从这个定义可以看出,嫉妒确实会使我们产生与不舒服等类似的消极体验,但是嫉妒不完全是一件坏事。如果我们能读懂嫉妒背后的深层信息,就能将这种消极的情绪转化为积极的力量。

(1) 嫉妒可以告诉我们,自己在某方面有需要改进和成长的地方,可能是因为环境发生了变化,参照标准有了改变,有了更强的竞争对手,以前的优势已经不在;也可能是生活的领域被打开后,发现自己还有欠缺的地方。例如,以前不觉得有艺术特长有多好,但是在中职学校里有艺术特长的同学可以进行文艺演出,便会发现不仅仅是学习好才能受到大家喜欢,因此就会在自己有某些不足而别人又很突出的方面产生嫉妒。

(2) 嫉妒告诉我们,什么对于我们来讲是最重要,是最为看重的。因为我们不会嫉妒别人在我们不在乎的领域里所取得的成就,比如有的学生不嫉妒会运动的同学,但是嫉妒英语口语流畅的同学。

(3) 嫉妒是一种力量,只要程度恰当,反而可以激励我们不断完善自我,不断超越当前的自我。一点嫉妒心都没有的人,反而是安于现状、故步自封的人。

(四)依赖型人格障碍及其矫正

依赖型人格障碍的主要成因是童年早期的依赖需求没有得到足够的满足,以致一个人的"心理哺乳期"不断延长,有的人甚至处于"终生心理哺乳"状态。所以依赖型人格者常常被别人认为"长不大""幼稚"等。

依赖型人格的最明显特征,就是对于别人情感和物质资源的饥渴。存在依赖型人格障碍的人,以"吞噬"别人的情感、判断、决定为生。所以,他们的情感、自尊、自信是完全受制于人的,别人的情感和判断决定着这些人的喜、怒、哀、乐。他们对于自己所依赖的人,抱着一种既感恩又不满的矛盾态度。由于依赖型人格者的心理资源有限,所以只能一味地为自己着想,较难表现出对别人的感激和爱。

法国心理治疗师皮纳认为:"那些不做决断的人是在等别人替他们做决断,他们因此不用承担任何因选择失误而导致的责任。"有的人本来完全可以做决定的,但由于害怕承担责任而放弃了这一权利。因此,他们往往把决定权交给别人,好像在说:"你帮帮我吧,我倒乐得悠闲。"因此,对于依赖型人格障碍,通常可以采用以下方法进行自我矫正。

(1) 习惯纠正法:清查一下自己的行为中哪些是习惯性地依赖别人去做的,哪些是自己做决定的。你可以每天做记录,记满一星期,然后将这些事件按自主意识强、中等、较差分为三等,每周做一次小结。对自主意识强的事件,以后遇到同类情况应坚持自己做。例如,某一天按自己的意愿穿鲜艳衣服上班,那么以后就坚持穿鲜艳衣服上班,而不要因为别人的闲话而放弃,直到自己不再喜欢穿这类衣服。这些事情也许很小,但正是你改正不良习惯的突破口。

(2) 重建自信法:如果只简单地破除了依赖的习惯,而不从根本上找原因,那么依赖行为也可能复发。重建自信法便是从根本上对依赖型人格障碍加以矫正。

首先,要消除童年不良印迹。依赖型人格障碍者缺乏自信,自我意识十分低下,这与童年时期的不良教育在心中留下的自卑痕迹有关。你可以回忆童年时父母、长辈、朋友对自己说过的具有不良影响的话,如"你真笨,什么也不会做""瞧你笨手笨脚的,让我来帮你做"等,你把这些话语仔细整理出来,然后一条一条加以认知重构,并将这些话语转告给你的朋友、亲人,让他们在你试着做一些事情时,不要用这些话语来指责你,而要热情地鼓励、帮助你。

其次,重建勇气。你可以选做一些略带冒险性的事,每周做一项,例如,独自一人到附近的风景点做短途旅行;独自一人去参加一项娱乐活动或一周规定一天"自主日",这一天不论什么事情,绝不依赖他人。通过做这些事情,可以增加你的勇气,改变你事事依赖他人的弱点。

同时,依赖行为并不是轻易可以消除的,一旦形成习惯,你会发现要自己决定每件事很难,可能会不知不觉地回到老路上去。最简单的方法是找一个自己信任的人作为自己的监督者。这样就可以更好地发掘自身的潜能,从而改变事事依赖他人的习惯。

(五) 完美主义及其转化

你从来都不觉得你取得的成绩已经足够好了吗?你认为对于每一件事都要尽到100%甚至更多的努力,否则就会失败吗?你常常因为想要做得更好而拖延作业或工作吗?

如果是这样的话,你很可能是一个完美主义者。事实上,追求完美的态度反而会影响到成功,完美的愿望会削弱你的自我满意度,使得你不如那些有着现实的目标和对自己有现实期待的那些人,取得更多的成就。

那么,对于完美主义,我们可以做些什么?

将追求完美的态度转变为健康的追求的第一步也是最重要的一步,那就是意识到完美是不可能达到的,因为它极易导致自我挫败。达到完美是一个幻想,不是现实。第二步就是挑战那些构成完美主义的自我挫败的想法和行为,以下是一些可能有用的建议。

(1) 立足于自己的需要和愿望并设置连续的目标。当你想达到某种目标时,在你目前所取得成就的基础上往前一步,设置下一个目标。

(2) 留意自己对于失败的态度。理解这一点,你可以像从成功中学到东西一样,也从自己的失败中收获许多。即使你不那么完美,也不会像到了世界末日一样恐惧。

（3）关注事情的过程，而不仅仅是结果。评估自己的成功时不仅看自己达到了什么，还应看你有多么喜欢这个过程，从中获得了多少快乐。

（4）当你感到焦虑或抑郁时，要勇敢地直面隐藏在完美主义背后的恐惧，并放松自己。要认识到你并不能使所有的变化都那么完美，你可以问问自己，我到底害怕的是什么？有什么糟糕的事情要发生了吗？如果在我身上发生了最坏的事，我可以做些什么？

（5）在涉及目标时，避免使用全或无的思维方式，将最重要的事情从相对不那么重要的事情中区分出来。对于不那么重要的事情，你只需要付出较少的努力，同时也不需要为此感到内疚。

一旦你愿意尝试上述建议，你就已经认识到完美主义在你的生活中并不是有益的或必需的。抛开完美主义不仅可以使你取得更大的成就，还可以让你在与他人交往的过程中对自己的感觉更好一些，也更利于你融入周围的环境。

21世纪什么最重要？人才！人才是什么？简而言之，人才就是全面发展的人，具开拓精神的人，善于与他人合作的人，具有健全人格的人。完美的人格能使人生走向成功，使生命发出耀眼的光芒。但完善人格的过程是漫长而艰巨的，只有积极参与实践活动，确立正确的价值观，培养良好的品质、创造性思维方式以及健康的心理素质和环境适应的能力，中职学生的人格才能向着健康、完善的方向一步步升华，从而使自己在将来的生存领域中能够主动、积极地调节自我，适应社会急剧的发展变化，更好地为人类文明的进步与发展做出贡献。

知识链接

美国心理学家赫威斯特针对青年期到底要怎样发展自我的问题，提出了青年期发展的十项任务：

（1）能在日常生活中，与同龄人建立和谐的人际关系，此种关系应包括同性朋友与异性朋友在内的关系。

（2）在行为上能够扮演适当的性别角色，个人不但乐于接纳自己的性别，而且能恰如其分地表现出属于自己年龄的男性或女性的行为特征。

（3）接纳自己的身体和容貌，不过分炫耀自己的优点，也不过分掩饰自己的缺点，而是能按照自己身体的条件去发挥最大的潜能。

（4）情绪表达渐趋成熟独立，凡事不再依赖父母或其他成人的支持与保护。

（5）有经济独立的信心，即使在金钱上尚不能自给自足，在生活上尚不能自食其力，自己也有信心和意愿不依靠别人。

（6）能够选择适合自己能力和兴趣的职业，而且肯努力奋斗，为获得该种职业而做准备。

（7）认真考虑、选择婚姻对象，并开始准备成家过独立的家庭生活。

（8）在知识、技能、观念等方面，都能达到作为一个现代公民所需要的标准。

（9）乐于参与社会活动，也能在社会事务中对自己的行为负责。

(10) 在个人的行为导向上,能建立起自己的价值观与道德标准。

思考与练习

1. 影响自我和人格发展的因素有哪些?
2. 如何培养健康的自我意识?
3. 如何改善人格缺陷,培养健全人格?

第十一章 主动适应

扫码看课件

学习目标

1. 了解适应的内涵。
2. 了解并适应学校生活。
3. 理解职业规划,并尽早制订职业生涯规划。

第一节 认识适应

适应的问题是每个人成长过程中都必须面对的问题,而进入中职学校生活的转换就是人生中一次重大的适应调节阶段。学会调整自己以适应新的校园生活,对自身三年的发展起着至关重要的作用。值得注意的是,适应这个问题伴随着人的一生,小至地区间的转换,大至文化间的转换都是适应的问题。

一、适应的理论观点

1. 熔炉观

与适应有关的早期理论是由德国哲学家黑格尔提出的熔炉观。在这里首先把新环境中的文化界定为新文化,而把个体原来所处环境中的文化界定为原文化。适应的熔炉观认为,原文化与新文化是一个连续体的两个极端,而每个人总是处于这个连续体上的某个位置,受到新文化的影响越多,原文化对自己的影响就会越少,最终的结果将会是被新文化完全同化。适应的过程可以理解成个体从这个连续体上的某个位置不断向新文化一端靠近的过程。举例而言,一个出生并生活在北方的同学来到南方读书以后,根据熔炉观的观点,一开始他也许会对南方的很多事情并不适应,比如不习惯南方的饮食习惯,不习惯南方的人际交往风格等。但慢慢地,他会逐渐适应,并在最后可能被同化成一个"南方人",这个时候,相对于一个北方人而言,他更像是一个南方人,甚至可能没有了北方人的特点。因此,适应的最后将会是完全同化。

2. 适应的二维模型

不难看出,熔炉观中对适应结果的理解是一种完全被新环境所同化的观点,这一观点引发了较多的争议。而贝里等人基于对适应的另一种理解提出了有关适应的二维模型。该理论认为,适应并不代表只能被新文化同化。个体在适应的过程中,可以在原文化以及新文化之间进行态度和适应模式的双向选择。根据选择的具体结果,适应的最终形式可以分为以下四类。

(1) 整合型:同时重视两种文化,在保留原文化特征的同时吸收新文化的内容。
(2) 同化型:单纯重视新文化,轻视乃至抛弃原文化。
(3) 分离型:重视并固守原文化,轻视和不接纳新文化。
(4) 边缘型:轻视两种文化,既不保留原文化,也不接纳新文化。

根据个体对两种文化的选择,会产生不同的适应结果。有关适应的二维模型的提出向我们揭示了一个重要的问题,即适应表明我们并不用放弃自身原有的一切,适应同样可以建立在保留原文化特征的基础之上。

二、适应的阶段

适应的过程因人而异,但一般可以把适应的过程分为四个阶段,分别是蜜月期、危机期、恢复期及适应期。

1. 蜜月期

适应的蜜月期一般指的是个体刚进入新环境的初期阶段。这个时候,个体会被新环境中的种种新异事物吸引,对新文化中的事物表现出陶醉甚至狂热的态度。一般在蜜月期遇到的适应问题相对较少,由适应带来的压力也相对偏小。

小红是个北方姑娘,她通过自己的努力考上了武汉一所中职学校。初来武汉的她对这个城市的一切都充满了好奇,对于将要开始的学习生活,她感到无比兴奋。周末,小红总喜欢在这个城市里到处跑,这个城市的每个角落对她而言似乎都充满了魅力。

2. 危机期

在新环境中经过短暂的蜜月期以后,个体就会进入适应的危机期。在这个阶段,他们会体验到极大的适应压力,一般表现为屡屡受挫、感觉到自己的不足并且存在极大的焦虑感。适应的危机期是适应过程中问题集中表现的阶段。

几个月以后,小红开始觉得有种莫名的不安,感到身边的事情给自己带来了很大压力,也开始看到原本自己觉得充满了魅力的这个城市不好的一面。小红抱怨食堂伙食不好,饭菜不合自己的口味,也抱怨武汉冬天太冷。还在适应新环境的她感受到了极大的挫败感,她想家,于是时常打电话给家里人哭诉自己一个人在武汉的寂寞。

3. 恢复期

危机期以后,个体将会进入适应的恢复期,在这个时候他们开始解决在新环境中遇到的各类问题,主动调整自己以应对适应所带来的问题。

经过了一段时间的焦虑期之后,小红开始有了积极应对这些事情的心态,在室友以及朋友的鼓励和帮助下,小红慢慢地不再抱怨外界,而是尝试调节自己以适应新环境中的一切。

4. 适应期

在恢复期中顺利解决适应所带来的主要问题以后,个体将会进入适应的最后阶段,即适应期。由新环境所带来的心理压力及其他负性体验都将恢复到正常水平。

经过一段时间以后,小红重新感觉到了生活在这里的快乐,她觉得自己重新充满了活力,对于未来的生活及学习也充满了期待。积极、乐观的她经常和身边的同学结伴上课,一起享受午餐的美味,空闲时也时常外出逛街,体验生活在这个城市的美好。

三、适应的常见影响因素

了解适应的影响因素,有利于我们对新环境做出合理的调节。适应会受到众多因素的影响,当然这些因素所起到的具体作用也因人而异。按照影响因素的具体来源,一般可以把它们分为外部因素及内部因素。

1. 外部因素

(1) 生活变化:进入新环境以后,生活的变化主要体现在生活环境以及生活习惯的改变上。可以说,新环境给个体生活方面带来的变化是最直观也是最直接的。这些变化包括饮食习惯、环境气候、作息节律等方面。这些因素看起来很普通,但它们对个体适应的影响是很大的。

(2) 社会支持:除了明显的生活上的改变以外,生活环境的迁移伴随着的就是社会支持来源的改变。在新环境中,基于原文化所建立起来的社会支持,如家庭、朋友、老同学等在会一定程度上因为空间距离的产生而难以给个体提供直接的支持。这个时候个体需要从新环境中建立起新的社会支持以更好地适应新环境。

(3) 文化的差异:新文化与原文化之间的差异也是影响个体适应新环境的一个重要因素。这种差异越大,给个体带来的适应难度也就越高。

除了以上提到的一些因素以外,常见的外部因素还包括新环境中面临的歧视、偏见问题以及进入新环境的时间等。当然,不仅外部因素会对个体的适应产生影响,很多内部因素也会对个体的适应产生很重要的影响。

2. 内部因素

(1) 对新环境的评价:进入新环境以后,个体对该环境的一些主观评价对适应起着一定的作用。主要的评价表现为个体在接触新环境前对它的期望与进入该环境以后所体验到的实际情况之间的差异。这种落差会给个体带来适应上的压力。对于中职学生而言,对学校环境的期待以及对所选专业的期待所带来的落差是非常常见的。很多同学在进入中职学校学习以后,发现自己所学专业与想象中的情况差异很大,这样的落差会给他们带来极大的适应压力。

(2) 人格:个体的人格差异也是影响适应的一个内部因素,具体表现在控制点以及外向性两个方面。对新环境的事物越发感到可控的个体适应起来越顺利,相反,认为新环境的事物处处不可控的人可能会在适应中体验到更多的不适。此外,由于外向性高的个体会更主动、积极与新环境中的其他个体进行互动交流,因此在一定程度上相对于外向性低的个体而言,他们更能顺利地适应新环境。

除了主观评价以及人格因素以外,其他常见的内部因素还包括性别、年龄、受教育程度、面对适应压力的调节策略等。

第二节 认识学校

身在其中的中职学生,你知道学校对你来说意味着什么吗?诚然,校园生活是人生的美好阶段,意味着我们要学习更多的文化知识,结交更多的知心朋友,有更多的自由时间……然而,又不仅仅是这些。要适应校园生活,就要从了解学校开始。

一、学校的使命

在学校里,你的任务绝不仅仅是学习书本知识,更要培养高尚的品格,树立伟大的理想,积淀人生的智慧。在学校里,一方面,你需要在广泛阅读的基础上,培养自己的独立思想,使自己具有独立判断能力和创造性思维能力;另一方面,你要塑造自己完善的品格,使自己具有博大、宽容的胸怀,能够与自己、与他人、与周围的环境和谐共处,能自主决定和承担责任。

二、学校与个人发展

学校对于我们未来的发展究竟具有怎样的作用?当你辛辛苦苦走进校园这个象牙塔时,当你在学校构筑自己的知识大厦时,你也在给自己的未来奠定美好的基础。学校能够为我们的将来提供广阔的发展空间,然而这个空间的广度需要你自己去开拓。让我们结合教育的目标以及全人教育的理念,看一看在中职教育之前你所受的教育中,你已经拥有了什么以及你还缺乏什么。

1. 教育的目标

联合国教科文组织国际教育发展委员会编著的《学会生存:教育世界的今天和明天》对教育的目标做出如下阐述:人类发展的目的在于使人日臻完善;使他的人格丰富多彩,表达方式复杂多样;使他作为一个人,作为一个家庭和社会成员,作为一个公民和生产者、技术发明者和有创造力的思想家,来承担不同的责任。

联合国教科文组织还在《教育:财富蕴藏其中》中指出:教育应当促进每个人的全面发展,即身心、智力、敏感性、审美意识、个人责任感、精神价值等方面的发展。应该使每个人尤其借助于青年时代所受的教育,能够形成一种独立自主的、富有批判精神的思想意识,以及培养自己的判断能力,以便由他自己确定在人生各种不同的情况下他认为应该做的事情。

从上面的表述中可以看出,教育应该培养人的全面发展,培养一个"全人",而不仅仅是智力的培养。然而有的学校过于强调智育,轻视或忽略了作为人的品格的发展,使人成为所谓的"单面人",成为"半脑的智慧",过度开发左脑,而忽略了右脑的开发。作为一个完整的人,我们需要用自己的整个大脑来生活,用我们的左脑学习和创造科学,用我们的右脑创造和享受艺术。

2. 全人教育的理念

全人教育即人的德、智、体全面发展的教育,是生理与心理、智力与非智力、情感与意志等协调发展的教育。塑造"全面的人"就是要培养道德高尚的人、人格独立的人、身心健康的人、智能双全的人、社会和谐的人、善于创造的人。传统教育重技术不重人文、重做事不重做人、重分数不重素质,而全人教育强调个人整体的协调发展。

全人教育即身、心、灵的教育,其目的是使个人的身体、心灵和心智达到均衡。"身体是革命的本钱",因此要教育学生珍惜生命、爱护身体,通过释放压力和适当的休闲活动,使自己的身体得到放松,调整自己的身体使之达到最佳状态。心灵即个体生命的内在本质,个体内在的精神和思想。心智即个体的思考能力、智慧、心理和性格。全人意味着身、心、灵的和谐统一。

全人教育的目的在于使个体充分并完整发展生命的潜能;把学生培养成一个有情感、有智慧、全面发展的人。全人教育重视个体作为社会中的"人"的品质——和谐、平静、合作、合群、诚实、公正、平等、同情、理解和爱。全人教育视每个学习者为独特的个体,每个学习者都是独一无二的,有不同的天赋、兴趣、气质和冲动等。

3. 学校阶段,你需要为自己做点什么?

从教育的目标和全人教育的理念中,你得到了什么启示?不管之前你所接受的教育是怎样的,从现在开始,你已经是中职学生了,这意味着你要有自我反思的能力,能够认识到自己在成长中的不足。

根据联合国教科文组织对21世纪青少年教育提出"学会认知,学会做事,学会共同生活,学会生存"的教育目标,中职学生的教育目标如下。

(1)学会做人:中职学生首先要学会做人,适应与发展的目的在于使人日臻完善;使人格成熟,不断增强自主性、判断力和个人的责任感;使人拥有正确的人生观、价值观,拥有明确的伦理道德观和是非观,能够遵守社会公德,使自己的各项行为符合新时期中职学生的行为规范。

(2)学会做事:中职学生要有敬业精神和社会责任感,要有独立的生活管理能力,独立选择、独立决断、独立处理问题的能力,以及应付各种情况和适应各种环境的能力,能够不断积累做事的相关经验,工作富有成效。

(3)学会与人相处:在现代社会中,与人和谐相处是一种人际交往的能力。中职学生应当对他人抱有尊重、真诚的态度,能够接纳他人的长处与不足,能够与他人进行良好的沟通,在沟通中建立亲密的合作关系,在相互交流与分享中促进自我和他人的成长与发展。

(4)学会学习:学习是一个终身的任务。中职学生应当热爱学习,用知识充实自己;不但要学好本专业的知识,还要有跨学科的交融能力,综合分析问题、解决问题以及在复杂信息环境下检索和判断的能力以及不断创新的能力。学会学习,不仅仅是为了获得知识本身,更重要的是获得一种认识世界的手段和能力。

第三节 适应学校

学生时期是人生的关键阶段。这可能是你第一次离开家庭生活,独立参与团体和社会生活。这可能是你第一次不再单纯地学习或背诵书本上的理论知识,而是有机会在学习理论知识的同时亲身实践。这可能是你第一次不再由父母安排生活和学习中的一切,而是由自由处理生活和学习中遇到的各类问题,支配所有属于自己的时间。面对这么多的第一次,作为刚进校园的中职学生,你准备好了吗?

一、自立，适应学校环境

对于大多数中职学生而言，上学意味着离开熟悉的环境，到一个陌生的地方求学。面对陌生的环境，来自全国各地的同学……中职学生面临着适应全新的校园环境、饮食、生活习惯、作息时间、语言等方面的挑战。对于第一次住校的学生来说，其面临的压力可能会更大：要住集体宿舍，要排队洗澡，要自己洗衣服。

不管以前你的住宿条件、生活环境多么优越，但到了学校，你都要适应新的生活、学习环境。自主、自立、自律是学校生活的主旋律。中职学生应适应这种生活方式的变化，自主而合理地处理好个人的衣食住行、学习和生活问题，培养独立生活的能力。

二、重新认识自己

有些同学觉得进入学校后自己不再是自己了，觉得"以前的我是那么优秀，现在好像人人都比我强，人人都'身怀绝技'"，失落、自卑、沮丧油然而生。而有的同学看到周围有那么多优秀的同学时则非常兴奋："真是太棒了！在这样一个优秀的群体里学习三年，到毕业时如果我能从每个人的身上学到哪怕一点点的精髓，毕业后我将是多么的优秀！"觉得自己很失落的同学是把周围同学的优秀看成对自身的威胁，看成个人成长发展的危机，而觉得很兴奋的同学则是把他人的优秀看成个人发展和学习的转机。因此我们要学会转变观念，到底是危机还是转机，这完全取决于你自己。

三、打造和谐的人际关系网

我们为什么要交朋友？想象一下，如果现在将你放到一个陌生的地方，在那里你不认识任何人，没有朋友，没有亲人，并且没有任何方式与其他人取得联系，这时，孤独、寂寞就会像一阵风刮进你的心田。可见，朋友对我们是多么重要。朋友可以使我们有归属感、安全感。一生中，你认识的人可能很多，但只有朋友才能在你的心灵留下烙印。朋友可以让你更加了解自己，朋友可以告诉你许多被你自己忽视的地方，朋友就像镜子一样可以反射出你的人生。既然交朋友对我们来说那么重要，那么我们怎样才能与同学保持良好的人际关系呢？

中职学生人际交往的需求较初中时期增加。通过人际交往，获得人际支持、认可和归属感对个人成长非常重要。然而，正处于青春期的中职学生，具有内心敏感、细腻且害怕遭到拒绝和伤害的特点，不会轻易表露自己的需求；同时，很多中职学生在与人交往时倾向于以初中时期的好友为标准来衡量对方，因而在交往中经常感到失望甚至失落。在这种情况下，很多人尽管心怀渴望，但不愿主动采取实际行动，总希望他人先主动；即使已经开始交往，但是对对方的高预期也会经常导致自己失望。

另外，与初中学生相比，中职学生的人际交往中利益冲突增多。学校是一个舞台，让很多学生有了展示自己的机会，同时也蕴含着竞争。运动会、歌唱比赛、班干部竞选、奖学金评定、勤工助学岗位竞争、综合素质测评等，这许许多多的活动和评比中都蕴含着竞争。在这些竞争中，一些人成为胜出者，同时也有一些人品尝了失落甚至失败的苦楚，这种情绪难免会影响与人交往时的态度,导致人际关系紧张。

那么,我们应该如何经营好学校的人际关系呢?在后文中我们会详细讲解,在这里我们先简要介绍一下。首先要耐心倾听,上帝给我们两只耳朵、一张嘴,就是让我们多听、少说。然而,现实生活中,我们可能说得太多、听得太少。另外,我们要乐于帮助他人。俗话说,"赠人玫瑰,手留余香",帮助他人就等于帮助我们自己。研究表明,我们总是采用尽量相同的方式回报别人为我们所做的一切。例如,如果一位同学送给我们一件生日礼物,我们就会记住他的生日,届时也给他准备一件礼物;如果一个朋友邀请我们参加一个聚会,我们就会记得邀请他参加我们的聚会。我们希望别人怎样对待我们,我们就应该怎样对待别人。

四、做好职业生涯规划

职业生涯规划,通俗地说,就是对自己的未来职业进行规划,并为之努力。中职学生要对自己的未来负责,进行职业生涯规划。《礼记·中庸》有云:"凡事预则立,不预则废。"对于很多学生而言,在中小学阶段很多时候是在父母、老师的指导下确立发展目标的,作为中职学生,需要树立自我负责和自主决定的理念。

对于接受中等职业教育的中职学生,做好自己的职业规划就是要考虑自己真正想做的是什么,对怎样才能做自己想做的事情、自己在学校中要在哪些方面有所积累、如何对待专业课学习、如何提高自己能力等方面做一个清晰的规划,并付诸实际行动,这样才能让自己的成功之路更为顺畅。

要对自己的"舞台"进行积极的自我探索,主动了解社会,明确自己的职业价值观并勇于实践,寻找到一条适合自己的发展路径。

五、管理好自己的时间

时间管理,通俗地讲,就是提高时间的利用效率,它反映了一个人对待时间的态度和价值观念,是一个人在运用时间方式上所表现出来的心理和行为特征,有效的时间管理有助于我们更好地适应学校生活。叔本华说:"普通人只想到如何度过时间,有才能的人设法利用时间。"在我们焦虑、不知所措的时候,溜掉的不仅仅是好心情,还有时间。那么,我们应该如何安排自己的时间、安排自己的生活呢?

1. 设定时间管理目标

作为学生,要能够根据自己的需要来设定自己的目标。可以思考:你怎样安排自己的学习?你如何看待自己的社会活动?你如何安排自己的休闲和娱乐?每个人根据自己的情况,为自己设定一个目标。

设定的目标应该完整、清楚、合理,并将目标分为长期目标、中期目标、短期目标。需要注意的是,目标既不应过于简单,否则即使目标达成了,也不会有成就感;也不应难度太高、不切实际,例如每天背5小时单词、每天早上5点起床慢跑20公里,这样的目标可能难以实现而成为一纸空文。目标的实现不是一蹴而成,而是由一个个并不起眼的小目标的实现堆砌起来的。

2. 进行时间规划

时间是最公平的,无论男女老少、贫富贵贱,所有人每天都只有24小时,一分不多、一秒不少。时间不可重来、不可储蓄、不可延伸、不可替代,但可以规划。对时间的不同规划方式造就了不同的人生。人与人之间的差异,很大程度上是由于对时间的处理方式不同造成的。

时间规划强调每一天的行动、每一个时段的行动,都要与未来的目标接近,所以它强调的是一种方向,以原则为中心,配合个人的使命感,始终把个人经历的焦点放在"重要"的事务上。

第四节 职业规划

梦想虽然是人们时常挂在嘴边的话题,但是不一定每个人都清楚自己的梦想。很多人都有着相类似的人生轨迹:从小认真学习,考上理想的学校,听从父母的意见选择专业,完成学业,最终走上工作岗位。但在这个过程中,你是否尝试发现自己的兴趣与爱好所在?是否会将这些兴趣与爱好与所学的知识和所积累的经验相结合,从而找到一个适合自己的职业发展方向?这些恰好是职业发展要探索的内容。

一、初识职业生涯

你还记得小时候的梦想吗?"长大了你想做什么?"这个儿时可能经常被问到的问题,现在的答案和小时候的答案还一样吗?你所选择的职业会一成不变吗?遇到挫折你会怎么办?要回答这些问题,就要先从了解职业生涯开始。

1. 理解职业生涯

(1) 职业生涯的内涵:"生",即"活着",与一个人的生命相联系;"涯",则有边际的含义,即人生经历、生活道路和职业、专业、事业。美国著名职业生涯规划大师舒伯认为,生涯是一个人一生中,不同时期不同角色的组合。我国台湾学者林清文认为,生涯就是生命意义实践的历程。

在生涯中,职业角色对生涯的影响较大。首先,人们很多需求的实现要依赖职业发展,职业角色往往为其他角色提供经济来源;其次,职业生活通常从20多岁至60多岁,占据了人生的重要阶段。可以说,选择什么样的职业其实就是选择了什么样的生活方式。

因此,职业生涯就是一个人的职业经历,是指一个人一生中所有与职业相联系的行为与活动,以及相关的态度、价值观、愿望等连续性经历的过程,也是一个人一生中职业、职位的变迁及工作、理想的实现过程。

(2) 专业、工作与职业:经常有学生会有这样的疑问,"今天我所学的专业就是将来要做的工作吗?"尤其对于一些因专业调剂而读了现在专业的学生来说更是如此。他们往往对现在的专业不感兴趣,但又无法改变现状,所以只能走一步算一步。那么,专业与未来的工作、职业有必然的联系吗?现在我们就来做一下区分。

一般来说,专业通常是指学科类别。工作则是指通过体能或心智上的努力,以产生某种结果,可能获得报酬,也可能没有报酬(如志愿工作等)。而职业是指个人在社会中所从事的并以其为主要生活来源的工作种类,如教育、医护、律师、会计等。

可以看出,上述几项内容既有关联,也有不同。学校里所学的专业知识、技能可能会对我们未来从事的工作有所帮助,但是专业并不等于职业,比如我们所熟知的马云在大学里学的是英语专业,史玉柱学的是数学专业。可见,学校的教育不是局限于专业学习,而是培养学生的自学能力、逻辑思维、独立思考能力与人文素养等,这些都将为未来的职业发展创造不同的可能。如果有困惑的你能认识到这一点,是否可以不再纠结于专业,而是全身心投入学业与自我发展中去呢?

2. 职业生涯的发展

职业生涯是一个动态发展的过程。舒伯认为,个体在职业生涯发展中将历经成长、探索、建立、维持和衰退等一系列生活阶段,在这一过程中,个体将逐步完成自身与社会环境、自我概念与现实的协调。从发展阶段来看,可以分为以下五个阶段。

(1) 成长阶段(0～14岁):这一阶段是从对职业的好奇、幻想、兴趣,到有意识地培养职业能力、逐步成长变化的过程。这一阶段又分为三个成长期:①幻想期(10岁之前):儿童从外界感知到许多职业,对自己觉得有意思和喜欢的职业充满幻想并会进行模仿;②兴趣期(11～12岁):以兴趣为中心,理解、评价职业;③能力期(13～14岁):开始考虑职业对能力的要求。

(2) 探索阶段(15～24岁):这一阶段逐步意识到职业将成为未来生活的主要部分,开始进行初步的职业尝试,此阶段的主要任务是将职业偏好具体化。这一阶段又分为三个成长期:①探索期(15～17岁):通过想象、讨论的方式考虑自己的需要、兴趣、能力、价值观及求职的机会,进行职业尝试;②过渡期(18～21岁):进入人才市场,或者进行专门的职业培训,着重现实的考虑;③尝试期(22～24岁):初步确定职业,尝试使其成为长期的工作,如果觉得不合适,将会重新选择职业。

(3) 建立阶段(25～44岁):在探索阶段之后,尝试建立职业,并且工作逐渐稳定。这一阶段又分为两个成长期:①尝试期(25～30岁):这一时期可能会变换职业,目的是选择更为满意的职业;②稳定期(31～44岁):随着职业模式变得更为清晰,从事的工作更加稳定,此时也是最具有创意和成长的时期。

(4) 维持阶段(45～64岁):工作中已经取得了一定的成绩和社会地位,主要任务是维持并提升既有成就与地位。

(5) 衰退阶段(65岁及以后):个人的体力和精力都在衰退,工作进展会减缓乃至停止。一般在此阶段,职业生涯会面临结束,许多人会退休,将生活重心从工作上转移开。

可见,职业生涯贯穿我们人生的大部分时间,职业不仅是赚钱谋生的手段,更重要的是,它是自我探索、开放潜能的过程,职业生涯探索和实践可以帮助我们了解自己的需要,获得自我满足与自我实现,让生活更有意义。

二、尽早制订职业生涯规划

学校是人生的一个关键时期,在这一阶段,一方面,中职学生从青春期逐渐过渡到成人期;另一方面,中职学生也会从学生逐渐转变成职场新人,面临着毕业后寻找自己第一份工作的任务。因此,在学习阶段认真思考自己的未来、自己的人生,无疑是必要的也是非常关键的。但是初涉社会的我们难免会经历许多迷茫和挫折,而有时校园生活的许多变化也会让我们感到茫然和不知所措。

经历了中考,从紧张的备考氛围进入宽松的学习环境,你一定有许多不适应的地方。关于未来,不知道要做什么、能做什么,只好走一步算一步。有时回头想想,反而觉得中考备考的时候更幸福,而自己却再也回不去了。对比来看,中职学校的生活相对自由,而每个人也有更多不同的选择:升学、工作、创业……然而,面对多样的选择,我们可能会有些不知所措。

摆脱迷茫的最佳方法是了解自己,找到自己愿意为之奋斗的目标,也就是你的内心愿望,并制订行之有效的行动计划。这时你可以借助职业生涯规划的方法,它通常是围绕着自我探索、职业世界探索和生涯决定三个维度展开的,一个好的职业生涯决定必须在充分了解自己和工作世界的基础上做出,然后根据职业生涯决定的目标制订行之有效的行动计划。

三、把握职业选择的方向——职业方向盘

现在请你来尝试职业生涯探索吧。职业生涯探索包括两个方面的内容:自我探索和职业世界探索。而关于这两个部分又具体包括哪些内容这个问题,职业生涯咨询研究学者们众说纷纭。职业方向盘可以非常清晰、简明地帮助你找到探索的方向,并且非常容易记忆,便于你借助它随时解决遇到的任何生涯困惑。

职业方向盘将自我探索和职业世界探索各归纳为两大方面(图11-1)。在自我探索方面,内容包括人格特质、价值观、兴趣和技能等因素,这些因素决定了你是一个什么样的人、你如何做事情以及你期望成为一个什么样的人等。在职业世界探索方面,内容包括职业机会、工作与生活经历、教育背景以及重要他人等因素,这些因素影响着你现实的职业生涯选择。

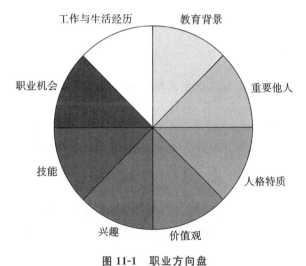

图11-1 职业方向盘

思考与练习

1. 谈谈你打算如何更好地适应中职学校生活。
2. 谈谈你对职业生涯规划的理解,以及如何找到一个适合自己的职业发展方向。

第十二章 告别依赖

扫码看课件

学习目标

1. 了解中职学生常见的不适应现象和产生的原因,学会缓解适应不良的常用方法。
2. 培养自己的自立能力和树立自强精神。

第一节 适应中职生活

经典案例

李某,女,中职一年级学生。她从小学至初中都是乖巧听话的好学生,老师和同学对她的评价都不错。初中毕业后,她如愿以偿,以较高的总分考入某中职学校对口升学班。

进入中职后,学校很重视她,她被选为班委和团委干部,开始的时候学习成绩也不错。但她渐渐感到自己在同学中不像初中那样受欢迎,而且还发现一些考试成绩不如她的同学,在知识面、社会阅历、社会适应能力等方面比她强。在宿舍里,一些家庭教育条件好的同学谈天说地,她插不上嘴。她渐渐地有了失落感。一年级上学期期末考试,一些原来考试成绩不如她的同学的成绩与她的差距开始缩小,特别是其中一位对她"威胁"最大的女同学,总分比她高1分。她原本想着来到中职,成绩一定会遥遥领先的,她心里很不是滋味,书也看不下去了,行动也开始变得懒散。一年级下学期开学后,她十分注意那位女同学,女同学做什么她就做什么。上课注意力不能集中、思维迟钝,老是不由自主地注视那位同学,之后开始出现失眠,而且不想住学生宿舍,渐渐产生恐惧,害怕见到校门、宿舍的床、课桌,更不敢提那位女同学的名字。她服用了校医开的安定类药物后,睡眠有所好转,但情绪问题仍未解决,成绩开始下降,测验成绩竟然有几门课不及格,她因此丧失信心,十分想念过去,总想找回以前自信且优越的感觉,又觉得再也不可能了,也不敢参加期中考试,认为肯定会失败;老想大哭一场,又不敢在学校流露情绪,回到家里书看不进去,作业做不下去,坐在书桌前发呆或莫名其妙地流泪……

李某表现出了多种情绪症状,如紧张不安的焦虑状态,信心丧失的抑郁状态,无法自控地注意他人的强迫状态,对学校、对同学的恐惧状态等;同时,又表现出了学习时无法积极思考、上课听不进去、作业做不下去等能力障碍。她过去一直没有类似表现,仿佛忽然变了一个人,从这不难看出，进入新的学习环境后，她在同学中地位的改变是产生症状的主要刺激源，在自己成绩不能遥遥领先时，不能正确应对，从而导致症状出现。诊断：学校适应不良综合征。

类似的现象可能很多中职学生会碰到，面对新的环境、新的老师、新的学习任务、新的学校管理方法，特别是自己在同学中的地位变化，包括正式班级群体以及朋友圈等非正式群体的人际关系的变化，社会角色的变化，有的同学会因心理适应不了，而产生困惑、烦躁、焦虑、恐惧等不良情绪，甚至自暴自弃。

那么，你现在的心理适应状况如何呢？请先自我把把脉。

自我把脉

心理适应性测量表

心理适应性主要指人的各种个性特征互相配合起来适应周围环境的能力。一个人能否尽快适应新环境，能否处理好复杂、重大或危急的特殊情况，与他（她）的心理适应性强弱有很直接的关系。你的心理适应性如何？这里介绍一种简易的心理适应性测量表，你不妨做一做，了解一下自己的心理适应性现状。本测量表共20道题，每题有5个选项。请在阅读每题后，从5个选项中选择最符合你实际情况的一种，在下面画一横线。

1. 假如把每次考试的试卷拿到一个安安静静、无人监考的房间里去做，我的成绩一定会好一些。
   A. 很对　　　B. 对　　　C. 无所谓　　　D. 不对　　　E. 很不对
2. 夜间走路，我能比别人看得更清楚。
   A. 是　　　B. 好像是　　　C. 不知道　　　D. 好像不是　　　E. 不是
3. 每次离开家到一个新地方，我总爱闹点毛病，如失眠、拉肚子、皮肤过敏等。
   A. 完全对　　　B. 有些对　　　C. 不知道　　　D. 不太对　　　E. 不对
4. 我在正式运动会上取得的成绩常比体育课或平时练习成绩好些。
   A. 是　　　B. 似乎是　　　C. 说不准　　　D. 似乎不是　　　E. 正相反
5. 我每次明明把课文背得滚瓜烂熟了，可在课堂上背的时候，却总会出点差错。
   A. 经常是　　　B. 有时是　　　C. 说不准　　　D. 很少这样　　　E. 没有这样
6. 开会轮到我发言时，我似乎比别人更镇定，发言也显得很自然。
   A. 对　　　B. 有些对　　　C. 不知道　　　D. 不太对　　　E. 正相反
7. 冬天我比别人更怕冷，夏天比别人更怕热。
   A. 是　　　B. 好像是　　　C. 不知道　　　D. 好像不是　　　E. 不是
8. 在嘈杂、混乱的环境里，我仍能集中精力地学习、工作，效率并不大幅度降低。
   A. 对　　　B. 略对　　　C. 吃不准　　　D. 有些不对　　　E. 正相反
9. 每次检查身体，医生都说我"心率过快"，其实平时我心率很正常。
   A. 是　　　B. 有时是　　　C. 时有时无　　　D. 很少有　　　E. 根本没有
10. 如果需要的话，我可以熬一个通宵，精力充沛地工作或学习。

A. 是 　　　　B. 有时候是　　　C. 无所谓　　　D. 很少是　　　E. 完全不是

11. 当父母或兄弟姐妹的朋友来家做客时,我尽量回避他们。
A. 是 　　　　B. 有时是　　　　C. 不一定　　　D. 很少是　　　E. 完全不是

12. 出门在外,虽然吃饭、睡觉、环境等变化很大,可是我很快就能习惯。
A. 是 　　　　B. 有时是　　　　C. 不一定　　　D. 很少是　　　E. 完全不是

13. 参加各种比赛时,赛场上越热烈,观众越喊加油,我的成绩反而越上不去。
A. 是 　　　　B. 有时是　　　　C. 不一定　　　D. 很少是　　　E. 不是

14. 上课回答问题或开会发言时,我能镇定自若地把事先想好的一切都完整地说出来。
A. 对 　　　　B. 较对　　　　　C. 不一定　　　D. 不太对　　　E. 不对

15. 我觉得一个人做事比大家一起做事效率高些,所以我愿意一个人做事。
A. 是 　　　　B. 好像是　　　　C. 不一定　　　D. 好像不是　　E. 不是

16. 为了求得和睦相处,我常常放弃自己的意见来附和大家。
A. 是 　　　　B. 有时是　　　　C. 不一定　　　D. 很少是　　　E. 根本不是

17. 当着众人或生人的面,我感到窘迫。
A. 是 　　　　B. 有时是　　　　C. 不一定　　　D. 很少是　　　E. 不是

18. 无论情况多么紧迫,我都能注意到该注意的细节,不丢三落四。
A. 对 　　　　B. 较对　　　　　C. 不一定　　　D. 不太对　　　E. 不对

19. 和别人争吵起来时,我常常哑口无言,事后才想起该怎样反驳对方,可是已经晚了。
A. 是 　　　　B. 有时是　　　　C. 不一定　　　D. 很少是　　　E. 不是

20. 我参加正式考试或考核的成绩,常常比平时的成绩更好些。
A. 是 　　　　B. 有时是　　　　C. 不一定　　　D. 很少是　　　E. 不是

计分方法:

(1) 凡单号题(1、3、5……),从 A 到 E 5 个选项依次记 1、2、3、4、5 分,凡双号题(2、4、6……),从 A 到 E 5 个选项依次记 5、4、3、2、1 分。

(2) 全部 20 题得分之和与心理适应性的关系如下:81～100 分说明适应性很强;61～80 分说明适应性较强;41～60 分说明适应性一般;21～40 分说明适应性较差;0～20 分说明适应性很差。

从小学到初中,从初中到中职,从天真烂漫的童年到多愁善感的青少年,一次次的转变,一次次的飞跃,敲打着人生的节拍,也撞击着我们的心灵。面对新的环境、新的变化、新的角色、新的开始、新的期望,任何人都会产生一些心态失衡,都会充满这样或那样的困惑。其实随着环境的改变,出现一点点困惑是必然的。我们不必有太多的抱怨,也不必逃避,更不要灰心,而应勇敢地面对它,慢慢地接纳它、喜欢它、积极地适应它。我们要勇敢地面对新的挑战,适应新的环境,把握新的机遇,建立新的目标,开创新的人生。

一、中职新生常见的不适应现象

(1) 面对新环境、新老师、新同学,产生陌生感和不适应。

(2) 大多数同学是原来初中的学习基础不够扎实或中考发挥失常的学生,来中职学习后稍微用功一点,在同学中的成绩就会很快上升,原以为来中职学习不会有太大竞争与压力,结果想象中的情况与现实情况相差甚远,因而产生挫折感、失落感,对新旧角色的转变不适应。

(3) 由于中职课程增多,除了文化课,还有实训课,操作性和技术性的要求大大提高,会产生顾此失彼、手忙脚乱的现象,对学习广度和内容不适应。憧憬未来,但对中职学习的困难程度估计不足。

(4) 留恋初中的学习生活,对中职新的集体生活不适应,产生焦虑和孤独感,对于小学和初中阶段走读,中职改寄宿的同学这种感觉尤其突出。

二、适应不良的形成因素

1. 环境改变

来到新的环境,人生地不熟,大家看到的不再是朝夕相处的同伴,而是一张张陌生的面孔,面对新的集体、新的老师、新的同学,需要重新构建自己新的人际关系网。

2. 学习变化

与初中学生相比,中职学生的学习内容和形式有了新的特点。在内容上,不仅课程的门类增多,每门学科的内容深度增加了、难度提高了,而且各学科体系化和技能化的要求更高。在方法上,要求比初中更有自学和独立思考的能力以及实践操作能力。课外举一反三的练习和实训比重增大。

3. 气质、性格差异

一般来说,热情奔放、活泼开朗的学生,能较快适应新的环境。而相对含蓄、沉静,不善于与人交往的同学,融入新环境的速度慢一些。从性格上说,外向型性格的学生一般比内向型性格的学生适应快一些,效果好一些。

4. 心理准备不足

部分同学事先没有充分估计升入新学校的各种变化,用旧眼光来衡量和评判新环境中的人和事,认为过去的同学亲切,现在的同学形同路人;过去的老师喜欢自己,现在的老师并不在乎自己等;这种不合理的比较,常常会使同学们感到异常孤独、难受。同时,许多同学把中职生活过分理想化,认为能够进入中职读书,一切将会非常顺利和美好,而没有估计到可能存在的种种困难,所以一遇到挫折容易产生失望和挫败感。

5. 承受压力过大

进入中职后,不论是家长、老师还是学生自己,对同学们的未来都充满了美好的期望,这种期望给大家造成了很重的心理压力。而正如平常所说,期望越大,失望越大。面对这种过高的期望与自身的学习现状形成的巨大反差,学生内心受到冲击,精神受到打击,心理承受的压力比一般的人更大。

三、学会缓解适应不良

1. 正确认识自己所处的环境,尽快熟悉环境

主动了解学校各方面的情况,增加对学校的认识,消除陌生感,提高生活自理能力。对于中职学生来说,进入新的学校学习时,因缺乏心理准备,对新环境不了解,而感到有所不适应,这都是正常现象,只要我们理智地认识到不适应的原因,调节自己的心态,就能排除心理障碍,愉快地开始新的学习生活。增强对新集体的亲切感,促进彼此相互了解,学会与他人友好相处,善待他人,这样我们也会得到他人的一份关爱。从而在一个新的集体中不感到寂寞、孤独。

2. 结交新朋友,不忘老朋友

积极参加学校组织的各种活动,以欣赏的眼光看待事物,以开放的心胸接纳周围的人,多与同学、老师交流思想,沟通情感,尽快融入新的集体,建立融洽的人际关系。

3. 调整心态,做好角色转换

一个人随着环境的变化,会产生心态的变化,可见环境的变化是心态变化的诱因。我们要较好地适应新环境,就必须调整好自己的心态。

4. 改进学习方法,制订学习计划

中职各科的学习更注重抽象和理性思维方式,要求学生有更强的分析、概括、综合、实践能力。所以,如何从机械性记忆向理解性记忆过渡,从分析问题的单一性、片面性向全面性、发散性发展,从"题海战术"向注重题型的归类和解题规律的探求过渡,则是中职新生的当务之急。

同学们要注意改变初中的学习习惯,培养自己的自学能力,学会合理安排学习与生活,尽快适应中职课程的学习。

与初中课程相比,中职课程具有以下几个特点:

(1)理论性增强:初中不少知识仅要求做初步的了解,只进行静态性研究,强调直观形象,而中职则要做本质、动态、定量的研究,抽象性和概括性都更强,不但要求学生"知其然",还要"知其所以然"。

(2)知识量增大:各学科不仅难度增大,而且知识内容的"量"、单位时间内接受的信息量急剧增加。

(3)综合性增加:中职学习中,要解决任何一门学科的问题,都不是单纯地直接运用一种知识或一种技能就能完成的,它需要运用多种知识,在阅读、写作(表达)、思维、计算和实验等方面的能力都比初中的要求高。

(4)系统性增强:中职课程要求以某些基础理论为纲,把基本概念、基本原理、基本方法联系起来,构成一个比较完整的知识体系。

学习的形式也由教师的教会变为教学,学生的学会变为会学,学生的角色由被动转为主动,更强调课前的预习、课内的思考、课后的复习和巩固。对此,同学们要及时调整自己的学习方法。

首先,在上新课前,应了解各科的结构、内容、课时安排等情况,了解各科的特点、教学要求,真正认识到中职课程与初中课程的不同,学习方法也应进行相应的改进。

其次,改进学习方法。"最有价值的知识是关于方法的知识",良好的方法是从宝库中获取知识的途径和手段。通过老师的方法介绍,同学间的经验交流,寻求切合自身实际的学习方法和途径,提高自学能力,提高学习效率,养成良好的学习习惯。

最后,经常总结学习经验、教训,清楚自己的学习状态,正视自己的不足,找到原因,正确认识和评价自己,重新定位,并以积极的态度面对挫折、战胜挫折,提高心理承受能力和自我调节能力。善于寻求帮助,主动向周围的人学习一些必要的适应方法。面对生活或学习上的问题和困难,自己不能解决时,向老师、父母和同学请教,也可以到学校心理咨询室向专业的心理老师倾诉来寻求帮助。

我们要制订一个计划,尽快将自己的注意力转移到学习上来。这个计划包括近期计划和远期计划。比如,制订一个一天计划,一周计划,一个月计划,一学期计划,一年计划,把应该做的事一一列出来。只有做到计划周密、目标明确,才能安下心来认真学习。我们也可以找一个与自己学习程度接近的同学共同制订计划,这样还可以起到相互监督、相互鼓励的作用。

5. 培养良好的生活习惯

良好的生活习惯是确保顺利、成功度过中职阶段的一个重要基础。中职学生精力旺盛,又处于长身体、长知识的阶段。为了达到身心健康的目的,从中职一年级开始,就应该重视培养良好的生活习惯,预防不良生活习惯的形成。

首先,要合理地安排作息时间,形成良好的作息规律。因为有规律的生活能使大脑和神经系统的兴奋和抑制有规律地交替进行。久而久之,能在大脑皮质上形成动力定型,这对促进身心健康是非常有利的。而且坚持按作息时间表学习、生活,将使我们比较容易形成良好的行为习惯。研究表明,中职学生的睡眠时间每天不得少于 8 小时,最好能坚持午饭后进行午睡。

其次,要进行适当的体育锻炼和文娱活动。"文武之道,一张一弛。"学习之余参加一些文体活动,不但可以缓解刻板、紧张的生活,还可以放松心情,增加生活乐趣,有助于提高学习效率。听音乐、跑步、做操、打球等都有助于增强体质,提高机体对疾病的抵抗力,这是一种积极的休息。实践证明,7 小时的学习加上 1 小时的文体活动,其学习效果比不参加体育活动,进行 8 小时学习的学习效果要好。所以,同学们最好每天抽出固定的一段时间进行文体活动。

最后,要保证合理的营养供应,养成良好的饮食习惯。营养学家们的研究证明:早餐吃饱、吃好,对维持血糖水平稳定是很有必要的。每天用餐应定时定量,不挑食偏食,加强全面营养,坚持饮牛奶或豆浆,还要多吃水果和蔬菜。

第二节　学会自立自强

一、培养自己的自立能力

自立是不依赖别人,而依靠自己的努力做事的精神品质。自立是一种自我生存的意识与能力,包括自立意识和自立能力,它们相互影响,相互促进,是现代人追求的一种优秀心理品质。自立是走向成功的第一步,那么我们怎样在中职阶段培养自己的自立能力呢?

1. 生活自理,自己的事自己做

学会生活自理,有助于自立自强。有些同学在生活上丢三落四,缺乏自制自理能力,主要原因是缺乏主人翁意识,养成了事事依赖他人的习惯。为了培养自制自理能力,就必须坚持自我服务,就是自己料理自己的生活和保持周围环境清洁卫生,包括家庭生活服务劳动和学校自我服务劳动。这些劳动有利于培养我们关心集体、关心他人的良好思想品质。

2. 进行自我规划、自我管理和自我评价

自我规划就是自己给自己提要求、定任务,安排时间做自己想做的事,比如,怎样听课、怎样预习与复习、如何做作业、参加什么课外活动、做什么游戏、帮家长做什么等。自我规划一般是半个月一次或一个月一次。

有了自我规划,就需要把规划付诸行动。这涉及如何合理安排时间。时间管理是一切管理的关键,所以也是自我管理的核心。要合理安排时间,就必须做好两点:首先,要有时间观念,对每天做的事情做出合理安排;其次,要有守时观念,规定什么时间做什么就做什么,做到专心致志,注意时效。

在自我管理的同时也应进行自我评价。比如,该不该这样做?这样做有什么好处?不这样做有什么损失?如何做?选哪种方法最合适?当事情过后,再做一番思考看是否达到预期目标,有什么经验、教训等。这样才能正确判断和评价自己的言行举止,并对自己的所作所为负责。

3. 学会独立思考,培养自学能力

一个自立的人,首先必须头脑清醒,善于独立思考,善于探索。独立思考是极其重要的思维品质,是人创造活动的前提。爱因斯坦说过:"发展独立思考和独立判断的一般能力,应当始终放在首位,而不应把获得专业知识放在首位。如果一个人掌握了他的学科基础理论,并且学会了独立思考和工作,他必定会找到他自己的道路,而且比起那种主要以获得细节知识为其培训内容的人来说,他一定会更好地适应进步与变化。"爱因斯坦还说过:"学习知识要善于思考、思考、再思考,我就是靠这个学习方法成为科学家的。"

4. 树立自信心

自信心是人的重要人格品质。它建立在自我意识的基础之上,是自主精神的主要内容。自信心强的人,相信自己的力量,不指望依赖别人的帮助,确信自己经过努力,一定能有所作为。爱默生说:"自信是成功的第一秘诀。"

二、努力树立自强的精神

自强是指一个人积极主动地提升自己的意愿和行为。在中职阶段,培养学生的自强精神是非常重要的,它有助于学生在职业生涯中克服困难,有助于培养学生的独立性和自信心,应对挫折和压力,不断提升自己的能力。那么有哪些方法可以培养自强精神呢?

1. 设定明确的目标

(1) 应该学会设定具体、可衡量、可达成的目标。

(2) 目标可以帮助我们保持动力,持之以恒地前进。

2. 持之以恒

(1) 需要明白成功需要时间和努力。

(2) 培养坚持不懈的能力是树立自强精神的一部分。

3. 自我反思

(1) 应该学会反思自己的行为和决策,以使自己改进和成长。

(2) 自我反思有助于了解自己的优点和不足。

4. 克服困难

(1) 挑战自己:挑战是成长的机会。面对挑战,应该积极寻找解决方案。

(2) 接受失败:失败是成功的一部分,每个人都应该学会从失败中吸取教训。明白失败不是终点,只是一个暂时的挫折。

5. 积极思维

(1) 积极思维有助于学生应对挫折。

(2) 学生应该学会看到问题中的机会。

6. 解决问题

(1) 自强精神包括解决问题的能力。

(2) 学生应该学会寻找创新的解决方案。

7. 自我激励

(1) 制订计划:这有助于学生保持目标导向,同时可以帮助他们管理时间和资源。

(2) 寻找激励:应该明白激励分为内部激励和外部激励,学生可以通过自我激励来保持动力。

思考与练习

1. 面对新的学习环境,你有哪些心理适应不良?你是如何处理的?
2. 如何培养自己的自立能力和树立自强精神?

第十三章 善与人处

扫码看课件

学习目标

1. 了解人际交往的重要性。
2. 了解中职学生在人际交往中存在的问题。
3. 掌握人际交往的原则及人际交往技巧,并能在生活中灵活运用。

第一节 人际交往概述

一、人际交往的重要性

人际交往是人与人之间相互传递信息、沟通思想和交流感情,从而在心理上和行为上相互影响的过程。美国心理学家沙赫特曾做过一个实验:他以每小时15美元的高薪招聘应试者到他创设的一个小房间里去居住,居住的时间越长,得到的报酬越多。这个小房间完全与外界隔绝,没有报纸,没有电话,听不到外界的声音,也找不到人聊天,每天只供应饮食等必需的用品。先后有4人应聘参加了这个实验。实验结果:2个人在小房间里待了2小时,2个人待了2天,只有1个人待了8天。这个待了8天的人出来以后说:"如果再让我在里面多待1分钟,我就要疯了。"生活在社会中,每个人都需要人际交往。一旦失去人际交往,人们将会产生恐惧感和孤独感,从而给心理健康带来严重的危害。

二、中职学生人际交往中存在的常见问题

1. 以自我为中心

以自我为中心主要表现为强调别人应该承认、理解、接受和尊重自己,而不能以平等的态度去认识人和事,不能意识到别人对同一事物的看法和观点,对人和事的看法带有强烈的主观性。这种以自我为中心的交往方式在中职学生中是比较普遍的。青少年自我意识的觉醒,使得他们具有很强的自主判断、自主评价的倾向,容易从自己的角度考虑问题,只强调社会应理

解自己,喜欢指责他人,抨击社会,忽视平等、互助基本交往原则,以自我为中心,不考虑对方的需求,这样的交往必定以失败告终。

2. 自卑

自卑是一种过低的自我评价。自卑的浅层感受是别人看不起自己,而深层的体验是自己看不起自己,即缺乏自信。有自卑心理的学生在交往中常常畏首畏尾,遇到一点挫折便怨天尤人。如果受到别人的耻笑与侮辱,更是甘咽苦果、忍气吞声。实际上自卑者并不一定能力低下,常常是因为对事物的期望值过高,不切实际,在交往中总希望自己的形象理想完美,害怕受挫或遭到他人的拒绝与耻笑。自卑者在平时的人际交往中总是缩手缩脚,不能充分展现自己的风采。

3. 恐惧、惧怕

具有恐惧、惧怕心理的人,除了几个亲近的人之外,他们很难和外界沟通,在人多的地方会觉得不舒服,担心别人注意到他们、担心被批评、担心自己格格不入,情况轻微的人还可以正常的生活,情况严重的人无法正常求学或工作。造成恐惧的原因通常是有过失败经历,而害怕使自己产生痛苦的体验,这种体验是通过预测得来的间接体验。恐惧社交的人常表现为对人际交往敏感,害怕因交往而使自己受伤害,久而久之,拉大了自己与周围人的距离,妨碍了自己与他人的交流沟通。

4. 嫉妒

嫉妒是一种消极的心理品质,是对与自己有联系而强过自己的人的一种不服、不悦、失落、仇视,甚至带有某种破坏性的危险情感,是通过自己与他人进行对比而产生的一种消极心态。它的特点是针对与自己有联系的人,往往指向与自己职业、层次、年龄相似而超过自己的人。大多数嫉妒心理潜伏较深,行为表现较为隐秘。嫉妒容易使人产生痛苦、忧伤、攻击性言论和行为,导致人际冲突和交往障碍。

5. 猜疑

具有多疑心理的人,往往先在主观上设定他人对自己不满,然后在生活中寻找证据。带着猜疑心理的人,把无中生有的事实强加于人,甚至把善意曲解为恶意。这是一种狭隘的、片面的、缺乏根据的盲目想象。具有猜疑心理的人容易偏激,对他人的言行敏感、多疑、不信任,人际关系常陷入僵局。猜疑产生的心理原因是过分地关注自己的利害得失,与自私心理联系紧密,其思维定式就是怕别人损害自己。

6. 自负

自负在人际交往中表现为傲气轻狂、居高临下、自夸自大,过于相信自己而不相信他人,只关心个人的需要,强调自己的感受而忽视他人。与同伴相聚,不高兴时会不分场合地乱发脾气,高兴时则手舞足蹈地讲个痛快,全然不考虑别人的情绪和态度。与熟识的人相处,常过高地估计彼此的亲密程度,使对方出于心理防卫而与之疏远。

7. 羞怯

羞怯心理是绝大多数人都会有的一种心理。具有这种心理的人,往往在交际场合或大庭广众之下羞于启齿或害怕见人。由于过分的焦虑和不必要的担心,羞怯的人在言语上支支吾吾,行动上手足失措。长此以往会不利于与他人正常交往。羞怯在学生的人际交往中常常表现为腼腆,动作忸怩、不自然,面色绯红,说话音量低而小,严重者怯于交往,对交往采取回避的态度。过多约束自己的言行,无法充分表达自己的愿望和情感,也无法与人沟通,造成交往双方的不理解或误解,妨碍了良好人际关系的形成。

8. 自私

在人际交往中,自私经常左右着人们的思想和行动。人际交往中自私者往往以"我"为中心,以"我的利益"为半径,以"我的一切"为准则。这种只顾个人利益,不顾别人利益的心理即自私。自私的人纯粹以功利性和实用性看待人际关系。凡是对其有利的就不顾一切往前冲,对其不利的又不顾一切往回缩或推诿,"人不为己,天诛地灭"就是典型的自私观念。

9. 自我封闭

自我封闭的表现是把自己的真实思想、情感、欲望掩盖起来。严重者对任何人都不信任,怀有很深的戒备心,隔断了自己与他人的交往。大多数学生承认在人际关系中和同学保持融洽关系还比较容易,但与其他人做知心朋友很难或比较难。自我封闭的原因一是自我保护意识很强,不愿意向别人敞开心扉,有什么事喜欢闷在心里,很少暴露自己真实的一面;二是学生中独生子女的比例较大,缺乏对他人的关心和尊重,个人意识强,偏向自我。自我封闭的人人为地在自己与社会、集体、同学和家庭之间筑起了一道心理屏障,影响学习和工作,妨碍自己的全面发展。

第二节　人际交往的原则和技巧

经典案例

课堂上,来自农村的小花同学被老师点名上讲台做自我介绍,害羞的小花鼓起勇气走上讲台,但满是乡音的"普通话"引起了教室里的一阵骚动。此时,班上喜欢嘲笑别人的小明、冷漠的小琪、热情大方的小澄……

请同学们分小组进行角色扮演,用心体验角色感受,交流角色扮演过程中的感悟。

(1) 请小花的扮演者说说你的感受。

(2) 请大家说说观看表演后这些角色给你的感受。

(3) 如果你是小花的同学,你愿意和谁交往?为什么?

一、人际交往要遵循的原则

每个人都离不开人际交往,在人际交往过程中,我们每个人都希望得到别人的尊重和喜爱。要想得到别人的尊重和喜爱,我们就要先尊重别人,宽容待人。那么在人际交往过程中,我们需要遵循哪些原则呢?

1. 平等原则

人与人之间的关系是平等的,人与人之间只有社会分工的不同,没有高低贵贱之分。现实生活中你会发现每个人有很大的差别,有的人性格内向,有的人活泼外向,有的人口才好,也有的人较少开口说话……但无论如何,所有人都是平等的。不论职位高低、能力大小、经济收入多少,我们都要平等相待,一视同仁,相互尊重,不卑不亢。

2. 尊重原则

尊重包括两个方面:自尊和尊重他人。自尊就是在各种场合都要尊重自己,维护自己的尊严,不要自暴自弃。尊重他人就是要尊重他人的生活习惯、兴趣爱好、人格和价值。孟子说:"爱人者,人恒爱之;敬人者,人恒敬之。"一个懂得尊重他人和被人尊重的人,在人际交往中能更加理性地面对问题和解决问题。

3. 真诚原则

真诚就像一块敲门砖,可以消融你我心灵的坚冰。只有以诚待人,胸无城府,才能产生情感的共鸣,才能收获真正的友谊。口是心非、虚伪傲慢的人是难以有朋友的。

4. 宽容原则

在人际交往中,难免会产生一些不愉快的事情,甚至产生一些矛盾冲突。这时候我们要学会宽容别人,不斤斤计较,正所谓退一步海阔天空。不要因为一些小事而陷入人际纠纷,因为陷入人际纠纷会浪费我们很多时间。

5. 交互原则

人际交往中喜欢与讨厌、接近与疏远是相互的。因此,在人际交往中,应遵循交互原则。对于交往的对象,我们应主动敞开心扉,接纳、肯定、支持、喜欢他们,保持在人际关系中的主动地位,这样别人才会接纳、肯定、支持、喜欢我们。

二、人际交往的技巧

人际交往的技巧就是人际交往的润滑剂,掌握了人际交往的技巧,就可以在交往中如鱼得水,建立良好的人际关系。

1. 留下良好的第一印象

心理学上有一个名词叫"首因效应",意思是说人们很容易根据第一印象来决定之后对某个人的判断。据研究,初见一个人,45秒内就能产生第一印象。因此,第一次见面时呈现出的表情、姿态、仪表、服饰、语言、眼神等印象,虽然零碎甚至肤浅,但会给人们带来先入为主的印象。

那么,如何给人留下良好的第一印象呢?

(1) 衣着仪表得体:有些人习惯不修边幅。这本来属于个人私事,不过到一个新环境里,别人对你还不完全了解,过分随便有可能引起误解,产生不良的第一印象。当然,衣着仪表得体并不是非要用名牌服饰包装自己,更不是过分地修饰,因为这样反而给人一种"油头粉面"和轻浮浅薄的印象。

(2) 主动向对方打招呼:俗话说"一回生,二回熟",对于陌生人来说,你先开口向对方打招呼,就等于你将其置于一个较高的位置。以谦恭、热情的态度去对待对方,一定能叩开交际的大门。如果你能用自信、真诚的目光正视对方的眼睛,更会给对方留下深刻的印象。

(3) 待人不卑不亢:不卑,就是不卑躬屈膝,做出讨好、巴结别人的姿态;不亢,就是不骄傲自大。卑躬屈膝有损自己人格,骄傲自大则会引起别人反感。

(4) 言行举止讲究文明礼貌:孔子说"不学礼,无以立"。礼仪能体现一个人乃至一个国家的素质,礼仪是律己、敬人的一种行为。做好文明礼仪,我们要从生活中的点滴做起,从学生日常行为规范做起：穿校服，发式合乎要求，不留怪发，不穿奇装异服；说话文明，举止大方；爱护公物，保护环境；尊敬师长，关爱同学；遵守交通规则，不闯红灯；讲究卫生，不乱扔纸屑等。文明是一种品质，文明是一种修养，我们是校园文明的创造者，更是校园文明的受益者，养成良好的文明礼仪习惯将受益终身。

2. 学会微笑

微笑是一种无声的语言，它显示出一种力量、涵养和暗示。微笑对于树立形象能发挥极大的作用。从原始人发出第一次笑声起，笑就开始在人类社会中具有一种价值。从本质上说，笑是一种受所在文明支配的社会现象，所以在社会中，笑成了"具有人性"的一个特征。世界上如果真有一个永远不对任何人微笑的人，那么这个人一定可怕也可怜，因为他的心理是阴暗的。微笑是一种宽容、一种接纳。微笑虽然无声，但它是人类最美的语言。

3. 学会倾听

学会倾听，不仅可以获得更多的信息，更重要的是，这是一种尊重他人的表现。如果把日常生活中人际关系好与人际关系不好的人进行比较，可以发现，越是善于倾听的人，人际关系就越好。

听是每个人与生俱来的能力，是一个正常的生理过程，是听觉器官对声波的一种单纯感受，听不等于倾听。只是被动地接收信息传递者发出的信息，或许入了耳，但入不了心。倾听是指行为主体通过视觉、听觉等媒介接受、吸取和理解对方思想、信息和情感的过程。

真正的倾听，是要用心、用眼睛、用耳朵去听，以下是倾听的技巧。

（1）要有良好的精神状态。

（2）及时用动作和表情给予回应。

（3）使用开放性动作。

（4）必要时沉默。

（5）适时适度地提问。

（6）不要随便打断别人讲话。

4. 勇于道歉

假如你是对的，就要试着温和地、巧妙地让对方认同你；而假如你错了，就要迅速而真诚地承认错误。这比争辩有效得多。有人说："用争斗的方法，你绝不会得到满意的结果，但用让步的方法，收获会比预期的高出许多。"你永远不会因认错而导致麻烦。承认自己错了是沟通的润滑剂，可解决、改善与转化沟通的问题。

心理测验

请完成一个小测验来考察一下你的人际交往能力。下面是25个测试题，如果做肯定回答，请选择"是"，反之请选择"否"。

1. 你在旅行途中，是否容易结识新朋友？　　　　　　　　　　　　　　　是　否
2. 你是否喜欢举行联欢会？　　　　　　　　　　　　　　　　　　　　　是　否
3. 你是否喜欢团体游戏？　　　　　　　　　　　　　　　　　　　　　　是　否
4. 你曾经在飞机或火车上主动与陌生人攀谈吗？　　　　　　　　　　　　是　否

5. 你乐于见到久别重逢的朋友吗？ 是 否
6. 你会不会和一个你不喜欢的人来往？ 是 否
7. 度假时,你喜欢热闹的地方而不是人少的地方,是吗？ 是 否
8. 你是否认识很多人？ 是 否
9. 你晚上不喜欢独自在家,而喜欢到热闹的舞厅或其他类似的地方去,对吗？ 是 否
10. 你是否喜欢蹦迪？ 是 否
11. 路上遇见讨厌的人,你会装作没看见吗？ 是 否
12. 你很喜欢参加游戏,而且不在乎输赢吗？ 是 否
13. 你喜欢接触不同的人吗？ 是 否
14. 你家经常有很多朋友来吗？ 是 否
15. 你喜欢用写信的方式联络他人,胜过打电话联络,对吗？ 是 否
16. 即使你并不欣赏某些人,但你还是会寄圣诞卡、明信片给他们,对吗？ 是 否
17. 你很在乎别人对你的看法吗？ 是 否
18. 你喜欢认识陌生人吗？ 是 否
19. 如果某个房间里全是陌生人,你进去会觉得很无聊吗？ 是 否
20. 你喜欢和小孩玩吗？ 是 否
21. 在朋友家做客,有一道菜你觉得很难吃,但出于礼貌你还是会吃它吗？ 是 否
22. 你很喜欢交朋友吗？ 是 否
23. 你是否知道大部分邻居的名字？ 是 否
24. 老实说你乐于助人吗？ 是 否
25. 群体娱乐时,你会成为活跃气氛的人吗？ 是 否

三、人际关系训练

你是否羡慕那些"社交达人"？你是否做出过很多努力,但仍感觉人际交往不顺？也许你需要一些技巧来帮助自己突破人际交往瓶颈。技巧的学习没有捷径,需要反复练习、总结并提炼适合自己的"独门秘籍"。所谓的"社交达人",都是通过后天的努力养成的。

（一）如何建立并深化人际关系

健康的人际关系是能给人带来积极成长的关系,它带有互惠、真诚、尊重边界、独立、适度依赖、共同进步的特点。互惠指的是考虑双方的利益；真诚意味着双方坦诚地面对彼此；尊重边界指的是双方尊重彼此的原则和底线；独立指的是双方不会将应该由自己负责的情绪和行为推卸给对方或者替对方承担责任；适度依赖指的是当有需要时敢于向对方求助；共同进步指的是这段关系能够促进双方共同成长。如何建立健康的人际关系呢？

1. 如何识别一个人能不能跟你建立健康的人际关系？

需要考虑以下几个因素。

(1) 对方是否能理解你。

(2) 对方为什么想和你建立人际关系？他怀着善意还是另有所图？

(3) 对方是否有能力给你提出建议？当一个人总是很难共情你的感受时，人际关系的质量也很难加深。

(4) 对方之前的人际关系是怎样的？对方之前在人际关系中的行为模式，可以预测其在之后人际关系中的表现。

2. 自我表露有多重要？

斯莱彻和彭尼贝对亲密关系中的自我表露进行了研究。他们邀请了多对情侣，从每对情侣中抽出一人，把抽出的这些人分成两组，要求第一组在3天内每天花20分钟写出他们对这段亲密关系的深入思考和感受，第二组写出他们的日常活动。那些仔细思考并写出感受的人在接下来的日子对其伴侣表露出了更多的情感。3个月后，第一组亲密关系仍在持续的百分比远高于第二组。

无论是非言语表达还是言语表达，是否对一个人产生好感的关键在于我们心中感受到的对方喜欢我们的程度，而向他人表达喜欢是能够让对方迅速了解你内心的方式。表达可增添关系中的积极情感体验，让彼此觉得更亲密和温暖。同时，对方知道我们的真实想法，能够感受到关系更安全，其也会更加愿意投入和维持关系。自我表露水平能够预示关系的远近。相关研究发现，随着关系的深入发展，双方会越来越多地向彼此展现自我，他们对彼此的了解逐渐深入，直到一个适当的水平。人与人之间存在表露互惠效应，一个人的自我表露会引发对方的自我表露，我们会对那些向我们表露的人表露得更多，从而在你表露一点、我表露一点中，关系逐渐加深。

3. 如何表达需要？

在这段关系中你最想要什么？表达需要有时会让我们感觉丧失了在关系中的主动权。这时，我们需要评估在当前情境下，是更愿意在关系中忽略自己的需要还是愿意暂时忍受丧失主动权引发的不确定感来表达自己的需要。不同的人会给予不同的回答。表达需要并不是一种不友好的行为。表达需要最关键的是要明确我们的需要是什么。这样，在表达的时候，对方也能够更加清晰地了解我们的需要，更有可能帮助到我们。我们可以通过询问自己几个问题来理清思路：我想要什么？我为什么想要它？这种需要有其他替换方案吗？我要如何获取它？当上述问题明确以后，你可以更加清晰地表达自己的需要，更重要的是，当他人没有满足你的需要时，你也可以继续坚持寻找自己的需要。

4. 保持对自己的尊重

对自己和他人保持公平，正视自己及他人的感受和期望。不要过度道歉，例如，不要为自己提出请求而道歉，不要为自己提出意见或表示反对而道歉，不要无视自己的正当需求。坚持自己的价值观，不要因为觉得自己不重要而出卖自己的价值观，要清楚自己的思考方式和行为方式，清楚自己的底线和原则并坚持自己的立场。不要通过伪装无助来博取同情，不要夸大自己的需求或者编造一些借口。

5. 如何克服人际关系的内心阻抗？

(1) 社交焦虑：有时，我们想建立和深化一段关系，但当焦虑情绪出现的时候，往往会选择回避。当你发觉自己因为社交焦虑而回避建立关系，而你又需要这段关系的时候，你可以将注意力更多地放在其他人身上，减少对自己的过度关注。事实上，他人对我们的看法往往和我们想象的不一样,社交焦虑有时来源于自己对结果过度负面的预期。我们可以通过行为实验来验证自己的想象。例如,你接到一个舞会的邀请,内心特别想参加,但是觉得自己一定会出丑,这时你会寻找很多证据来支持自己想象中一定会出丑的理由,比如"我从来没有参加过舞会""我的身材没有那么好""我不擅长主动发起一段对话"。这时候我们可以运用"相反行为"的技巧。"相反行为"是指,当情绪与事实不相符时,选择一个相反的行为,例如,舞会让你恐惧,特别想逃离,但你的恐惧程度不太符合事实时,比如"靠近"。

(2)羞耻感:有时,阻碍我们与他人建立亲密关系的是我们内心深处的羞耻感。羞耻感是一种不愿意被他人看见的感受。两个人走得更近对有羞耻感的个体是一个挑战,意味着他将会花费更多的精力来避免别人看到自己。其实,有羞耻感的个体非常需要亲密关系,因为只有从亲密关系的体验中,才能修正原本不一定符合事实的感受。

(二)如何应对人际冲突

1. 面对人际冲突,你还能忍受多久?

人际冲突是不可避免的。冲突来源于差异。中职学生正处于心理学家所称的"心理断乳"阶段,具体表现为情绪、性格不稳定,处于人际冲突多发期。不是所有的人际冲突都能被我们觉察到。中职学生感受到的人际冲突来源主要有"习惯差异""被侵犯""认知差异""情绪态度""制度结构""利益争夺"。排在首位的原因是"沟通障碍"。

2. 如何使用"巧劲"修复人际关系?

在重要且无害,同时有理由相信能够改善目前的关系中,可以尝试解决问题来修复关系。中职学生倾向于采用的冲突处理策略主要有"合作、折中"策略、"迁就、回避"策略和"抗争"策略。其中最常采用的是"合作、折中"策略,其次是"迁就、回避"策略,而较少采用"抗争"策略。人际冲突是一种复杂的社会互动行为,性别、年龄、人格特质、文化传统、情境等都可能影响人际冲突的来源、处理策略和行为。众多冲突处理策略模型中,以托马斯提出的五因素模型影响最为广泛,主要包括以下内容。

(1)回避方式:既不满足自身利益也不满足对方利益,试图不做处理,置身事外。
(2)强迫方式:只考虑自身利益,为达到目的而无视他人的利益。
(3)迁就方式:只考虑对方利益而牺牲自身利益,或屈从于对方意愿。
(4)合作方式:尽可能满足双方利益,即寻求双赢局面。
(5)折中方式:双方都有所让步。

用"巧劲"修复人际关系,关键是改变对人际冲突的认知,辩证地应对冲突。

思考与练习

1. 人际交往要遵循的原则有哪些?
2. 如何运用人际交往的技巧建立良好的人际关系?
3. 人际冲突对你来说意味着什么?你如何解决现实生活中遇到的人际冲突?

第十四章 自我控制

扫码看课件

学习目标

1. 了解身边的种种诱惑,理解不良诱惑的危害。
2. 学会理智对待不同的诱惑,追求科学、文明、向上的中职生活。

大部分青少年都有这样一个想法:我已经长大了,可以做我想做的任何事。很多违法犯罪的青少年不知道往往就是这不起眼的想法,成为他们最终走向犯罪的导火索。大多数青少年还没有形成正确的世界观、人生观和价值观,极易受到社会不良因素的误导。有些青少年因受到社会不良因素的误导而造成无法挽回的局面。因此,千万不要让自己的思想有所松懈,无论何时,都要把好人生的方向盘,向不良诱惑说"不"。

人生活在社会中,总会面临各种各样的诱惑,有好的有坏的,如果接受了不良诱惑,比如烟、酒、毒品、淫秽读物,就会带来一些严重的后果。这些东西轻则危害你的身体,带来各种疾病;重则扭曲你的心灵,引发偷盗、抢劫等违法犯罪行为,甚至危及你的生命。

第一节 物质滥用害处多

物质滥用是指反复、大量地使用具有使人产生依赖性潜力的物质,追求其带来的愉悦体验,包括非违禁物质滥用,如烟、酒,以及违禁物质的非法使用,如毒品。这些物质能给人带来愉悦、刺激的生理或精神体验。周期性或连续地使用这些物质,会使大脑发生复杂的不良变化,最终导致对这些物质的依赖和成瘾。

一、烟

根据世界卫生组织(WHO)统计,烟草每年使世界上约 400 万人丧生,其中 70% 来自发展中国家。在今后几十年里,此数字将上升至 1000 万,成为全球较大的健康负担之一。20 世纪烟草流行已导致全球约 1 亿人死亡,如果不采取有力措施,这个数字将在 21 世纪变成 10 亿,而且 80% 发生在发展中国家。上海市公布的一份流行病学调查表明,如果不对中国吸烟人口进行控制,5000 万儿童将死于因吸烟导致的各种疾病。

知识链接

尼古丁

尼古丁能让人对烟草上瘾,吸烟会影响人的健康。一支香烟所含的尼古丁可毒死一只小白鼠,20支香烟所含的尼古丁可毒死一头牛。一次大量吸食尼古丁(50~70毫克,相当于40~60支香烟中尼古丁的含量)有可能致人死亡。如果将1支雪茄或3支香烟中的尼古丁注入人的静脉内,3~5分钟即可导致人死亡。尼古丁不但对高级动物有害,对低级动物也有害,因此它也是农业杀虫剂的主要成分。

二、酒

上海市肝病研究中心主任瞿瑶教授曾经讲过一个故事:一位患急性黄疸型肝炎后,肝功能刚恢复正常出院的中年患者,适逢新春佳节,宴请接二连三,开始他还能牢记出院时医生的一再嘱咐,做到了不管什么酒,也不管什么人劝说,都一滴不沾。可就在一次特殊的宴会上,一位挚友问他闻到什么味道时,他终于再也拒绝不了扑鼻而来的酒香诱惑,心想只饮一小杯尝尝总该不会出事吧!可就是在喝下这杯酒后的第二天,他发现自己小便发黄、乏力、恶心……就是这杯酒引起他肝炎复发,并很快发展成急性重型肝炎,终因抢救无效而丢掉了性命。

世界卫生组织的一组数据显示,由酒精引起的死亡率和发病率,是麻疹和疟疾的总和,而且也高于吸烟引起的死亡率和发病率。在中国,每年约有11万人死于酒精中毒,占总死亡人数的1.3%;每年有274万人因酒精致残,占总致残人数的3.0%。

三、毒品

目前,我国吸毒者中青少年占比较大。青少年吸毒已经成为一个严重的社会问题,我们必须给予重视。据调查统计,我国鸦片类吸毒者中,25岁以下青少年占较大比例,呈低年龄、低文化、无职业倾向。青少年正处于生理、心理发展时期,心理防线薄弱,好奇心强,判别是非能力差,不易抵制毒品的侵袭,加上对毒品的危害性和吸毒的违法性缺乏认识,故易受到毒品的侵蚀。

烟、酒、毒品等会对人的身体、心理等方面造成不良影响,还有可能成为其他不良行为的诱因,使人走向违法犯罪的道路。统计资料显示,74%的青少年犯罪是从吸烟、酗酒开始的。

第二节 远离不良诱惑

一、不良诱惑可以拒绝吗?

你抽烟吗?你喝酒吗?你迷恋网络吗?你知道烟、酒、网络、毒品对你为什么有那么大的吸引力吗？你知道自己为什么抗拒不了它们的诱惑吗？

荷马史诗《奥德赛》讲述了这样一个故事：海妖塞壬是半人半鸟的怪物，塞壬的歌声悦耳动听，摄人魂魄，即使是有十几年出海经验、自制力特别强的水手也无法抗拒塞壬歌声的诱惑，纷纷放下手中的船桨和船舵，跳入海中，最后成为塞壬的果腹之物。智勇双全的奥德赛船长勇敢地接受了横渡海峡的任务。为了抵制塞壬歌声的诱惑，他想出了一个办法：让船员把耳朵堵上，这样他们就听不到塞壬的歌声了。结果，船只顺利地渡过了海峡。

烟、酒、毒品、网络游戏、淫秽读物等，或者味道独特，或者内容生动、精彩刺激，或者外表靓丽。与海妖的歌声一样，它们都有很强的吸引力，能从视觉、听觉、味觉等方面满足我们的心理需求。奥德赛船长的故事告诉我们，正如海妖拥有美丽的歌声一样，不良诱惑往往披着华丽的外衣，让我们难以分辨，但是只要有坚强的意志和正确的方法，不良诱惑是可以拒绝的。

名人名言

一个人最大的胜利就是战胜自己。

——安德列耶夫

自尊、自知、自制，只有这三者才能把自己引向最尊贵的王国。

——丁尼生

二、远离不良诱惑的法宝有哪些？

（一）学会延迟满足

下面是心理学家进行的一个很有名的关于"延迟满足"的软糖实验：心理学家随机将一群4岁的儿童领到一个房间后告诉他们，如果坚持等到工作人员办完事回来就可以得到两份软糖，如果等不了那么久，就只能吃一份软糖，并且马上就可以得到。结果发现，那些急着吃糖的孩子长大后，大多经不起挫折，胆怯退缩，脾气暴躁，自制能力差，而那些能通过唱歌、玩耍转移注意力来抵制诱惑，坚持到最后的孩子长大后大多有较强的自信心和竞争能力，获得了事业的成功。

延迟满足是指为了更有价值的长远结果而主动放弃即时满足，反映了一个人自我控制力的强弱，是心理成熟的表现。要避免形成网络成瘾，首先要学会延迟满足，从提高自控能力做起。

（二）远离滋生不良诱惑的场所

经典案例

2018年某日中午，山东省某市的一个胡同内发生了一起持刀抢劫案，罪犯将下班经过此地的王某殴打后抢去手机一部、现金700余元。公安机关对此案迅速展开调查，犯罪嫌疑人很快落入法网。令人意想不到的是，犯罪嫌疑人竟是两个未成年人，大的不满17岁，小的不满15

岁。这两个未成年人经常结伴在离家不远的网吧上网。之后,两人因涉嫌抢劫罪被检察院依法批准逮捕,分别被判处一至两年有期徒刑。在检察官提审时,两人对自己的行为供认不讳,在被问到为何抢劫时,他们后悔万分:"都是网络游戏害了我们。为了玩游戏,我们把家里给的零花钱都用来上网,零花钱花光了,就想自己搞钱上网。"

荀子曰"木受绳则直,金就砺则利",可见环境对事物的影响不可低估。人取得成功的要素很多,一般分为天时、地利、人和,除了自身的能力优势外,他所处的自然环境和社会环境对其也有着不可估量的影响。常言道:"鸟随鸾凤飞腾远,人伴贤良品自高。"又云:"与善人居,如入芝兰之室,久而不闻其香;与不善人居,如入鲍鱼之肆,久而不闻其臭。"我们应该把时间和精力放在健康的学习和娱乐上,远离容易滋生不良诱惑的场所。

(三)抵制消极的同伴压力

每一个人都有自己的天性,有适合自己的生活方式。有人是狐狸,有人是蜈蚣。比如你是蜈蚣,你身边会有很多狐狸,它们打出各种标语来质疑你:为什么你可以这样走路呢?请记住,因为你是蜈蚣,所以你可以这样走路。同样,你也不能强迫狐狸用一百只脚在地上爬行,因为它不是蜈蚣,它是狐狸。同伴压力是来自我们周围,影响我们思想和行为的群体压力。成长过程中人人都会面临"同伴压力",我们可能会因此放弃个人意见而采取与他人一致的意见或行为,但其实他人的意见、行为并不一定是正确的。

(四)学会交谈中拒绝的艺术

经典案例

小立有位好友叫小其,平时小其帮了小立不少忙。小立做值日生时,小其帮他一起打扫教室;在放学的路上,小其经常骑自行车带小立回家。

有一天晚上,小其因为看世界杯足球赛,忘记做作业,第二天上学时,他找到小立,叫小立抄一份作业给自己,这时小立心里左右为难,小立该怎么办?是否应该拒绝小其的请求呢?

在与同学、朋友相处时,对于他们不正确的观点、要求、行为等,我们应该扛住压力,断然拒绝。但是拒绝也是需要技巧的,下面几种应对的办法,你觉得哪种更好?

(1)"抄作业是无耻的,我才不会帮你抄作业!"小立生硬地拒绝了小其,朋友关系破裂。

(2)小立想:平时,他对我很不错,帮了我不少忙,如果不帮他抄作业,中午放学后他就要被老师留下来,还要挨训斥,我感觉这样做有点对不起他,他也可能会怨恨我这位朋友,我还是帮他抄吧。

(3)小立对小其说:你先把会做的题目做好,剩下的题目待会儿我们一起做吧,如果我帮你抄作业,下次考试时你还是不会。

拒绝的奥妙在于尽量减少对方的不快,具体方法如下:

(1)明确地说出事实。有些人在拒绝对方时,因为感到不好意思而不敢据实明言,说话语意含糊不清,使对方摸不清自己的真实用意,产生许多不必要的误会,甚至使彼此关系破裂。在拒绝别人的时候,要考虑到对方可能产生的想法,尽量明白无误地说出实情。在拒绝的过程中,如果还想和对方保持良好的关系,就要采取换位思考的方式、用同情的语调来处理。其实,拒绝本是件很正常的事情,别人有求于你的时候,也多少会有被拒绝的思想准备。只要处理得当,因为拒绝而影响关系的情况并不多;倒是拒绝的时候吞吞吐吐、模棱两可,反而让人反感,更容易影响关系。

(2) 及早拒绝。有的时候,及早拒绝是必须考虑的因素。及早拒绝,以免耽误了对方的计划,伤害对方。要据实向对方表明你的态度,好让对方有所准备。坚决拒绝,避免迂回曲折。在婉言拒绝的时候,一定要让对方觉察到你的态度,不要绕了半天连自己都不知道表达的是什么意思,更别说对方能不能理解了。一定要让对方明白:这一次被拒绝,还有下一次机会。从场合来看,在小的场合拒绝对方,更容易被对方接受。从心理学的角度来说,和对方面对面的时候,拒绝最不容易让人接受。

(3) 谦虚谨慎,降低自己以满足对方的自尊心,借此缓和拒绝给对方造成的心理冲击。用友情来说服对方。拒绝他人时,要设身处地地替对方着想,使对方感到你的拒绝是迫不得已的。让自己拒绝的意见不引起对方的反感,最好让他明白:你们是很要好的朋友,自己并不强迫对方接受反对的意见,你是最关心他的人,是从他的长远利益来考虑的。

(4) 以对方喜欢的话题做"种子",让对方自己说"不"。部分地承认或称赞对方的说辞,使拒绝易于被对方接受,给对方留个退路。当你拒绝那些总喜欢坚持自己的意见,自以为是的人时,要好好考虑。这种人的自尊心很强,直接拒绝的方式容易使他们下不了台。所以,你首先要把对方的话认真地听一遍。当你仔细听完对方的话后,再决定怎样去拒绝和说服对方。最好能引用对方的话,来"不肯定"他的要求,这样的方式既给对方留下了足够的面子,又给对方留下了一个退路。这类人都是聪明人,你"不肯定",他也就心领神会了。

总之,掌握了人际交往中的基本技巧,正确处理人际关系,将会使自己的事业锦上添花。良好的人际关系还可以使你学到许多新知识。正如英国作家萧伯纳所说:良好的人际关系不但能交流信息,还能交流思想。如果你有一种思想,我有一种思想,彼此交换,我们每个人就有了两种思想,甚至更多。

(五) 增强抗挫折能力

人生不可能都是鲜花和掌声,还会有艰难和困苦,有煎熬和委屈。既然如此,在遇到挫折和困难的时候,我们就不必"为打翻的牛奶而哭泣",避免沉溺于沮丧、抱怨等消极情绪中,更不能沉溺于酗酒、网络、毒品等,应该泰然处之,冷静分析问题出现的原因,积极应对。

(六) 培育健康的兴趣爱好

兴趣爱好有健康的,也有不健康的。健康的兴趣爱好,如体育运动、听音乐、绘画等,这些都是我们所提倡的。而不健康的兴趣爱好,如通宵上网、吸烟等,这些都是我们要远离的。健康的兴趣爱好可以开阔你的眼界,释放你的能量,满足你更高层次的需求,使你的个性得到更充分的发展。那么如何培养健康的兴趣爱好呢?

(1) 不同的人,其能力、气质及所处环境都有很大差别,应紧密结合当前的学业和自己的实际情况来考虑兴趣爱好,不能脱离实际,好高骛远。

(2) 青少年好奇心强,兴趣广泛,但由于精力及条件的限制,不可能面面俱到。因此,应在广泛兴趣的基础上,选择一两个爱好,以便做到专心致志。

(3) 兴趣爱好必须持久稳定，以便通过努力钻研而获得全面、系统、深刻的知识和本领。
(4) 在培养兴趣爱好的过程中，要培养克服困难的精神。

思考与练习

1. 你了解烟、酒、毒品的危害吗？
2. 谈谈现实生活中如何远离不良诱惑。

第十五章 拥抱压力

扫码看课件

学习目标

1. 了解压力的内涵和压力的来源,理解压力的利与弊以及压力引起的身心反应。
2. 学会应用常见的管理策略应对压力。

第一节 压力及其对人的影响

一、压力的内涵

压力原来是物理学上的一个概念。1936年加拿大生理学家汉斯·塞利开始将压力的概念引入医学和心理学。他认为,压力是表现出某种特殊症状的一种状态,这种状态由生理系统中应对刺激所产生的非特定性变化所组成。后续的研究者认为,压力不仅包括刺激物和各种反应,还涉及人们对压力的感知。例如,当参加重要考试或重要面试时,有人会将其视为改变自己命运的机会而压力倍增,从而影响发挥;有人则认为这是一次展示自我的机会,只要尽力就好,结果反而成绩优异。

压力反应还常常出现于人们不能以平常的方式应对问题的时候,即刺激事件打破了个体的原有平衡或超出其应对能力。如学生们离开家乡来到新的学校,要适应新的学习模式、重新建立人际关系、学会时间管理、适应当地的风俗文化与气候、饮食,这些都有可能超出自己原有的能力范围,需要做出额外的努力来重建平衡,这时个体就会感受到压力。

近年来,一些心理学家开始关注慢性压力对人们的影响。在日常生活中,总有些负面事情长期存在,如夫妻关系长期不和、长时间超强度工作、繁重的课业学习等。这些日常困扰有时会比突然发生的不幸事件对我们的情绪和健康产生更大的影响,因为机体持续的应激状态消耗了过多的能量,使得器官受到损害,从而可能引发疾病。同时,长时间处于慢性压力中,也会引发更多的负性情绪,使心情低落。

二、压力从何而来

压力无处不在,在一个人一生中的每个发展阶段都会面临不同的压力。压力始终伴随着人的成长。这些压力,有的来自外部环境,有的根源于个人的主观心理体验。

1. 外部环境

生活中许多压力来自外部环境。想象一下,当你拿到录取通知书时,家人是否为学费和生活费而发愁?进入中职学校后,面对同学们的各种才艺,你是否觉得自己一无是处?看到"学霸"同学拿到奖学金,在羡慕的同时是否有些沮丧?当看到其他同学在学校里交了不少好朋友,而自己总是形单影只时,心里是否有些忧伤?临近毕业了,尽管自己已找到工作或升学成功,但是发现有人比自己更好时,心中的喜悦是否减少?当父母的期望没有实现时,是否充满了愧疚?……当这些事情发生时,想必你正在体验着压力。

2010年美国心理学会的一项调查显示,金钱、工作、经济前景、家庭以及恋爱关系的维持,是人们最常见的压力来源。在中职阶段,学生们最关注学业,同时关注未来发展,恋爱也是其关注的重点。有研究者对800名左右的中职学生开展了学习投入调查,结果显示,有32.6%的学生表示有学业压力,可见学业对于许多中职学生来说是较大的压力源之一。学习成绩对学生来说意味着很多,如智力水平、学习能力、知识积累、获得奖学金、获得升学资格、找到好工作等。如果无法适应中职学习模式,没有调整学习方法或是自身学习动力不足,缺乏自我控制力,则会体验从未有过的学业挫折,使自信心受损。同时还要与优秀的同学竞争,学业压力可想而知。

2. 主观心理体验

然而压力不仅来源于外部环境,如何看待与评价压力,也会影响人们对压力的体验,进而影响压力带来的后果。维顿和罗伊德认为,挫折、冲突、变化和压迫感是心理压力的四种主要成分。

(1) 挫折源于阻碍你达到目标的事物,如负性的人际关系、失恋、学习落后、孤独、自卑等。

(2) 冲突是由于两种或者更多种矛盾的动机或者行为冲动竞争而产生的,如"鱼和熊掌不可兼得""实在不喜欢这份工作,但是如果不做又没有钱赚""那个女孩我很喜欢,但是不在同一个城市,要异地恋,谁知道以后会怎样"。

(3) 变化能加剧压力,尤其是要重新适应变化的生活环境。霍曼和瑞希关于压力生活事件与身体疾病关系的经典研究发现,人际关系变化、职业生涯变化、经济变化经常是压力性的,即使这些变化是积极的。

(4) 压迫感是指以特定的方式行动的期望和需要,在现代生活中非常常见。

人们对压力主观心理体验的差异,可以解释为什么在同样的压力环境下,不同的人有不同的反应。如同一考试,有人觉得60分就已经够了,而有人得了90分还不满意。前者觉得考试及格,能拿到毕业证、学位证就是成功,后者则认为只有门门考高分,才能有更好的机会继续深造,才算成功。因此,对于这两种对考试成绩有着不同解读和评价的人而言,由考试所带来的压力程度是不一样的。

三、压力的利与弊

尽管压力会给我们带来很多负性体验,但是这不代表有压力就一定是不好的。压力就像一把双刃剑,一定程度的压力能够为我们带来动力并促进我们的发展,但压力过大就会影响到我们的正常生活并影响个人前进的速度。

适度的压力能够提高我们的工作效率,从而使我们更好地应对各方面的事件。当感受到压力时,体内会分泌相应的应激激素,使我们的身体处于一个警觉和战斗的状态。这样的状态能够帮助我们更好地集中注意力、调动各项身体机能来应对那些挫折与困难,从而获得成长。从这个角度来看,压力也是良性的应激。当你把压力视为一种挑战并且很好地处理它时,它就能被转化为一种动力和激励,最终促进个人的成长。

但是过大的压力则会带来相反的效果,当一个人所面临的压力超出了他所能承受的范围,压力就会给他带来极大的阻力,甚至会影响其身心健康。图 15-1 显示的是压力水平与解决问题时的表现的关系,当压力过大、超出了我们的应对能力时,压力就只能带来负性的影响;同样,若压力不足,人们感受不到任何前进的动力,也会影响表现。而当压力水平处于适度值,则此时压力可以成为动力的源泉,使个体感到精力充沛,并能保持较长一段时间,它将会激励个体在较长的时间里完成高质量的工作。

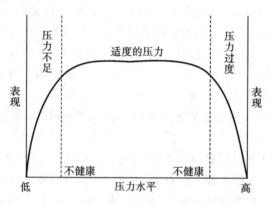

图 15-1　压力水平与解决问题时的表现的关系

四、压力引起的身心反应

不良的压力不仅会给我们的任务表现造成很大的影响,而且长期暴露在高压环境中还会对我们的身体及心理健康造成威胁。接下来我们一同了解压力所引发的身心问题。

1. 压力对身体的影响

当慢性或持续性的压力在生活中无法缓解时,压力就会引发一系列的身体反应。慢性压力会导致一些常见的身体异常和疾病,如肌肉紧张和疲劳、高血压、周期性偏头痛、胃溃疡以及慢性腹泻等。压力对人体的很多系统都存在影响,比如对生殖系统的影响可能导致女性月经不正常和不排卵、男性阳痿,以及男女的性激素分泌水平下降。压力对肺部功能也有影响,可加重哮喘、支气管炎和其他呼吸系统的症状。压力还会影响组织的修复,导致骨质疏松,容易骨折。长期的压力还会对我们的免疫系统造成极大的伤害,使个体免疫力下降,增加感染性疾病的患病率。慢性的压力会导致持续的应激、分泌过量的应激激素,甚至会对我们的大脑及心脏等器官构成威胁,增加心血管疾病的患病风险并且会对大脑皮质产生毒性作用,影响大脑的正常功能。

2. 压力对心理的影响

压力会对心理健康带来负性的影响,经常遭遇压力事件的人有较高的比例会患抑郁症或其他心理疾病。即便是平常的压力事件也可能会带来忧郁、恐惧、焦虑、不安,对未来感到无望、无助,产生沮丧、担心、心情烦乱或者自责、愧疚等负性情绪。压力对心理的影响主要表现在以下几个方面。

(1) 压力会导致认知功能的改变:压力会缩小个体的注意广度,导致注意涣散、记忆及组织能力降低,使个体反应迟钝、出错的概率增加等。例如,压力过大时,学生上课时很容易分神,注意力难以集中。可见,如果不对压力进行调整,它就会对个体的学业成绩等方面造成影响。

(2) 压力会导致情绪改变:压力过大容易诱发紧张、悲观、自卑、烦躁、担心、恐惧等诸多不良情绪反应。这些情绪会进一步影响个体的正常生活,容易引发不良的人际关系等问题。

(3) 压力会导致行为改变:压力过大的人容易出现消极怠工,睡眠困难、进食紊乱等不良行为。

3. 压力与失眠

睡眠质量的下降是压力事件所带来的常见问题之一,大量研究已经得出结论,有规律的睡眠是健康的基础,而慢性失眠常与多种精神问题相关。压力会通过多种因素影响睡眠质量,这些因素包括体内激素分泌的失调以及压力事件下情绪的波动等。压力与失眠之间是一种恶性循环:压力事件会降低睡眠质量,而低质量的睡眠往往又会反过来进一步增大个体所体验到的压力。

关于失眠,很多中职学生心里其实持有一种害怕甚至焦虑的感觉,尤其在应考阶段,认为低质量的睡眠会影响学习效率并且影响考试发挥。但实际的情况却是,往往越担心失眠就越难入睡。日常生活中的失眠很多情况下是身体释放出来的一种压力信号,这个时候个体就需要注意调节,如果不加以适度的调节,严重者甚至可能导致睡眠障碍。失眠问题虽然常见,但并不能忽视。因此,如果发现自身的失眠问题难以调节的时候,学会寻找外界的帮助是极其重要的,也可以通过音乐治疗、冥想训练及放松训练等途径缓解睡眠问题。

第二节 压力的应对

一、认知重组策略

经典案例

甲:"这个世界真是太悲惨了!这么美丽的花朵,竟会长在这么难看又有刺的梗上!"

乙:"这个世界真是太美好了!这么难看又有刺的梗上,竟能长出这么美丽的花朵!"

认知是产生压力反应的主要媒介和直接动因,要减少压力对个体的影响,改变认知非常重要。早在20世纪50年代末60年代初,心理学家凯利和艾利斯就提出了通过调整个体的认知来改变个体行为的心理治疗方法,如"认知重组"。认知重组就是在确认这些自动化的想法的基础上，找出更具建设性的替代想法，以减缓应激事件或情境带给个体的压力。

采取不同的认知方式，对压力源从不同的角度进行重新认知，就可以获得不同的甚至是相反的信息，对事情进行多方面的考察就可能使压力事件变成普通事件甚至积极事件。

人生是一个漫长的过程，不可能一帆风顺。生活的挫败可以让人陷入沮丧，也可以成为人发奋的动力。而人生的精彩之处就在于，一念之间的转化，可以扭转乾坤、塑造无数的可能。

心理训练营

回忆一个压力事件，想一想：在应对压力时，你心中出现了什么念头？换句话说，在面对压力时，你跟自己说哪些话会让你的压力更大？

二、放松训练策略

1. 冥想

冥想是全球流行的压力管理技术之一。何谓冥想？简单地说，冥想是指一种会影响人体各种活动的精神运动。冥想的目的是实现对自己注意力的控制，由自己来决定注意力的集中点，而不是受制于不可预测的外界环境的无规则的变化。

在最初进行冥想训练时，最好在一个安静、舒适的环境里进行练习，当你熟练以后，在任何环境下都可以进行冥想。找到安静的场所以后，找来一把舒服的椅子。为了防止睡着，可以选一把靠背挺直的椅子。坐在椅子上，臀部紧抵椅背，双脚比双膝稍前，双手自然放在椅子的扶手上或者大腿间，尽量让肌肉放松，但不要太用力，因为用力时会紧张而不是放松。把注意力集中在呼吸上，闭上双眼，每次吸气时在心中默数"一"，呼气时默数"二"。不要刻意改变或者控制自己的呼吸，呼吸要有规律。最好每天练习两次，每次 20 分钟左右。冥想完成以后，慢慢地睁开双眼，先盯着房间里的某一个物体看，然后把视线转向其他物体。做几次深呼吸，伸展一下身体，然后起身，再舒展一下身体。

2. 瑜伽

瑜伽（yoga）源于印度，"yoga"一词是从印度梵语"yug"或"yuj"而来，其含义为"一致""结合"或"和谐"。瑜伽是一种非常古老的能量修炼方法，集哲学、科学和艺术于一身，是生理上的动态运动及心灵上的静态运动练习，它的最终目标是控制自己，驾驭肉身感官，最终驯服似乎永无休止的内心。

感官的集中点就是心意，通过把感官、身体与有意识的呼吸相结合来实现对身体的控制。这些技巧不但对肌肉和骨骼的锻炼有益，还能强化神经系统、内分泌腺体和主要器官的功能，通过激发人体潜在能量来促进身体健康。瑜伽的姿势有很多种，练习瑜伽可以使内心达到不同水平的平静。瑜伽特别强调身体姿势与调息或呼吸控制的整合。

3. 音乐治疗

《音乐之声》的作者玛利亚·奥格斯塔·特拉普曾说："音乐是一把神奇的钥匙，任何紧锁的心门都能被它开启。"音乐治疗是一种非常流行的放松技术。目前存在两种音乐治疗的观点。第一种观点提倡通过歌唱和演奏达到音乐治疗的效果。这种基于治疗领域研究的观点,把音乐治疗定义为,音乐治疗师通过系统地运用音乐改善来访者的情绪或生理状态。第二种观点寻求通过聆听音乐达到放松的目的。从这个意义上来讲,音乐治疗被定义为,通过音符的变幻、旋律的跃动和愉快的乐器演奏,体验和调整生理唤醒状态和心境的一种能力。

三、调整行为方式

不同性格的人对压力的敏感度不一样。典型的 A 型性格的人喜欢竞争、好争辩、有紧迫感、有雄心,这些特点对于适应快节奏、充满竞争的现代社会是有帮助的。但是 A 型性格的个体又是急躁和充满敌意的,他们用严格的标准来评判自己和他人,并鄙视没有达到他们严格标准的人。结果,他们处于持续的压力中,即使休息时也很难放松,这增加了他们得心脏病的概率。

与 A 型性格相对应的另一类人,性格温和、不慌不忙、慢条斯理、不爱与人竞争,这是典型的 B 型性格。在现实生活中,B 型性格的人一样有理想,追求成功,只是他们做事不那么急迫。但是,B 型性格的人容易随波逐流,所以,B 型性格的人应该制订清晰的、适合自己的发展规划,以确保自己朝着既定方向努力。同时,遇到难题时,要果断处理,不要任其发展;遇到难以应付的人时,不要总是以随和的态度对待他们。

心理测验

1. 在谈话中你是否过分强调一些词,并且对句子中最后的几个词一带而过?
2. 你行动、吃饭、走路的速度是不是总是很快?
3. 当事情的进展速度不能如你所愿时,你是不是会变得不耐烦或者生气?
4. 你是否经常在同一时间内干几件事?
5. 你是否经常把话题转到你所感兴趣的问题上来?
6. 休息时,你是否有点负罪感?
7. 你是否经常不注意环境中的新事物?
8. 你是否更关心结果而不是过程?
9. 你是否经常在很短的时间内安排很多的事情?
10. 你是否发现你和也喜欢赶时间的人在暗地里竞争?
11. 在与人交谈时,你是否喜欢用一些有感染力的手势,比如为了强调某一个问题而握紧拳头或敲桌子?
12. 你是否认为行动迅速是成功的关键?
13. 在日常生活中,你是否经常用数字给你的成就打分,比如卖出货物的数量、卖出汽车的数量、完成的业绩等?

计分方法:

如果多数问题回答"是",则被认为是 A 型性格的人。

如果一半问题回答"是",仍被认为是一个 A 型性格的人,但不是极端的 A 型性格的人。

如果你具备上述 A 型性格的特征,建议你把节奏放慢;在简单的行动里去寻找快乐,而不用想是否应该这样快乐;不要因为等待而不耐烦,劳逸结合,利用学习间隙多让自己休息,为自己的每个成就感到高兴、满足。只有改变了这种"急性子",才能从根本上改变对压力的敏感度,使其他的努力达到事半功倍的效果。

四、寻求社会支持

社会支持是个体应对压力的重要资源,可以提供社会支持的人包括我们的家人、同学、朋友、老师等。在压力事件中,积极寻求朋友、家人的关心对于减轻压力、减少压力引起的不良反应有着很好的效果。某些同学认为求助是一种懦弱的表现,但实际上有困难时求助于他人并不是懦弱的表现,而恰恰是勇敢的做法。

心理学研究表明,拥有较多社会支持的人不容易患与压力有关的疾病。朋友和家人能够提供多方面的支持,能为我们提供信息、忠告、友谊,使我们忘却烦恼,甚至能为我们提供金钱或物质上的帮助,让我们感到被爱护和关心、受重视等。社会支持可分为以下几类。

(1) 情感支持:给予照顾和关心,提供安慰、依靠、归属感及爱护。
(2) 尊重支持:给予重视、鼓励、理解。
(3) 信息支持:提出意见、建议、反馈。
(4) 经济支持:提供金钱、物质方面的帮助。

五、学会妥协

妥协是对压力的适应性反应,主要是通过修正对立的想法和行为来做出调整。尤其是当一方的级别高于另一方,或是面对权威,或是双方陷入僵局时,妥协或许是应对压力的好办法。最常见的三种妥协类型是一致、协商和替代。

一致是由于他人的直接影响而改变我们的行为。例如,当老师新布置了一个任务,而你手上的工作还没有完成,不过你还是接受了老师的安排,因为你相信老师的安排是有道理的。

相较于一致,协商是更加积极地应对压力的方式,在协商的过程中,双方都会做出让步。例如,小强最近和上铺的小鹏闹得不可开交,因为小鹏喜欢玩网络游戏,每晚熄灯后还会用笔记本电脑玩,玩到高兴时,还不时发出声音,搞得小强睡不好。小强不想忍耐,就用脚蹬上铺的床板,搞得两人差点打起来。一个星期谁也没有理对方,宿舍气氛很尴尬。事后,小强冷静下来想,虽然小鹏熬夜玩游戏,但是在其他方面对自己还不错,于是他主动找小鹏,为那天自己过激的反应道歉,小鹏也认识到自己的错误,承诺以后熄灯了就睡觉,宿舍又恢复了以往的和谐。

替代则是寻求其他可替代的目标,尤其当一致和协商都不能解决问题时,替代也是应对压力的一种办法。例如,王芳是一名临近毕业的女生,她希望毕业之后能继续升学读书,但是家庭经济条件不允许,作为长女的她,还要帮父母一起抚养正在读初中的弟弟、妹妹,那么继续读书对于她来说就不太可能。但是她可以选择先工作几年,再回到校园继续读书。

六、把压力转化成动力

1. 自我激励

美国心理学家发现,一个从来没有或者很少进行自我激励的人最多只能发挥自身全部能力的30%,而那些经常进行自我激励的人,成功的概率超过80%,几乎是前者的3倍。进行自我激励能帮助我们提高情绪状态,抵制本能产生的退缩、放弃等消极信念,使思维和行为产生积极的转变。尤其是面对失败、突如其来的困难和恐惧时,我们要学会对自己说:"直面困难和恐惧,我的未来可以更美好。"

帕拉奇介绍了自我激励的7条建议:①首先要坚信,每一个困境都蕴藏着机遇;②做自己最好的朋友,每天用一些积极的句子鼓励自己;③紧紧跟随自己的梦想,过早放弃梦想会削弱行为的动力;④坚持基本生活原则,即坚持、忍耐、不屈;⑤将成功具体化、可视化;⑥跌倒了爬起来;⑦宽容、原谅自己,因为自责只会抑制创造和前进的动力。这7条建议概括了自我激励的主要内容,具有较强的可操作性。

2. 增强自信

增强自信是应对压力的有效方法。因为自信能够影响一个人解决问题的能力,其作用甚至超过了背景知识的力量。当感到不愉快时,自信可以帮助我们表达自己的权利和感受而不侵犯他人的权利。如当室友有意弄出声响,影响其他人休息时,你可以礼貌地表达自己的感受;当你的讲话被他人打断时,你可以说"对不起,我还没有说完"。当对方了解到你的真实反应和内在感受时,通常会做出改变。因此,增强自信是一种理性和建设性的压力应对方法,有助于缓解相关的压力。

良好的自信建立在充分估计自我以及对情绪恰当感知的基础之上,确信自己所做的是正确的。同时,自信的提升还来源于实践经验的成功,例如:经常与朋友交流,了解人们的情绪反应;学习如何对他人的行为进行恰当的回应;通过与人冲突的经历,积累化解矛盾的经验;通过精心策划与筹备,成功举办班级的新年晚会。这些从压力应对中获得的点滴经验,都可从不同角度让当事人对自己的能力加以肯定,从而提高自信。

3. 保持幽默感

幽默是一种力量,幽默能有效减轻生理上的疾病和压力。幽默不仅能抗击压力,还能为挫折和愤怒提供了发泄渠道,幽默允许我们在不对自己或别人造成伤害的情境下表达愤怒等情绪。有心理学家对笑声和生理变化的关系进行研究,结果发现,笑能缓解体内的压力,增强心脏活动,降低血压,使呼吸活动加强,加快氧气交换速度,改变大脑波的形式和呼吸节奏,减轻疼痛感,减少与压力有关的激素分泌量,提高免疫力。

知识链接

应对压力的建议

直接面对问题:这是直接缓解压力、解决问题的态度和做法,虽然做起来有些困难,而且你得面对自己内心的害怕、担心、软弱,但是,你必须坚定地想办法解决问题,不要回避。有些人会采取饮酒的方式缓解压力,因为酒精可以让人的神经暂时麻木,回避令人不开心的现实。但是,依赖酒精缓解压力,并不是正面解决问题,而且可能会妨碍我们解决问题。

准确而现实地评价压力情境,而不要歪曲现实:有的人在面对压力的时候,习惯于采取防御行为。尽管防御有可能在短时间内减轻压力的冲击,但是这种方式可能是对事实的否认和歪曲,从长远来看,歪曲现实并不能真正缓解压力,反而可能会在以后提高压力的水平,使压力再次降临。

学会识别和管理应对压力时潜在的、混乱的情绪情感反应:有时候人们会弄不清楚自己内在的情感反应到底是什么而感到很混乱、很矛盾。而且,情绪、情感往往除了表面能感受到的以外,还有一些更深层的、更难以体验到的感受,那是我们内心的需要,是我们真正想要的东西。所以弄清楚自己的潜在情感,有助于找到压力的真正原因,有助于更好地应对压力。

面对压力时,学会在行为上自我控制:虽然面对压力时会有各种各样复杂的情感涌上心头,但是,我们必须学会控制自己的行为。因为如果行为不当,很可能导致难以挽回的结果,对解决问题不利。所以,在压力下无论你的感觉多么糟糕,都要想办法寻找合适的途径舒缓情绪,让自己感觉好一点,不要做出过激的行为。

思考与练习

1. 你有压力吗?你的压力主要来源于哪里?
2. 面对竞争激烈的社会,你将如何提高自己的抗压能力?

第二篇

安全教育

第十六章 人身安全

扫码看课件

学习目标

1. 了解常见校园意外伤害发生的原因和主要类型。
2. 学会如何避免校园纠纷。
3. 了解性骚扰和性侵害的预防方法,提高自我保护的能力。

第一节 预防意外伤害

经典案例

【案例1】

某中职一年级学生在上完晚自习下楼时,因拥挤踩踏造成人员伤亡(据说是因为一名学生蹲下系松了的鞋带)。有2名学生在送往医院抢救途中死亡,39名学生因受惊吓及受伤被送往医院观察治疗。

【案例2】

某学校晚自习放学时,因停电,在楼梯间发生拥挤踩踏事故,造成2名学生死亡、4名学生重伤、7名学生轻伤。

一、注意礼让,防止校园踩踏事故的发生

(一)校园踩踏事故发生的原因

(1)出口不足、楼梯狭窄、夜间停电、调皮学生的恶作剧等,都是造成事故的原因。学校管理的漏洞只是一个方面,并不是全部,惨剧的发生还在于学生秩序意识的缺失。校园踩踏事故频发,更暴露出学生的安全意识和逃生技能严重缺乏的问题。

(2)人群较为集中时,由于拥挤或前面有人不慎摔倒,后面的人未留意,没有止步而导致发生踩踏。

(3) 人群受到惊吓，产生恐慌，如听到尖叫声、爆炸声或其他刺耳的声音及突如其来的变故，出现惊慌失措的失控局面，在无组织、无目的的逃生中，相互拥挤发生踩踏。

(4) 人群因过于激动（兴奋、愤怒等）而出现骚乱，易发生踩踏。

(5) 因好奇心驱使，专门去人多拥挤处一探究竟，造成不必要的人员集中而导致踩踏。

(6) 在上下楼梯时，故意拥挤、起哄、恶作剧、打闹、推搡、突然停留和开玩笑等，特别在人多时有上述情况发生，更容易发生踩踏事故。

（二）校园踩踏事故的预防

学生遇到突发事件，往往惊慌失措，因而发生踩踏事故。如何预防踩踏事故的发生呢？

(1) 课间休息或放学后不要急于下楼，牢记安全第一。

(2) 上下楼梯要严格按照学校对各班规定的楼梯行走。

(3) 上下楼梯要按规则：靠右、慢行、礼让。做到遵守秩序、轻声慢步、礼让右行，不能拥挤。

(4) 学生同时下楼梯不能超过两列，上楼梯不能超过一列。

(5) 上下楼梯人多时，不系鞋带、不捡掉在地上的物品、不攀肩而行、不高声喧哗、不搞恶作剧（如尖叫、乱喊、大闹等）、不快跑乱窜。

(6) 要避开人员高峰期（如上课、下课、放学、集合），可适当提前或延后上下楼。做到"集体上时切勿下、集体下时切勿上"，尤其是手上持有重物、身体有病或有伤时更应注意。

(7) 尽量避免到拥挤的人群中，不得已时，尽量走在人流的边缘。

(8) 在人群中走动，遇到台阶或楼梯时，尽量抓住扶手，防止摔倒。

(9) 发现不文明的行为要敢于劝阻和制止。

（三）学生遭遇拥挤人群的做法

对于中职学生，发生踩踏事故时，该如何保护自己？

(1) 发觉拥挤的人群向自己行走的方向来时，应立即避到一旁，不要慌乱，不要奔跑，避免摔倒。

(2) 要顺着人流走，切不可逆着人流前进，否则很容易被人流推倒。在人群中，用双手抱胸，两肘朝外，以此来保护心脏和肺部不受到挤压。

(3) 若身不由己陷入人群之中，一定要先稳住双脚，切记远离玻璃窗，以免因玻璃破碎被扎伤。

(4) 若摔倒应立即用双手抱住后脑勺，双肘支地，胸部稍离地面，即使手肘被磨破，也不能改变动作。

（四）出现混乱局面后的做法

(1) 在拥挤的人群中，要时刻保持警惕，当发现有人情绪不对，或人群开始骚动时，要立即做好准备保护自己和他人。

(2) 脚下要敏感些，千万不能被绊倒，避免自己成为拥挤踩踏事故的诱发因素。

(3) 当发现自己前面有人突然摔倒了，要马上停下脚步，同时大声呼救，告知后面的人不要向前靠近。

(4) 若被推倒,要设法靠近墙壁,面向墙壁,身体蜷成球状,双手在颈后紧扣,以保护身体最脆弱的部位。

(五) 已经发生踩踏事故后的处理

(1) 拥挤踩踏事故发生后,一方面,赶快报警(拨打110或120等),及时联系外援,寻求帮助,等待救援;另一方面,在医护人员到达现场前,要抓紧时间用科学的方法开展自救和互救。

(2) 在救治中,要遵循先救重伤者、老人、儿童及妇女的原则。判断伤势的依据:神志不清、呼之不应者伤势较重;脉搏急促而乏力者伤势较重;血压下降、瞳孔放大者伤势较重;有明显外伤、血流不止者伤势较重。

(3) 当发现伤者呼吸、心跳停止时,要赶快做人工呼吸,并辅以胸外按压。

二、教室内的安全防范

(1) 下课出教室要逐排逐列或分批次有序走出,严禁一下课学生便蜂拥而出。学生走出教室后要远离门口,不得堵塞门口和走廊通道。

(2) 学生出入教室不得奔跑、蹦跃、追逐打闹、相互拉手、勾肩搭背,严禁倒退行走,有进有出时应靠右行走并按上课先进后出、下课先出后进的原则相互让行。

(3) 严禁学生在教室门口玩耍或做较长时间逗留,严禁将课桌椅、劳动工具和其他物品摆放在教室门口和教室内的人行通道上,以免阻碍通行。

(4) 平时上课期间要保证教室前后门开门畅通,学生进出教室高峰阶段要规定好哪些学生该从哪个门出入,通过检查、监督让学生养成按指定门出入的习惯。

(5) 课前、课间学生不得在教室门口、附近走廊和教室内人行通道等处聚集、玩耍、打闹、相互追逐,以防止阻碍交通或发生碰撞、摔伤等安全事故。

(6) 班主任和科任教师要明确分工,坚守职责,加强对学生出入教室的安全教育和监督管理,坚持做到节节下课前必讲,确保做到每节课课前课后教师站在教室门口疏散通行。

(7) 学校安全管理人员和值日师生要坚持做好学生出入教室安全的检查和通报工作。

第二节 预防校园纠纷

经典案例

【案例1】
某中职一年级学生詹某与同班同学王某发生口角,回到宿舍后,王某用随身携带的小刀捅了詹某腹部一刀。事发后,班主任李老师一边迅速将詹某送往县医院抢救,一边报警。县公安局接警后立即赶到现场处理,控制了王某,随后王某被刑事拘留。

【案例2】

小红,17岁,就读于某中职。因一点小矛盾,小红与同学阿洁发生争吵。某天,怀恨在心的阿洁纠集其他4人,将小红骗至阿华家中,施行暴力。在一般人眼里,女学生往往与暴力绝缘。让所有人没有想到的是,5名施暴者中,竟有4人是女学生。

中职学生处于十六七岁血气方刚的时期,如果不能树立健康心态,一时冲动,会犯一些不可挽回的错误,以致误入歧途。我们要关注学生心理健康教育,培养学生安全防范知识,提高学生法律观念,让学生正确地认识问题、处理问题。学校更应重视各种设施的安全,注意安全隐患的排查,力保为学生营造一个安静、和谐、健康的校园氛围。

一、克服冲动,防止纠纷

(一)发生校园纠纷的原因

(1)中职学生之间交往频繁,由于性格不合、见解不一、利益冲突等可能发生纠纷。

(2)受一些图书中不良内容的影响,如充当大哥,目中无人,傲气十足,拉帮结派,有的中职学生不能很好地辨别是非,以致助长了校园暴力事件的发生。

(3)没有养成良好的行为习惯,如说脏话、开过分玩笑、争强好胜、逞强好斗等,由你碰我一下,我骂你一句,发展到校园暴力事件,更严重者会发展到群体斗殴事件,甚至成为刑事案件,危及生命或者丧失宝贵的生命。

(4)早恋的发生,往往造成男女同学之间怀疑猜测、嫉妒吃醋等,这是导致校园纠纷的一个重要原因。

(5)讲究哥们义气,为同学、老乡、朋友"两肋插刀"。

校园纠纷是校园内的一大公害,成为中职学生校园违规行为的重要表现之一。

(二)树立健康心态,建立自律意识,注重语言美

(1)你不小心"冒犯"了别人时,说一句"对不起""很抱歉""请原谅";别人"冒犯"了你,向你道歉时,你回敬一句"没关系",紧张气氛往往能烟消云散,从而化干戈为玉帛。

(2)说话和气,心平气和地与人说话,以理服人,不强词夺理,不恶语伤人。

(3)说话文雅,谈吐雅致,不说脏话、粗话。

(4)说话要谦虚,尊重对方,不说大话,不盛气凌人。

(三)好朋友打架的处理

(1)做到苦口婆心讲道理。

(2)注意朋友的思想动态,及时规劝。

(3)做到不"拉偏架"。

（四）遵纪自爱，避免矛盾激化

(1) 遵守学校的规章制度，减少产生纠纷的可能。
(2) 不去舞厅、KTV、网吧等治安复杂场所，避免与不法分子发生矛盾。
(3) 要自爱、自律，避免不良风气的侵蚀，不沾黄、赌、毒，不抽烟，不喝酒。
(4) 要严于律己，宽以待人，营造和谐、和睦、健康的校园氛围。
(5) 注重语言美，善于用幽默的语言化解同学之间的矛盾。

二、向校园欺凌大胆说"不"

（一）校园欺凌的定义

校园欺凌是指在校园内外学生间一方（个体或群体）单次或多次蓄意或恶意通过肢体、语言及网络等手段实施欺负、侮辱，造成另一方（个体或群体）身体伤害、财产损失或精神损害等的事件。校园欺凌多发生在中小学。校园欺凌分为单人实施暴力、少数人实施暴力、多人实施暴力，实施环境多为校园周边或人少僻静处。

（二）属于校园欺凌的行为

(1) 给受害者起侮辱性绰号，指责受害者无用，粗言秽语，喝骂。
(2) 对受害者重复攻击，拳打脚踢、掌掴拍打、推撞绊倒、拉扯头发。
(3) 损坏受害者的个人财产，如教科书、衣服等，或嘲笑受害者。
(4) 传播关于受害者的消极谣言和闲话。
(5) 恐吓、威迫受害者做他不想做的事情。
(6) 让受害者遭遇麻烦，或令受害者招致处分。
(7) 中伤、讥讽、评论受害者的体貌、家庭情况等。
(8) 分派系结党：孤立或排挤受害者。
(9) 敲诈：强索金钱或物品。
一般欺凌者明显比受害者强大，且欺凌是在受害者未能保护自己的情况下发生。

（三）学生维护自己的利益的做法

(1) 受害者自身觉醒，产生保护自己的勇气。坚决让自己的人格与欺凌者处于平等地位，对于不公平事件绝不忍让，不做违背自己意愿的事。
(2) 通过增强师生对社会正义问题的理解来解决校园欺凌问题。任何环境和群体，同类或同龄人之间的行为一定要公平合理。
(3) 提高交往能力，受害者通过与同学沟通，让同学认识到骚扰、欺凌他人是错误行为，欺凌问题就容易得到解决。
(4) 受害者要积极与教师联系。调查发现，欺凌现象发生最多的场所是放学后的走廊和厕所，或教师监控不到的宿舍等地。
(5) 要大胆向教师反映，希望得到公平的待遇。

三、加强法制教育，防患于未然

未成年人违法犯罪的原因是复杂的，不知法、不懂法、法制观念淡漠是重要原因，校园暴力也是如此。加强未成年人的法制教育刻不容缓。各级各类学校开展法制教育要注意以下几点。

一是要切实根据《中华人民共和国预防未成年人犯罪法》的要求落实，并做到经常化、制度化。

二是要注重法制教育形式的灵活多样、丰富多彩，例如，采取讲故事、做游戏、参观，举办法律知识竞赛和模拟法庭，请校外法制辅导员进行法制讲座等形式，以适应学生年龄、心理等的特点，做到联系实际，举案论法，提高学生明辨是非、区分罪与非罪的能力，强化学生遵纪守法的意识，并能运用法律进行自我保护。

三是尽量避免盲目的法制教育。现在的法制教育存在一个误区：请法律人士与学生进行接触。需要指出的是，由于他们与学生接触很少，不了解学生的心理，许多讲座和报告并不适合学生，相反，里面的许多反面案例可能会成为学生学习的"榜样"，这就与法制教育的目的相悖。因此，可通过对与学生接触最为密切的教师、家长进行培训，让他们吸收内化法律知识，再通过他们教给学生，相信会具有事半功倍的效果。同时，这也增强了教师与家长的法律知识与法律意识，能更好地指导与约束学生，避免出现更多暴力现象。

四是法制教育不应局限于校内，更不应局限于课堂上。法制教育是一项系统工程，除学校外，还需要政府部门和家长的配合，因此应把教师的课堂教学和课外活动结合起来，比如组织法律知识竞赛、组织学生参观少管所、组织学生开展模拟法庭活动等，让学生不仅用头脑"记忆法律"，更要用眼睛"看法律"、用耳朵"听法律"，在各种活动中增强他们的法制观念，并内化为守法、护法的意识。只有这样，才能更好地树立未成年人的法制观念，养成依法办事、依法维护自身权益的良好习惯，更好地预防校园暴力的发生。

第三节 预防性骚扰和性侵害

一般认为，只要一方通过言语或形体的有关性内容的暗示或侵犯，给另一方造成心理上的反感、压抑或恐慌的，就可构成性骚扰。性侵害主要是指在性方面造成的对受害人的伤害。性骚扰和性侵害是危害学生身心健康的严重问题。因此，了解一些性骚扰和性侵害的基本知识，掌握一些基本应对方法是很有必要的。

一、性骚扰和性侵害的主要形式

（1）暴力型性侵害是指犯罪分子使用暴力和野蛮手段，如携带凶器威胁、劫持女学生，或以暴力威胁加言语恐吓，从而对女学生实施性侵害等。

（2）胁迫型性侵害是指利用自己的权势、地位、职务，对有求于自己的受害人加以利诱或威胁，从而强迫受害人与其发生非暴力型性行为。其特点有以下几点。

①利用职务之便或乘人之危而迫使受害者就范。

②设置圈套,引诱受害人上钩。

③利用过错或隐私要挟受害人。

(3) 社交型性侵害是指在自己的生活圈子里发生的性侵害,与受害人约会的大多是熟人,如同学、同乡。受害人身心受到伤害以后,往往出于各种考虑而不愿揭发。

(4) 诱惑型性侵害是指利用受害人追求享乐、贪图钱财的心理,诱惑受害人而使其受到性侵害。

(5) 滋扰型性侵害的主要形式如下:一是利用靠近女学生的机会,有意识地接触女学生的身体,在公共汽车、商店等公共场合有意识地挤碰女学生等;二是暴露生殖器等变态型性滋扰;三是向女学生寻衅滋事、无理纠缠,用污言秽语进行挑逗,或者做出下流举动对女学生进行调戏、侮辱。

二、防止性骚扰和性侵害

1. 筑起思想防线,提高识别能力

消除贪图小便宜的心理,对一般异性的馈赠和邀请应婉言拒绝,以免因小失大。谨慎待人处世,对于不认识的异性,不要随便说出自己的真实情况,对于那些特别热情的异性,不管是否认识都要加倍注意。一旦发现某位异性对自己不怀好意,或有越轨行为甚至动手动脚,一定要严厉拒绝、大胆反抗,并及时向学校有关领导和保卫部门报告,以便及时加以制止。

2. 行为端正,态度明朗

如果自己态度坚决明确,大多数情况下对方会打消念头,不再有任何企图。若自己态度暧昧、模棱两可,对方就会增加幻想,继续纠缠。在拒绝对方的要求时要讲究策略,要讲明道理,耐心说服,不宜嘲笑挖苦。社交活动中与异性单独交往时,要理智地、有节制地把握好自己,尤其应注意不能饮酒。

3. 学会用法律保护自己

对于那些失去理智、纠缠不清的无赖或违法犯罪分子,不要惧怕他们的要挟和讹诈,要大胆揭发其阴谋或罪行,及时向学校领导和教师报告,学会依靠组织和运用法律武器保护自己。千万注意不能"私了","私了"的结果常会使犯罪分子得寸进尺,没完没了。

4. 学防身术,提高自我防范的有效性

一般女性的体力弱于男性,防身时要把握时机,出奇制胜,狠、准、快地出击对方要害部位,即使不能制服对方,也可制造逃离险境的机会。人的身体各部位都可用来进行自我反击,头的前部和后部可用来顶撞,拳头、手指可进行攻击,肘朝背后猛击是最强有力的反抗,用膝盖对脸和腹股沟猛击相当有效,用脚前掌飞快踢对方胫骨、膝盖和裆部非常有效。要注意设法在犯罪分子身上留下印记或痕迹,以备追查、辨认犯罪分子时作为证据。

第四节 学会自我保护

经典案例

在走廊的拐弯处,小张一不小心撞到了别人身上。"同学,对不起!"小张赶紧道歉。"说一声对不起就行了吗？"被撞的男生恶狠狠地说，"你撞疼我了，要赔偿医药费！""可是，我没有钱……"小张被吓得快要哭出来了。两个男生翻了翻小张的衣服口袋，没有找到钱，于是就威胁他说："明天给我们拿100块钱来！你要是想去告状，有你好看的！"小张思来想去，还是觉得应该报告老师。于是他抬腿向老师办公室走去。

一、学会自制

心理学理论指出，破坏自制力的一个因素是人的低级思考状态——过分专注于"怎么做"，专注细节问题，而不去思考"为什么做"以及行为背后的道德等更深层面。要学会在更大的背景下去考虑自己的行为。

（1）保持积极乐观的心态。

（2）情绪低落会削弱人的自制力，使人越过道德的边界，应当及时发现问题并采取应对措施。对于愤怒感和挫折感等负性情绪，要学会冷静面对，不要采取危害他人的发泄方式。

（3）减少自己对暴力冲动的默从，学会更多面对现实的方法。

通常，人们在冲动的时候，内心并不糊涂。但是有的人会让自己顺从这种失控，潜意识里放弃对自己的控制，以此来缓解压力。一个人要培养强健的内心，就要形成强大的自制力。

二、增强心理承受力

心理承受力是影响青少年心态的重要因素。顺境时，要冷静客观，切不可忘乎所以、狂妄自大，否则，即使成功，也将成为失败的前奏，"骄兵必败"就是这个道理。逆境时，不要怨天尤人，不要失去信心，不要放弃理想，而是要发现问题，找出原因，吸取教训，开始新的奋斗征程。这样，每一次失败都为成功积累了经验，都是朝着成功迈进。此外，还要摆正自我的位置，这对于青少年调整心态也具有积极的意义。有些青少年之所以产生消极心态是没有摆正自己在社会、集体中的位置。要正确认识自我在社会、集体中的位置，正确对待个人得失，正确处理奉献与索取的关系，正确看待自己的人生价值。

三、理智地处理所遇到的问题

在处理问题时，应不刻板，有较强的应变能力，冷静地审时度势，用对事物的理性认知驾驭个人情感，可以适当地使用幽默的方法。在处于困难尴尬的情境时，通过比喻、双关语、谐音等方法，机智、风趣地说出自己的意图，以缓和紧张气氛，解决争端，消除不和谐因素及心理冲突。

四、学会同情和反思

同情是暴力的抑制剂之一。它意味着一个人自发地去考虑别人的感受。和自制力一样，同情心也是可以通过后天的学习而逐渐强化的。学生应该培养为别人着想的自觉性，做到想他人所想、急他人所急，完成这种"精神上的锻炼"。随着学生年龄的增加、教育的深入和社会化认知的完善,他们也将更友善地对待他人。

反思有时候是一种防止暴力的重要情感。一般来说,它是人做错事之后产生的一种内心不快情绪。但实际上在错误发生之前,人们也能预感到自己将会内疚,从而主动地纠正自己的行为,以免内心产生不快情绪。我们应通过教育,使学生更多地去"预感"即将到来的内疚,引发学生内心的约束力,达到避免暴力的目的。

五、增强法制意识,维护自己的正当权益

学生要加强自我保护意识,自觉增强法制意识,能够勇敢地站出来,拿起法律武器维护自己的正当权益。学生在面对暴力时,要有勇气和一定的策略。面对高年级同学以及校外人员的侵害,要及时向父母和老师汇报;对于老师的侵害,要及时向父母和学校领导汇报;对于学校管理人员的侵害,要及时向父母、学校领导汇报;对于严重侵害行为,可以向公安机关报案或者向人民法院起诉等。

思考与练习

1. 校园踩踏事故发生的原因有哪些?我们在遭遇拥挤人群时应该怎么办?
2. 发生校园纠纷的原因有哪些?中职学生应该如何避免校园纠纷?
3. 中职学生如何提高自制力?如何增强心理承受力?
4. 讨论:如何通过法律维护自己的正当权益?

第十七章 交通安全

扫码看课件

学习目标

1. 了解校园交通事故发生的原因和主要类型。
2. 掌握道路交通安全常识,树立交通安全意识,积极防范交通事故的发生。
3. 熟悉交通安全事故的预防与处理的相关知识。

第一节 道路交通安全常识

经典案例

【案例1】
某中职学生王某骑自行车载着同学赵某进校,因进校后正好是下坡且王某骑车速度过快,在进校约30米的地方摔倒,致使坐在后座的赵某不幸身亡。

【案例2】
某中职学生张某骑自行车回家途中,横穿机动车道。行至机动车道左侧中心线时,突然驶来一辆超车的中巴客车,张某欲退回却躲闪不及,被中巴客车撞出15米远,送医院抢救无效死亡。

道路交通安全是世界各国共同面临的严重问题,交通事故造成的伤亡已被公认为是威胁人类安全的"第一公害"。在交通事故中,除车辆自身安全因素和天气原因外,事故的发生主要是人为因素导致的。这表现在两个方面:第一,行人因素。如行人不遵守交通规则、翻越护栏、进入高速公路等。第二是驾驶人员因素,如酒后驾车、超速行驶、无证驾驶、违法超车、疲劳驾驶等。总而言之,许多道路交通安全事故是由相关人员缺乏交通安全意识、不遵守交通法规引起的。

一、校园交通事故发生的原因

(1) 有些学生认为,校园如家里的后院一样可以随意漫步,是不需要时刻注意交通安全的。

这部分学生的麻痹思想,往往是导致校园内交通事故的源头。

（2）校园内道路一般比较窄,且道路的划分也不如校外马路正规,加之校内车辆越来越多,增加了发生交通事故的可能性。

（3）校园里有很多交叉路口,这些路口一般没有交通指示灯,也没有专职交通协管员。

（4）校园内很多学生有不良的交通行为或者习惯,比如单手扶把手骑车、戴着耳机或看着手机行走、猛拐弯、与同学并排占道骑行、乱穿马路等。

（5）部分学生精力旺盛、活泼好动,即使在道路上行走也是蹦蹦跳跳、嬉戏打闹的,或者进行球类活动,这也增加了发生交通事故的概率。

二、学生易发生的交通事故的主要类型

（一）被机动车撞伤、撞死

学生发生交通事故致伤、致死的,主要是与机动车相撞造成的,其中有的是汽车,有的是摩托车。被撞伤、撞死的学生有的是在校园内的马路上骑自行车,有的是步行穿过马路或者在人行便道上行走,还有的是在路边等人、等车。

被撞伤、撞死的学生,有的要承担一定的责任,如骑车违章带人、逆行、过马路不走人行横道、在校园内的道路上嬉戏打闹等。

有些交通事故是机动车驾驶员违章造成的,如学生在校园内非机动车道上骑自行车,被后面违章行驶在非机动车道的汽车撞伤、撞死;学生在通过路口时,被违章的汽车撞伤、撞死;学生在校园内路边等车、等人时,被酒后驾车者撞伤、撞死;学生在校园内人行便道上行走时,被违章汽车撞伤、撞死。

（二）驾驶机动车违章而发生交通事故致伤、致死

近年来,校园中的车辆日益增多。一些驾驶员驾车时间短、经验少,遇到紧急情况时,缺乏处理经验,手忙脚乱,易发生交通事故。

有的驾驶员醉酒后在校园内驾车,致使车辆翻倒,造成驾驶员和乘车人死伤。

学生无证驾驶无牌照摩托车,并且载人,因驾驶技术不佳,发生事故,造成驾驶员、乘车人死伤。

不熟悉道路交通标志,不遵守交通规则,遇到紧急状况慌乱等都是交通事故的诱因,有时甚至会造成群体性伤亡,教训十分惨重。

（三）被非机动车撞伤

这种情况在校园内发生得特别多。学生被骑自行车的人撞伤,而肇事者大多数也是学生。学生在校园内随意骑车,认为校园内没有红绿灯,可以不靠右行、骑快车等,这些行为极易发生交通事故。

（四）行走时发生交通事故

学生闲暇时间购物、观光、访友要到市区活动,这些地方车流量大、行人多,各种交通标志

令人眼花缭乱,交通状况比校园更加复杂,再加上很多学生缺乏通行经验,发生交通事故的概率较高。

(五)乘坐汽车、外出游玩时发生事故致伤、致死

学生因乘坐汽车发生的交通事故屡见不鲜,有时甚至造成群伤群死事件,教训十分深刻。造成学生群伤群死的交通事故大多与学生外出旅游有关。有的租用非法运营的私人车辆组织学生外出旅游,有的乘坐旅游公司的车辆旅游,途中发生交通事故,造成多人伤亡。还有的学生乘坐朋友、老师的私家车,发生交通事故。

三、掌握交通安全常识

(一)在路上行走

(1) 不要在倒车的机动车后方抢行;下了公交车后不要从车头横穿马路。

(2) 在路边等信号灯的时候,要注意与拐弯的车辆保持至少2米的距离,因为车辆拐弯时存在内轮差,也就是车辆转弯时内前轮转弯半径与内后轮转弯半径之差,而这部分区域司机从后视镜中是看不到的。

(3) 雨雪天出行,过马路时要格外注意,因为在这种天气情况下车辆刹车距离会变长,不容易控制;要注意观察路面和周围环境是否有隐藏的危险,特别要注意路边有高大树木或者有供电线路、电缆从空中穿过的区域,以及路边有变压器、郊区有高压线路的地方。

(4) 穿越居民区、胡同或从正在施工的建筑物旁通过时,应注意观察住户窗户上是否摆放有物品和是否有人在活动,建筑物施工场地是否设有安全标志线和安全设施,尽量不要从工地上直接穿过去。

(5) 不与机动车抢道,不突然横穿马路,不戴着耳机、看手机过马路。

(6) 不在马路上玩滑板等。

(7) 在设有护栏或隔离墩的道路上不横穿马路;不倚坐人行道、车行道和铁路道口的护栏。

(8) 不进入有"禁止行人通行""危险"等标志的地方。

(9) 不在车道上招呼出租车或营运车辆;不在道路上扒车、强行拦车等。

(二)在社会道路上骑自行车

(1) 骑自行车时要在非机动车道上行驶,在没有非机动车道的道路上,应当靠车行道的右侧行驶,不抢行、争道。

(2) 出行前检查车铃、闸、锁是否齐全、有效。

(3) 不骑车逆行,不扶肩并行,不相互追逐,转弯时伸手示意,不强行猛拐。

(4) 通过陡坡、横穿四条以上机动车道或途中车闸失灵时,须下车推行。下车前须伸手上下摆动示意,不要妨碍后面的车辆通行。

(5) 通过人行道时,要注意避让行人;停车等信号灯时,不要越过停车线。

(6) 不要双手离把,攀扶其他车辆或手中持物,不要牵引车辆或被其他车辆牵引。

(7) 应按交通标志指定的地点有序停放自行车,在没有设置交通标志的道路上停放自行车时,不要影响其他车辆、行人的正常通行。

(8) 在雨雪天气骑车要格外小心,不要打伞,最好穿着颜色鲜艳的雨衣,低速慢行。

四、注意乘车安全

(一) 乘坐公共汽车或出租车、轿车的注意事项

(1) 要在路边或站台上排队等车,乘车的过程中不要将身体的任何一部分伸出车外。

(2) 上下车时,按先下后上的顺序来。

(3) 车辆行驶时,坐好站稳,抓住扶手。

(4) 下车后走人行横道,不在车前车尾穿行。

(5) 乘坐出租车或轿车时,在机动车道上不从机动车左侧上下车;开关车门不妨碍其他车辆和行人通行;下车时注意后面行驶过来的机动车和非机动车。

(二) 乘坐客运长途汽车的注意事项

(1) 不乘坐没有营运资格、超员、超载的车辆。

(2) 乘车时,不携带易燃、易爆等危险品。

(3) 保管好自己的行李物品。

(4) 旅途中如遇超速、超载、疲劳驾驶、酒后驾驶等情况,要及时指出并要求改正,或拨打举报电话。

(三) 乘坐地铁等轨道交通工具的注意事项

(1) 进站时主动配合安检,不携带任何危险品进站乘车。

(2) 按照路面或者其他地方的指示标志行进,不逆行、不乱行。

(3) 候车时,站在黄色安全线内有序等候。

(4) 乘车时,不倚靠车门,不在车厢连接处逗留。

(5) 注意收听到站广播,做好上下车准备。

(6) 行李放在视线范围之内,随时注意身边情况。

第二节 交通安全事故预防及处置

一、增强安全意识,学习交通法规

不管是校内还是校外,不论是行人、骑车人还是乘车人、驾驶人,发生交通事故的原因常是思想麻痹、不遵守交通法规、缺乏交通安全知识、自我保护意识淡薄。为了预防交通安全事故,

避免发生不必要的伤亡,学生需要注意以下几点。

(1) 增强自我保护意识。要警惕和防止因他人的过失对自己造成伤害。出行时要精力集中,不仅要瞻前,还要顾后,眼观六路,耳听八方。发现违章的机动车或者自行车向自己驶来,要及时避让,防止伤害自己。

(2) 掌握基本的交通安全法规。掌握交通信号灯、交通标志、标线、交通警察指挥手势的含义;掌握道路通行中机动车、非机动车、行人和乘车人的通行规定以及高速公路的特别规定;掌握交通事故处理中的保护现场、抢救受伤人员、报警、交通事故调解和诉讼以及向保险公司理赔等方面的知识。

(3) 遵守基本的交通法规。交通法规是人们交通安全的基本保障。98%以上的交通事故是由于一方或两方及以上违反交通法规,因此要自觉遵守交通法规,从而减少交通事故的发生。相反,如果不遵守交通规则,存在侥幸心理,甚至明知故犯,如超速行驶、骑车载人、逆行、闯红灯、行人过马路不走人行横道和过街天桥等,就非常容易发生交通事故。

(4) 校园内骑车时不猛拐、不逆行、不分心、不载人,改变行驶方向时应及时给予后车手势。

二、交通安全事故现场处置

(一) 求救自救

若发生交通安全事故,立刻拨打交通事故报警电话122,在警察到来之前保护现场。若事故发生在校内,应打电话通知学校保卫处;若事故中有人受伤,须拨打120寻求救援。

(二) 保护现场,迅速拍照,留下证据

事故现场的勘察结论是划分事故责任的重要依据之一,发生交通事故后要保护好事故现场。若肇事者想逃逸,在保障自身安全的情况下要设法控制,自己不能控制时可以发动周围人帮忙控制,并记住肇事车辆的车牌号等基本特征。若肇事车辆企图逃逸,需牢记车牌、颜色、车型以便追查。

(三) 协助调查

在交警处理事故的过程中,当事人必须如实陈述交通事故发生的经过,不得隐瞒交通事故的真实情况。

(四) 联系老师和同学

发生交通事故后一般不要与肇事者"私了",除了及时报案、报告学校保卫处之外,还要及时跟自己所在院系的辅导员或者相关老师、同学联系。

思考与练习

1. 在校内容易发生的交通事故有哪些?
2. 在校外容易发生的交通事故有哪些?
3. 发生交通事故的原因有哪些?
4. 如何预防交通事故的发生?

第十八章 消防安全

扫码看课件

学习目标

1. 了解校园防火常识和注意事项。
2. 理解基本的灭火原理,学会常见手提式灭火器的使用方法。
3. 了解火灾扑救的原则,掌握火场逃生的基本措施。

中职学生应提高防火安全意识,通过对消防安全知识的学习,提高自防、自救、互救能力,做到"三懂三会",即懂消防基本常识、懂消防设施器材使用、懂消防设施器材使用、懂逃生自救技能,会检查火灾隐患、会扑救初起火灾、会逃生疏散。

第一节 防火知识

经典案例

某学校实训楼一实验室起火。一学生使用火焰枪(氢气、氧气)在通风柜内给石英管封管,操作过程中火焰枪与氢气管连接处脱落,氢气管喷出的氢气被引燃。起火后,该学生因紧张未及时扑灭火焰,燃烧的氢气引燃旁边的垃圾桶,产生大量浓烟。旁边实验室的人员发现后及时报火警,老师和保安人员赶到起火现场实施扑救,保卫部应急分队和消防队赶到时火已被扑灭。

我国消防工作的方针是"预防为主,防消结合"。把同火灾做斗争的两个基本手段——预防火灾和扑救火灾结合起来,在消防工作中,要把火灾预防放在首位,积极贯彻落实各项防火措施,力求防止火灾的发生。

一、校园防火

校园是消防安全重点单位之一,无数火灾实例说明,校园一旦发生火灾,不但会影响正常的教学、科研秩序,而且还会造成重大的社会影响。正是由于校园的特殊性,校园防火尤为重要。根据校园的特点,校园防火的重点主要是学生宿舍与实验实训楼。因为学生宿舍人员密度大,书籍、棉被、衣物、蚊帐等易燃物品及不安全用电等危险因素较多,一旦发生火灾,后果不堪设想;实验实训楼易燃易爆等化学物品集中,稍有不慎,就会引起火灾或爆炸。

1. 学生宿舍防火注意事项

(1) 禁止在寝室内乱拉、乱接电线。因为电线和插头、插座的多重连接,容易导致接触不良,接触不良时易产生电火花,如遇可燃物就会起火。更危险的做法是将电线埋在被褥下面,如果电线发热造成绝缘层起火,后果更严重。

(2) 禁止在寝室内使用大功率电器,如电茶壶、电炉、"热得快"、电炒锅等,因为它们都是靠电阻值较大的材料发热来提供热量,耗电量高,如果用不配套的电线连接,一通电就会使电线发热,绝缘层软化,时间一长,超负荷运转就会使绝缘层老化甚至起火,从而引起火灾。

(3) 严禁在宿舍内吸烟,更不能躺在床上吸烟。因为躺在床上吸烟,稍有不慎,燃烧的烟灰就会掉在被褥上直接引起火灾,造成人身伤亡或财产损失。

(4) 不能用纸当灯罩。因为纸的燃点是 130 ℃,而一只功率 60 W 的白炽灯在一般散热条件下,其表面温度为 140~180 ℃,大大超过了纸的燃点。如果用纸当灯罩,白炽灯表面温度达到纸的燃点,就会引起纸自燃。

2. 实验实训楼防火注意事项

(1) 在实验实训楼实习或工作时,一定要严格遵守各项安全管理规定、安全操作规程以及相关制度。

(2) 使用仪器设备前,应认真检查电源、电线、火源、辅助仪器设备等情况,使用完毕应认真清理,关闭电源、火源、气源、水源等,还应清除杂物和垃圾,尤其是使用易燃易爆等危险物品时,更要认真执行防火防爆安全管理规定。

(3) 中途离开实验室时,应切断电源。

(4) 不能在实验室吸烟。因为实验室易燃易爆物品多,如果这些物品泄漏,吸烟点火时就会引爆,再者,烟蒂的温度很高,其中心温度可达 800 ℃,如果将烟蒂扔在化学危险品或可燃气体、液体(如氢气、乙炔等)附近,极易引起剧烈燃烧和爆炸等恶性事故。

(5) 不能在实验室给手机等充电。若充电器为不合格产品,充电时间过长极易发生危险。

二、公共场所防火

商场、宾馆、车站、机场、影剧院、俱乐部、文化宫、游泳池、体育馆、图书馆、展览馆等都属于公共场所,这些场所一旦发生火灾,伤亡惨重。因此,学生应该自觉遵守公共场所的防火规定。进入公共场所时自觉配合安全检查。不在公共场所吸烟和使用明火。不携带烟火、爆竹、酒精、汽油等易燃易爆危险物品进入公共场所。车辆、物品不要紧贴或压占消防设施,不应堵塞消防通道,严禁挪用消防器材,不得损坏消火栓、防火门、火灾报警器、火灾喷淋等设施。学会识别安全标志,熟悉安全通道。发生火灾时,应服从公共场所管理人员的统一指挥,有序疏散到安全地带。

三、森林防火

森林一旦发生火灾,将带来人员和森林资源的巨大损失。防止森林火灾的发生,首先要杜绝人为火种,广大学生出入森林要严格遵守其规章管理制度,不携带火种,不在林区吸烟、野炊和举行篝火晚会等活动。总之,要爱护身边的一草一木,增强森林防火意识。

第二节 灭火知识

一、灭火原理

灭火就是破坏燃烧条件,使燃烧反应终止的过程。其基本原理可归纳为以下四个方面:冷却灭火、窒息灭火、隔离灭火和化学抑制灭火。

1. 冷却灭火

对一般可燃物来说,能够持续燃烧的条件之一就是它们在火焰或热的作用下达到了各自的燃点。因此,对一般可燃物造成的火灾,将可燃物冷却到其燃点以下,燃烧反应就会终止。水的灭火原理主要是冷却作用。

2. 窒息灭火

各种可燃物的燃烧都必须在其所需最低氧气浓度以上进行,否则燃烧反应不能持续进行。因此,通过降低燃烧物周围的氧气浓度可以起到灭火作用。通常使用的二氧化碳、氮气、水蒸气等的灭火原理主要是窒息作用。

3. 隔离灭火

把可燃物与引火源或氧气源隔离开来,燃烧反应就会自动终止。火灾中,关闭有关阀门,切断流向起火区的可燃气体和液体的通道;打开有关阀门,使已经发生燃烧的容器或受到火势威胁的容器中的液体可燃物通过管道流向安全区域。

4. 化学抑制灭火

化学抑制灭火就是使用灭火剂与链式反应的中间体自由基反应,从而使燃烧的链式反应中断,使燃烧不能持续进行。常用的干粉灭火剂、七氟丙烷灭火剂的灭火原理主要是化学抑制作用。

二、常见手提式灭火器及其使用

1. 清水灭火器

清水灭火器中充装清洁的水,为了提高灭火性能,在清水中加入适量添加剂,如抗冻剂、润湿剂、增黏剂等。国产的清水灭火器采用储气瓶加压方式,加压物质为液体二氧化碳。清水灭火器通过冷却作用灭火,主要用于扑救固体火灾,即 A 类火灾,如木材、纸张、棉、麻等的初起火灾。

灭火时,将清水灭火器提到距火源适当距离后,拔出保险销,一手握喷嘴对准燃烧物,另一手握住提把,用力压下压把,对准火源根部进行灭火。室外使用应站在上风处,不能将灭火器颠倒或横卧放置。

2. 干粉灭火器

干粉灭火器充装的是干粉灭火剂。干粉灭火剂一般分为 BC 干粉灭火剂（碳酸氢钠等）和 ABC 干粉灭火剂（磷酸铵盐等）两大类。手提式干粉灭火器适用于易燃、可燃的液体和气体以及带电设备的初起火灾、固体物质的初起火灾，但不能扑救金属燃烧火灾。

灭火时，将灭火器提到距火源适当距离后，上下颠倒几次，使桶内的干粉松动。如在室外，应选择上风方向喷射。手握喷嘴对准起火点，压下手柄，侧身对准火源根部由近及远扫射灭火。在使用有喷射软管的灭火器或储压式灭火器时，一手应始终压下压把，不能放开，否则会中断喷射。

3. 泡沫灭火器

泡沫灭火器充装的是水和泡沫灭火剂，可分为化学泡沫灭火器和空气泡沫灭火器。泡沫灭火器主要用于扑救 B 类火灾，如汽油、煤油、柴油、苯、甲苯、二甲苯、植物油、动物油脂等的初起火灾；也可用于扑救 A 类火灾的初起火灾。抗溶泡沫灭火器还可以扑救水溶性易燃、可燃液体火灾。但是，泡沫灭火器不适用于 C 类火灾、D 类火灾和 E 类火灾。

化学泡沫灭火器使用前应颠倒过来呈垂直状态，用力上下晃动几下，手握喷嘴对准起火点，压下手柄，侧身对准火源根部由近及远扫射灭火。空气泡沫灭火器在使用时应当呈直立状态，不可颠倒或横卧使用，也不能松开压把，否则会中断喷射。

4. 二氧化碳灭火器

二氧化碳灭火器充装的是二氧化碳灭火剂。二氧化碳灭火器灭火时因不会留下任何痕迹而使物品损坏，因此可以用来扑灭书籍、档案、贵重设备和精密仪器等燃烧引起的火灾。

灭火时，手握喷嘴对准着火点，压下手柄，一只手握住喇叭筒根部的手柄，另一只手紧握启闭阀的压把，侧身对准火源根部由近及远扫射灭火。使用时要注意，不能直接用手抓住喇叭筒外壁或金属连线管，防止手被冻伤。

三、消火栓

消火栓又称消防栓，是一种固定式消防设施，主要作用是控制可燃物、隔绝助燃物、消除起火源，分室内消火栓和室外消火栓。使用消火栓时，首先要打开消火栓门，按下内部火警按钮，一人接好枪头和水带奔向起火点，另一人接好水带和阀门口，逆时针打开阀门使水喷出即可。

知识链接

身上着火怎么办

(1) 立即离开火源。

(2) 立刻转移到空旷处，不乱跑。

(3) 脱掉着火的衣服。

(4) 身体平直躺下，不要蜷缩。

(5) 就地打滚,压灭身上的火焰。
(6) 立即就医。

第三节　火灾救援与火场逃生

经典案例

某学校一学生在学校宿舍因违规使用"热得快"引发火灾,不幸遇难。

分析:从以上案例可以看出,校内火灾事故大多是违规用电或违规实验操作造成的。血的教训告诉我们,一方面,学校要加强师生消防安全教育和演练,帮助学生掌握一定的消防安全知识。另一方面,学生要严于律己,严格遵守学校的各项规章管理制度,特别是宿舍安全管理制度,杜绝各种人为因素酿成的悲剧。

一、报火警

《中华人民共和国消防法》第四十四条规定,"任何人发现火灾都应当立即报警。任何单位、个人都应当无偿为报警提供便利,不得阻拦报警。严禁谎报火警。"

火灾发生时,在无法扑灭的情况下必须报警。一般拨打全国统一消防报警电话"119",也可拨打"110",公安系统会向消防系统转警。报警时要讲清楚火灾地址、起火部位、着火物资、火势大小、是否有人被困等情况及报警人的姓名和电话等。报警后要安排人员到交叉路口等候消防车,并维持路口到起火点的道路畅通。遇到火灾时,不要围观。有的同学出于好奇,喜欢围观消防车,这既有碍消防人员工作,也不利于自身安全。不能随意拨打消防报警电话,更不能假报火警。

二、火灾扑救

火灾扑救的六项原则如下。

1. 报警早,损失小

这是人们在同火灾做斗争中总结出来的一条宝贵经验。由于火灾发展很快,当发现初起火灾时,应在积极组织扑救的同时,尽快用火警报警装置、电话等报警。

2. 边报警,边扑救

在报警的同时要及时扑灭初起火灾。火灾通常要经过初起阶段、发展阶段、猛烈阶段,最后到下降和熄灭阶段的发展过程。在火灾的初起阶段,由于燃烧面积小,燃烧强度低,放出的辐射热量少,是扑灭的有利时机。这种初起火灾一经发现,只要不错过时机,用很少的灭火器材,如一桶黄沙、一支灭火器或少量水就可以扑灭。所以,就地取材、把握时机地扑灭初起火灾是极其重要的。

3. 先控制，后灭火

在扑救可燃气体、液体火灾时，应首先切断可燃物的来源，然后争取一次灭火成功。如果未先切断可燃气体、液体的来源而急于求成，盲目灭火，则是一种十分危险的做法。

因此，在可燃气体、液体火灾的来源未切断前，灭火应以冷却保护为主，积极设法切断可燃物来源，然后集中力量把火灾扑灭。

4. 先救人，后救物

若人员受到火灾的威胁，人和物相比，人是主要的。应贯彻执行救人第一，救人与灭火同步进行的原则，先救人后疏散物资。要首先组织人力和工具，尽快将被困人员抢救出来。在组织主要力量抢救人员的同时，部署一定的力量疏散物资、扑灭火灾。在组织抢救工作时，应注意先把受到火灾威胁最严重的人员抢救出来，抢救时要做到稳妥、准确、果断、勇敢，确保抢救的安全。

5. 防中毒、防窒息

许多化学物品燃烧时会产生有毒烟雾。一些有毒物品燃烧时，如使用的灭火剂不当，也会产生有毒或剧毒气体，很容易引发人员中毒。存在大量烟雾或使用二氧化碳灭火器等窒息法灭火时，火场附近空气中氧含量降低，可能引起人员窒息。

因此，扑救化工企业的火灾时应特别注意防中毒、防窒息。在扑救有毒物品时，要正确选用灭火剂，以避免产生有毒或剧毒气体。扑救时应尽可能站在上风处，必要时要佩戴防毒面具，以防发生中毒或窒息。

6. 听指挥，莫惊慌

发生火灾时不能随便动用周围的物资进行灭火，因为慌乱中可能会把可燃液体当成水来使用，反而会造成火势迅速扩大；也可能会因没有正确使用而白白消耗掉现场灭火器材。因此，发生火灾时一定要保持镇静，迅速采取正确措施扑灭初起火灾。此外，当由于各种因素发生的火灾在消防队赶到后还未被扑灭时，为了卓有成效地扑救火灾，必须听从火场指挥员的指挥，互相配合，积极主动完成扑救任务。

三、火场逃生

1. 逃生预演，临危不乱

每个人对自己工作、学习或居住的建筑物的结构及逃生路径要做到了然于胸，必要时可集中组织应急逃生预演，使大家熟悉建筑物内的消防设施及自救逃生的方法。这样，火灾发生时，就不会觉得手足无措了。

2. 熟悉环境，暗记出口

处在陌生的环境时，如入住酒店、商场购物、进入娱乐场所时，为了自身安全，务必留心疏散通道、安全出口及楼梯方位等，以便关键时刻能尽快逃离现场。

3. 通道出口，畅通无阻

楼梯、安全通道、安全出口等是火灾发生时重要的逃生之路，应保证畅通无阻，切不可堆放杂物或设闸上锁，以便紧急时能安全迅速地通过。

4. 扑灭小火,惠及他人

当发生火灾时,如果发现火势并不大,尚未对人造成很大威胁,且周围有足够的消防器材,如灭火器、消火栓等,应奋力将小火控制、扑灭;千万不要惊慌失措地乱叫乱窜,置小火于不顾而酿成大灾。

5. 保持镇静,明辨方向

突遇火灾时,面对浓烟和烈火,首先要强令自己保持镇静,迅速判断危险地点和安全地点,决定逃生的办法,尽快撤离险地。千万不要盲目地跟从人流或相互拥挤、乱冲乱窜。撤离时要注意朝明亮处或外面空旷地方跑,要尽量往楼层下面跑,若安全通道已被烟火封阻,则应背向烟火方向离开,通过阳台、气窗、天台等往室外逃生。

6. 不入险地,不贪财物

在火场中,人的生命是最重要的。身处火灾中,应尽快撤离,不要因害羞或顾及贵重物品,而把宝贵的逃生时间浪费在穿衣或寻找、搬离贵重物品上。已经逃离险境的人员,切莫重返。

7. 简易防护,掩鼻匍匐

逃生时若要经过充满烟雾的路线时,要防止烟雾中毒,预防窒息。为了防止呛入火场浓烟,可采用毛巾、口罩蒙鼻,匍匐撤离的办法。烟较空气轻而飘于上部,贴近地面匍匐撤离是避免吸入烟气、滤去毒气的最佳方法。穿过烟火封锁区,应穿戴防毒面具、头盔、阻燃隔热服等护具,如果没有这些护具,那么可向头部、身上浇冷水或用湿毛巾、湿棉被、湿毯子等将头、身裹好,再冲出去。

8. 善用通道,莫入电梯

规范标准的建筑物会有两条以上的逃生楼梯、安全通道或出口。发生火灾时,要根据情况选择进入较为安全的楼梯通道。除可利用楼梯外,还可利用建筑物的阳台、窗台、屋顶等攀到周围的安全地点。千万要记住,高层楼着火时,不要乘坐普通电梯。

9. 缓降逃生,滑绳自救

高层、多层公共建筑内一般都设有高空缓降器或救生绳,人们可以通过这些设施安全离开危险的楼层。如果没有这些专门设施,而安全通道又被堵,救援人员还没有赶到,则可以迅速利用身边的绳索或床单、窗帘、衣服等自制简易救生绳,并用水打湿,从窗台或阳台沿绳缓慢滑到下面楼层或地面安全逃生。

10. 避难场所,固守待援

假如用手摸房门已感到烫手,此时一旦开门,火焰与浓烟势必迎面扑来,逃生通道被切断且短时间内无人救援。这时可采取创造避难场所、固守待援的办法。首先应关紧迎火的门窗,打开背火的门窗,用湿毛巾和湿布塞堵门缝或用水浸湿棉被蒙上门窗,然后不停用水淋透门窗,防止烟火渗入,固守在房内,直至救援人员到达。

11. 传送信号,寻求援助

被烟火围困时,尽量待在阳台、窗台等易于被人发现和能避免烟火近身的地方。在白天可向窗外晃动鲜艳的衣物等,在晚上可用手电筒不停地在窗台闪动或敲击东西,及时发出有效的求救信号。在被烟气窒息失去自救能力前,应努力滚到墙边或门边,既便于消防人员寻找、营救,也可防止房屋坍塌时砸伤自己。

12. 火已及身，切勿惊跑

火场上的人如果发现身上着了火，千万不可惊跑或用手拍打。因为奔跑或拍打时会形成风，加速氧气的补充，促进火势的发展。当身上衣服着火后，应赶紧设法脱掉衣服或就地打滚，压灭火苗；能及时跳进水中或让人向身上浇水、喷灭火剂就更有效了。

13. 跳楼有术，虽损求生

在没有任何退路，非跳楼即烧死的情况下，只能采取跳楼的方法求生。跳楼也要讲技巧，在消防员的指导下，应尽量往救生气垫中部或选择有水池、软雨篷、草地等的方向跳；如有可能，要尽量抱些棉被、沙发垫等松软物品或打开大雨伞跳下，以减缓冲击力。如徒手跳楼一定要扒窗台或阳台使身体自然下垂跳下，以尽量减少垂直距离，落地前要双手抱紧头部、身体弯曲卷成一团，以减少伤害。无论如何，跳楼会对身体造成伤害，要慎之又慎。

思考与练习

1. 什么是燃烧？
2. 火场中自救的方法有哪些？
3. 常用灭火方法有哪些？
4. 学生宿舍防火有哪些注意事项？

第十九章 财产安全

扫码看课件

学习目标

1. 注意个人财产安全,掌握常见防盗的注意事项。
2. 了解学生容易受骗的原因,学会识别常见诈骗手法。

第一节 防止被盗

盗窃一般是指不法分子以秘密手段把他人财物据为己有。但是,哪些行为给不法分子创造了"条件",使其有了可乘之机?仔细想来,答案正是我们日常疏忽大意的行为:居住混杂,搬动频繁;管理松懈,制度不严;同学之间互不关心,缺乏警惕性;钥匙乱放乱借;门窗缺乏安全设施等。

一、学生容易被盗的场所

(1)学生宿舍最容易被盗。
(2)在食堂、教室、图书馆里,乱丢乱放的书包和装有现金的衣物容易被盗。
(3)在学生宿舍门口、教学楼门口、图书馆门口等地,乱停乱放的电动车和自行车容易被盗。
(4)学生私自租住的房屋容易被盗。
(5)学生乘坐火车、长途客车往返途中容易被盗。
(6)学生外出乘坐公交车容易被盗。
(7)学生外出聚餐容易被盗。

二、盗窃学生宿舍常见的手段

学生宿舍是学生存放财物的主要地方,也是人员集中且流动性大的地方。学生一定要养成随手关门的良好习惯,离开宿舍和睡前都要检查门窗,避免不法分子乘虚而入,溜门盗窃。

盗窃学生宿舍常见的手段有如下几种。

（1）顺手牵羊。不法分子趁宿舍学生不备或外出如厕、洗衣时，将放在走廊的物品或晾晒在走道、阳台等处的衣物盗走。若房门大开，宿舍无人或无人注意到不法分子，则其极有可能进入室内，将窃物范围扩大到笔记本电脑、手机、手表和现金等。

（2）"金钩"钓鱼。不法分子会用竹竿或铁钩将晾在窗外的衣服或离窗较近的物品盗走。

（3）溜门爬窗。学生宿舍门窗没有关闭，或没有安装结实的护栏，或安装了易于翻越攀登的门头气窗，不法分子都有可能翻入，其中，最常见的是从门头气窗翻入。

（4）撬门扭锁。不法分子用大剪钳或电钻，剪断锁扣或钻透锁芯，入室以后将值钱且容易携带的物品盗走。

（5）内部偷盗。内部偷盗是学生宿舍最常发生的盗窃事件，不法分子极易脱身。被同学发现时，他们会采用一些伎俩，如谎称自己是来宿舍找人的，若同学信以为真，不认真盘问，就可能蒙混过关。

（6）配有钥匙。不法分子开门入室盗窃的钥匙来源很多：一是原来居住过此房，本来就有钥匙；二是为方便实施作案，偷配钥匙；三是使用万能钥匙。

三、学生宿舍容易被盗的时段

学生宿舍被盗的时间是有规律的，每年都有几个高发期，学生在这一时期如果加强防范，就会大大减少盗窃事件的发生。

（1）新生入学报到期间，宿舍混乱，家长等外来人员多，新生互相不熟悉，容易被盗；军训期间，宿舍通常无人，容易被盗。

（2）学生都去上课时易被盗。特别是上体育课时，大家习惯将钱包和手表放在宿舍，容易发生盗窃事件；上晚自习时宿舍常常无人，也可能被盗。

（3）周末易失窃。周末来访人员多；周末学生打扫卫生、洗衣服，离开宿舍到盥洗室的时间多。

（4）放假前，到学生宿舍找人、串门的人多，容易发生盗窃事件。

（5）寒暑假期间易发生盗窃。一是学生宿舍易被撬门扭锁；二是学生留宿外来人员；三是学校放松管理；四是有的学生返校作案。

（6）夏天天气闷热，大多开窗睡觉，容易被盗。

（7）期末考试期间，宿舍经常没有人，容易发生盗窃案件。

四、学生防盗注意事项

学生常常忽视对自己物品的保管，在宿舍将笔记本电脑、手机随意放在床上；在食堂、图书馆用书包占座位；在体育馆、篮球场，书包随意放置。这些做法恰恰为不法分子提供了作案条件。学生应该了解一些防盗注意事项，养成良好的习惯，不给不法分子可乘之机。

1. 宿舍防盗措施

（1）长时间离开宿舍应将宿舍门窗关好。如果宿舍门锁仅为挂锁，最好更换。最后离开宿舍的同学要特别注意关窗锁门，平时养成随手关窗锁门的习惯。

(2) 短时间离开宿舍,如去洗手间洗漱或者到其他寝室串门时,也要随手锁门。

(3) 不要随手将手机、钱包、数码相机等容易拿走的贵重物品放在桌面或床上,尽量锁好。有笔记本电脑的同学,最好安装储物柜。

(4) 大额现金不要放在宿舍,应及时存入银行,随用随取。

(5) 陌生人来访要特别注意,不要将视线离开其行动范围;见到形迹可疑的、在宿舍楼里四处走动、窥探张望的陌生人,要主动询问,即使不能当场抓住不法分子,也能使他们感到无机可乘,客观上起到了预防作用。

(6) 不要将钥匙和证件等乱放,不随意将钥匙借给他人。

学生在对其他同学还没有真正了解时,一定不要过于信任他人,尤其是在宿舍这一集体场所,做到"防人之心不可无",时刻警惕,不要将钥匙和贵重物品托付他人。

2. 食堂、教室、操场防盗措施

(1) 不要用书包占座位,在就餐时,书包尽量放在双腿上,或者将书包或挎包的包带挎在肩上、手上。

(2) 如果需要用书包占座位,包中的贵重物品如手机、钱包、数码相机等一定要拿出来;如果是几个同学一起用餐,可以轮流打饭。

(3) 在食堂排队打饭时,不要将手机或者钱包放于上衣的外口袋以及长裤后口袋中,随身背包、挎包都要移到身前。

(4) 在教室午睡或去厕所时,应该携带自己的贵重物品或找同学帮忙看管,以防一觉醒来或外出归来时书包或者书包内的贵重物品丢失。

(5) 在操场上运动时,最好把手机和钱包集中放在一起,找专人帮忙看管,或到相对封闭的场馆运动。

3. 外出时防盗措施

(1) 外出采购、游玩时尽量不要携带大量现金和贵重物品,如必须带的钱款较多,最好分散放置在内衣口袋里,外衣只放少量现金以便购买车票或零星物品时使用。

(2) 外出时,不要把钱包放在身后的裤袋里,乘公交车时不要把钱或贵重物品置于包的底部或边缘,以免不法分子将包割开而盗走钱物。在挤车时,包应放在身前,不管是吃饭、购物还是拍照,包都不能离身,至少不能脱离视线范围。

(3) 在人多杂乱的地方不要数现金,以免被不法分子盯上。同时也不要因不放心而经常摸放钱的地方,这同样会引起不法分子的注意。

(4) 乘出租车下车时,要注意清点自己随身携带的物品,以免因与同学聊天或急于办事而把物品丢在车上。另外,乘出租车应索要小票,万一遗失物品也便于查找。

4. 乘车防盗措施

(1) 等车时注意身边的人,特别是那些公交车一靠站就去挤而最后却又不上车的人,对手拿报纸、雨伞、塑料袋等物品,且多次重复上下车、行动反常的人也要特别注意。在上下车时,一定要自觉维护站台、车厢秩序,按顺序上下车。不要为争抢座位、急于下车而使劲挤,造成站台、车厢秩序混乱,给不法分子以可乘之机。

(2) 乘车前准备好零钱,使用完手机后要立即放回随身携带的包内,钱包等贵重物品应尽量放在贴身口袋内。上车前应检查手提包的拉锁,系好衣扣,不给不法分子作案的机会。不要在站台上清点财物,不要在车上翻钱包。

(3) 防止划包扒窃。上车后,尽量往车厢中间走,在乘车过程中把背包和其他物品置于自己的视线范围内。特别是在拥挤的车辆上,不要把包背在左、右两侧和后背,最佳的办法是将包放在自己胸前,并尽可能用双手护着,保护好随身财物。如遇有乘客故意触碰紧贴自己,尤其要加倍小心。

(4) 防止犯罪团伙设计情节在乘客面前表演,吸引乘客的注意力,配合团伙成员作案。如有的犯罪团伙会有两名成员装作为某事争吵,甚至大打出手,在公交车车厢里推来推去,并压倒在乘客身上,此时团伙另外的成员便趁机偷窃。

(5) 注意司机善意的提醒。当司机说:"车厢里人多拥挤,请大家保管好自己的随身物品"或"请大家往里走,不要挤在门口"等类似的话时,要领会这些话可能是防盗暗语,应提高警惕,保护好自己的物品。

(6) 发现盗贼要立即呼喊,让车内人员共同抓贼。

五、学生宿舍被盗的处理

(1) 发现宿舍门被撬,抽屉、箱子、柜子锁被撬,或者宿舍有被翻动的痕迹时,不要进入宿舍,应立即向学校保卫部门报告,并向学校有关老师或领导报告。

(2) 保护好现场。如果案件发生在宿舍内,可在宿舍门前(一楼及窗外)设岗看守,阻止同学围观,不能让他人进屋,更不能翻动室内的任何物品,封闭现场。对不法分子可能留下痕迹的门柄、锁头、窗户、门框等也不能触摸,以免无关人员的指纹留在上面,给勘查现场、认定不法分子带来不必要的麻烦。

(3) 如果发现存折、信用卡、汇款单被盗,应尽快到银行和邮局挂失。

(4) 积极向负责侦察破案的公安、保卫人员反映情况,提供线索,协助破案。如实回答前来勘验和调查的公安、保卫人员提出的问题。回答要实事求是,不可凭想象、推测;要认真回忆,力求全面、准确。不能因一些个人问题而隐瞒情况,应实事求是地配合公安、保卫人员做笔录。

第二节 防止受骗

诈骗是指以非法占有为目的,用虚构事实或隐瞒真相的方法骗取款额较大的公私财物的行为。由于诈骗一般不使用暴力,而是在平静的气氛下进行,受害者往往容易上当。提防和惩治诈骗分子,除依靠社会的力量和法律武器以外,更重要的还是提高自身防范意识,认清诈骗分子的惯用手段,以防上当受骗。

一、学生容易受骗的原因

(1) 交友不慎。学生进入学校后吃住在学校,每天过着宿舍—食堂—教室三点一线的生活。大多数学生喜欢结交朋友,但一些学生防范意识差,警惕性不高,容易听信陌生人的话,从而上当受骗。遇到一些来访的老乡或同学的同学、老乡的老乡、朋友的朋友之类的人,容易掉以轻心。

(2) 疏于防范。据相关资料显示,在校学生被骗取钱物,绝大多数是疏于防范的原因。事实上,很多学生经历的事情少,没有处事经验,性格直率,过于热情,不能时刻保持警惕。

(3) 利欲熏心。部分学生爱慕虚荣,妄想不经过辛勤劳动而摇身一变成为有钱人,面对金钱诱惑时,丧失了理性思考的能力。

(4) 法律意识淡薄。有些学生明知一些事情是违法的,却因经受不住别人的诱惑而上当受骗,从事一些非法活动,害人害己,甚至在受骗以后又去欺骗别人。

(5) 部分女学生较容易受骗。女学生大多珍视感情,且富有同情心,易对别人产生信任感和依赖感;女学生大多爱面子,容易迁就对方,常常碍于情面,对违背自己意愿的事不知如何拒绝,导致骗子得寸进尺;有的女学生急于求成,喜欢搞短期行为,容易被一时之利诱惑;有些女学生仅仅因为对方的一两句"我爱你""说话算数",便很快对其产生了"讲信用,靠得住"的"良好"印象,一旦对方再施以小恩小惠,就很容易放松警惕,让骗子牵着鼻子走。

二、诈骗作案的主要手段

1. 校内诈骗

(1) 利用学生警惕性不高、入学时间短不熟悉情况、没有社会经验等弱点,或利用学生急于就业和出国等心理,投其所好、急其所急地施展诡计而骗取财物。尤其是新入学的同学,不要轻易相信陌生人采用收费方式帮助联系入党和推荐做学生干部等。

(2) 利用学生经验少、法律意识淡薄、急于赚钱减轻家庭负担的心理,常以公司名义或其他身份让学生为其推销产品,事后却不兑现诺言和酬金。对于类似案件,由于事先没有完备的合同等手续,报警后处理起来比较困难,往往时间拖得很长,花费了许多精力却难以追回损失。

(3) 利用学生购物经验少及贪小便宜的特点,上门推销各种产品而使其上当受骗。更有一些到学生宿舍推销产品的人,一旦发现室内无人,就会顺手牵羊。

(4) 以招工或勤工助学的名义设置骗局,骗取介绍费、押金、报名费等。

(5) 利用一切机会与学生拉关系、套近乎或通过网上聊天交友,骗取学生信任后伺机作案。

(6) 谎称学生在学校受到意外伤害,急需汇款治疗,对学生家长及亲属进行诈骗。

(7) 谎称自己是富家子弟,因发生意外急需用钱,并承诺加倍返还;或对同学谎称自己发生意外,利用同学的同情心伺机诈骗。

2. 校外诈骗

在诸多诈骗案中,马路骗子屡屡得手,在受骗的人中年轻人占大多数,其中不乏在校学生。因此,在校学生要特别注意提防马路骗子。

(1) 不要贪图小便宜。诈骗分子得逞的一个先决条件是利用了受骗者爱占小便宜的心理。不要在马路上向无证摊贩购买自己不了解价格和质量标准的商品;不被货摊周围的叫好声、喊便宜声,甚至争先恐后去抢着买的行为带动,说不定他们就是所谓的"托"。

(2) 不要轻易参与骗子的游戏。这些骗子往往利用人们的好奇心理引人上钩,如一些马路骗子在街头巷尾摆设的游戏,他们总是先引诱人参与,设法使参与者在游戏中感受到乐趣,然后伺机诈骗钱物。

(3) 警惕骗子利用封建迷信诈骗。一些骗子利用看病、算命来骗钱，利用患者想尽快痊愈的心理，诱使患者去"看病"；或者以"血光之灾"等说法吓唬人，攻破一些人的心理防线，而后让他们拿钱"消灾解难"。

(4) 提防魔术行骗。许多魔术行骗的规则看似公平，实则暗藏机关，稍有不慎，行骗者就有可乘之机。因此，遇到街边摆摊表演魔术的人时，一定莫入圈套。

3. 短信和电话诈骗

短信和电话诈骗的新花样层出不穷，且不少骗局借助高科技软件，环环相扣，让人防不胜防。诈骗分子甚至还紧跟抗震救灾、高考录取等社会热点，实施信息诈骗。现在的学生几乎每人一部手机，并且大多能够通过手机上网，这就给不法分子提供了机会。学生要了解相关的骗术，绝不能给不法分子以可乘之机。

(1) 中奖信息设陷阱。如果接到"我是××省公证处的公证员或××节目的主持人，您的手机号码在××抽奖活动中获得了特等奖，奖品是小轿车一辆"等类似短信，请先思考几秒钟，想想自己是否用该手机号码参与过什么抽奖活动。

(2) 冒充银行提醒刷卡消费。如果你收到类似短信，再拨打短信里所留电话号码进行询问时，就进入了不法分子的圈套。例如，"尊敬的客户：我行3月26日成功从您账户支出8700元，如有疑问请与客服中心联系。"

(3) 谎称家人发生意外。若有人打电话称"您的家人在某地患急病或发生意外，急需用钱，请把钱打到××银行××账号"，一定要核实，不要轻易相信。

(4) 冒充电台骗取话费。"您好，您的朋友为您点播了一首歌曲，以表达他的思念和祝福，请您拨打××收听。"当你拨打收听时，你的话费余额一定会直线下降。

(5) 冒充朋友要求充值。"我在外地出差，我的手机很快就没有话费了，麻烦你帮我买张充值卡，再用短信告知卡号与密码。"接到这样的电话或信息，一定要核实对方身份。

(6) 冒充手机服务商。"您好，这里是××××客户服务热线，由于我们工作失误，您的电话费这几个月累计多收了××元，如确认退费请按……"或"现联合推出××××手机卡充值，100元面值的手机卡30元低价促销，诚招各地代理经销商"等。

(7) 如果收到未知电话号码拨打的电话，或响了两声就挂断的电话，不要随便回拨。部分号码是付费电话，接到这类陌生来电，一定要小心核对再回拨。

(8) 不法分子利用手机改号软件，克隆了受骗人亲友的手机号码实施诈骗活动。通过这种改号软件，拨打者可以把主叫号码显示成其设定的任何号码，如接听者的朋友或亲人的手机号码、家庭电话等。

三、防范诈骗的做法

社会环境千变万化，学生必须尽快适应环境，学会自我保护。要积极参加学校组织的法制和安全防范教育活动，多了解、多掌握一些防范知识，对自己有百利而无一害。在日常生活中，要做到不贪小便宜、不非法谋取私利；在助人为乐、奉献爱心的同时，要提高警惕性，不能轻信花言巧语；不要把自己的家庭地址等情况随便告诉陌生人，以免上当受骗。一般来说，不法分子行骗的过程可分为两个阶段：一是博得对方信任，二是骗取对方财物。虽然行骗手段多种多样，但若我们树立了较强的反诈骗意识，克服内心的一些不良心理，保持应有的清醒，做到"三思而后行,三查而后行",那么在绝大多数情况下是可以避免上当受骗的。

(1) 要有反诈骗意识。俗话说:"害人之心不可有,防人之心不可无。"当然,"防人"并不是要草木皆兵,关键是要有这种意识,对任何人,尤其是陌生人,不可轻信和盲目顺从,遇人遇事应有清醒的认识,不要因为对方说了什么好话、许诺了什么好处,就轻信、盲从。注意保护好自己的信息,特别是家里的电话号码、地址,不轻易透露给陌生人。

(2) 交友要谨慎,避免因感情冲昏头脑。与人交往要区别对待,保持应有的理智。对于熟人或朋友介绍的人,要学会"听其言,察其色,辨其行"。对于初相识的朋友,不要轻易交心,更不能言听计从,受其摆布。对于疑有心怀鬼胎、居心不良的人,交往要小心,以避免给其留下作案条件。

(3) 服从校园管理,自觉遵守校纪校规。为了加强校园管理,学校制订了一系列管理制度。制度是用来约束行为的,在执行过程中可能会给同学们带来一些不便,但是制度却是必不可缺的,同学们一定要认真执行有关规定,自觉遵守校纪校规,积极支持学校有关部门履行管理职能,并努力发挥出自己应有的作用,以防止闲杂人员和不法分子混入校园作案。

(4) 防范手机诈骗。目前学生使用手机的现象相当普遍,要加强防范意识,特别是对方要求存入钱款、提供现金、提供财物的,应核实对方身份,不宜简单地以来电号码来判断对方身份。一些不法分子经常大量群发代办文凭及通知中奖之类的短信,有些社会经验不足的同学便轻易相信,一步一步走进不法分子事先设置好的陷阱。

(5) 小心传销。用人单位以招聘直销人员的名义登载招聘信息,让求职者交纳一定的费用并介绍更多的人从事此工作,此举多为传销,其骗人的"一夜暴富论"害人害己。

(6) 切忌贪小便宜。对一些不熟悉的人所许诺的利益,要深思和调查。要知道,天上是不会掉馅饼的。克服贪小便宜的心理,行骗者就难有可乘之机。

(7) 同学之间加强沟通,相互帮助。在学校里,无论哪个学院、哪个专业,班集体都是一个基本的组织。在这个集体中,大家有着共同的学习目标,同学间、师生间的友谊非常珍贵,因此相互间应该加强沟通、互相帮助,分享自己的经验。特别是在自己觉得可能会吃亏上当时,与同学沟通或许就能得到一些帮助并避免受骗。

(8) 一旦发现受骗要迅速报案。发现自己受骗后,必须镇静,赶快想办法及时掌握对方的犯罪证据,迅速报案,并防止打草惊蛇。有的同学认为把钱追回来是关键,所以,在发现受骗后便想私了,于是主动找上门去恳求骗子返还财产。这是很愚蠢的做法,这等于告诉对方骗局已经暴露,提醒骗子赶快逃匿。聪明的做法是一面装作仍被蒙在鼓里,随时掌握对方行踪;一面查明对方所骗财产的流向,及时报警。

经典案例

某公安分局接到某市一所学校保卫处的报警,称其从微信群中获得一条求救信息,在校学生李某可能被一个非法传销组织所控制。警方经过近10个小时的调查,终于查清传销窝点所在位置,李某在某家属楼内被成功解救,非法传销窝点被打掉,警方查获外地流窜来当地的非法传销人员8名。据办案民警介绍,李某外出找工作,轻信了传销人员的话,被带入传销组织。

李某被强迫留在该窝点不准离开,还被要求与其他传销人员同吃同住。平时"讲师"每天为他们讲课,内容基本都是夸大宣传某些日用品的效果,并反复强调要他"投资",还要他向朋友推荐产品。李某不敢明显的反抗,便通过微信发出消息,希望有人能来救自己。幸好学校保卫处的工作人员在微信群里看到他发出的求救消息并报了警,李某才成功获救。

非法传销组织大多利用学生想假期打工挣钱,或是毕业生想要快点找到工作减轻家庭经济负担,或是想要走捷径赚大钱的心理,以介绍工作为幌子,利用亲情、友情,以高额的工作收入为诱饵,骗其进入非法传销组织。这警示着同学们,要远离传销。这既需要学生从自身做起,树立脚踏实地的择业观,面对暴利诱惑和煽动教唆时能够从容理智应对,也需要学校提高反传销等法制教育的针对性和有效性,增强学生的分辨能力与防范意识,帮助学生做好走向社会的准备,筑牢学生反传销的"防护网"。

思考与练习

1. 学生宿舍防止盗窃的措施有哪些?
2. 学生容易上当受骗的原因有哪几点?
3. 防止女学生受骗的要点有哪些?

第二十章 网络安全

扫码看课件

学习目标

1. 了解网络成瘾的危害和应对措施。
2. 学会防范网络犯罪和预防"校园贷"陷阱。

网络世界很精彩,互联网已成为人们学习知识、获取信息、交流思想、开阔视野、休闲娱乐的重要平台。我们可以通过互联网在数字知识库里寻找自己学业上、事业上的所需,从而帮助我们的学习与工作。然而,在看到网络积极作用的同时,也应看到网络所带来的负面影响。网络上充斥着各种暴力、色情、迷信、赌博等不良信息。一些学生沉迷于网络的虚拟世界当中,将网络当作现实生活,脱离社会,严重影响自己的学习和生活。在现实生活中,学生在网络上受骗的事件屡有发生;同时,一些不法分子利用网络实施犯罪活动,危害网络的信息安全与秩序。因此,应了解如何正确、科学地使用互联网,掌握基本的防范方法和相关法律法规,从而避免在上网时受到伤害。

第一节 网络成瘾

案例一:15岁的男孩张某因涉嫌故意杀人被检方批准逮捕。一个月前,他挥舞菜刀砍向同学母亲,后被警方抓获。当被问起"怎么会砍薛某那么多刀"时,张某回答:"害怕对方复活。"他说,自己平时喜欢玩一款网络游戏,当时用菜刀砍薛某时,自己脑子里一片空白,只有一个念头:不能让对方"复活"。"复活",这个网络游戏中频现的词汇,让15岁的少年彻底失去理智,对同学母亲疯狂砍下100多刀。

案例二:因上网玩游戏时发生争执,一名15岁男孩被一名17岁男孩刺死;3名学生通宵上网后在铁轨上打瞌睡,其中2名被火车轧死;2名年轻人模仿网络游戏的"杀人场面"将1名流浪儿童杀死……

一、网络成瘾的概念

网络成瘾又称网络成瘾综合征,临床上是指由于患者对互联网过度依赖而导致的一种心理异常症状以及伴随的一种生理性不适。因为网络的特质带给使用者许多快感,同时又因很容易重复获得这些愉悦的体验,使用者便在享受这些快感时渐渐失去了时间感,一方面逐渐对网络产生依赖,另一方面导致沉迷和上瘾。

中国是网络大国,网民人数以每年20%的速度递增,而且以青少年为主体,青少年上网大多以玩游戏和聊天为主,网络成瘾、网络受骗、网络犯罪等问题日益突出。据公安部门统计,青少年犯罪中约80%都是网络成瘾者。

二、网络成瘾的危害

1. 损害身体健康

处于身体发育关键期的青少年,一旦沉溺于网络世界,长时间面对电脑,日常生活规律完全被打破,饮食不正常,睡眠减少,导致精神不济、心急气躁、皮肤变差、记忆力下降,身体变得越来越虚弱,甚至猝死。经常上网会造成青少年左脑发育不良,语言表达力下降,甚至思维混乱。

2. 人格异化

研究表明,有网络成瘾倾向的个体常常是孤独和抑郁的。沉溺于网络游戏的学生,往往过度依赖网络的虚拟世界而不能面对现实世界,而且网络游戏中虚幻的情节和所谓的侠义精神容易误导学生,使其价值观偏颇,淡化他们在现实社会中的社会规范和道德约束。

3. 引起角色混乱,诱发犯罪行为

网络游戏给了学生扮演各种各样角色的机会,同时也为学生的角色混乱埋下隐患。网络游戏大多以攻击、战斗、竞争为主要成分,长期玩赛车、砍杀、爆破、枪战等游戏,火爆刺激的内容容易使游戏者模糊道德认知,迷失自我,以致不能理性承担现实社会中的角色,他们会误认为这种通过伤害他人而达成目的的方式是合理的。一旦形成了这种错误观点,便会不择手段,欺诈、偷盗甚至对他人施暴。目前,因为玩网络游戏而引发的道德失范、行为越轨甚至违法犯罪的问题正逐渐增多,网络中的暴力色彩极易触发学生内心深处的攻击性。当他们在现实生活里遇到一些问题需要解决时,往往马上想到网络游戏里的暴力手段。

4. 荒废学业

网络是一个虚拟世界,它不仅满足了青少年尽早、尽快获得各种信息的需要,也给人际交往留下了广阔的想象空间,而且不必承担现实生活中的压力和责任。虚拟世界的这些特点,使得不少青少年宁可整日沉溺于虚幻的环境而不愿面对现实生活,但无限制地沉溺于网络将对日常学习、生活产生很大的影响,严重的甚至会荒废学业。

据对某校237名退学试读生和留级生进行调查,有80%的学生是因为沉溺于网络而导致学习成绩下降。某校曾发生两个专业共90多名学生中超过1/6的学生因沉溺于网络而导致考试不及格,最终被要求退学。

5. 影响人际关系

据有关调查显示,全国网民中有80%的人经常上网。绝大多数人认为上网聊天比面对面的交谈更好,因为这样他们可以说出当面无法说出口的话。而被问及这是否影响与家人的交流时,90%的人承认有影响,说他们已经不习惯和父母及身边的朋友诉说心事,宁愿选择和网

友说出自己的一切,因为他们觉得和陌生人说不会感到不好意思。

网络的过度使用导致了严重的人际关系问题。一个人上网的时间越长,在现实生活中与人打交道的时间就越少。对于网络成瘾者,与人的交流往往以机器为中介,极大减少了直接交往的机会,人与人之间的依赖关系被人对网络的依赖所取代。

知识链接

网络成瘾临床诊断标准

长期反复使用网络,且使用网络的目的不是为了学习和工作或不利于自己的学习和工作,符合如下症状。

(1) 对网络的使用有强烈的渴望或冲动感。

(2) 减少或停止上网时会出现周身不适、烦躁、易激惹、注意力不集中、睡眠障碍等戒断反应;上述戒断反应可通过使用其他类似的电子媒介(如电视、掌上游戏机等)来缓解。

(3) 下述6条内至少符合1条。

① 为达到满足感而不断增加使用网络的时间和投入的程度。

② 使用网络的开始、结束及持续时间难以控制,经多次努力后均未成功。

③ 固执地使用网络而不顾其明显的危害性后果,即使知道过度使用网络的危害仍难以停止。

④ 因使用网络而减少或放弃了其他兴趣、娱乐或社交活动。

⑤ 将使用网络作为一种逃避问题或缓解不良情绪的途径。

⑥ 向他人撒谎玩游戏的时间和费用。

三、网络成瘾的应对措施

1. 认清网络实质,摆正网络位置

作为学生,我们要提高自身对网络实质的思考。网络只是为我们现实中学习、生活、工作服务的辅助工具,使用网络的目的是提高我们的学习效率、工作效率和生活质量,而不是让我们消磨时光、浪费生命;虚拟世界不能代替现实社会,网络人际关系也不能代替现实中的人际关系,网络情感更具有不确定性和欺骗性,虚拟的情感宣泄与满足也不能得到真实的快乐;网络信息鱼龙混杂,真假优劣难辨。

我们只有认清了网络的实质,才能合理地使用网络资源,准确地把握自我,处理好虚拟社会角色与现实社会角色之间的关系,避免网络心理问题的发生。

2. 确立人生目标,增强个人意志

许多学生沉迷于网络,主要是缺乏一个明确的奋斗目标或缺少坚强的意志力。如果一个人树立了明确的人生目标,就能用目标来指导自己的行为方向,用目标来指导自己的时间安排,从而科学地规划自己的人生,建立健康合理的生活秩序。这样的人,一般不会沉迷于网络,而是充分利用网络资源,自觉忽略网络的无用信息,努力抵制有害网站的诱惑。有明确人生目标的人,会把重要的时间用来做重要的事情,对放松娱乐的时间加以限制,一般不会长时间沉迷于网络聊天和网络游戏。

当然,有些学生虽然确立了自己的奋斗目标,也做了人生规划,但因个人意志力薄弱,依然无法抗拒网络的强大诱惑,最终还是沉迷于网络不能自拔,当初确立的奋斗目标也随之化为泡影。对于这些学生,就需要进行个人意志力的培养和训练,提高他们的自我约束力和自我控制力。

3. 限制上网时间,养成良好习惯

网络依赖和成瘾是个体不同程度地过度使用网络造成的,其主要表现是长时间在网上做没有意义的事情,甚至是对自己身心有害的事情。如果学生能合理安排和控制自己的上网时间,就能有效避免网络依赖和成瘾。首先,在上网之前要明确上网的目的,把上网要完成的具体任务列出来,根据任务的多少估计大概需要多长时间。为了按时完成任务,学生上网后就会把注意力集中在与任务相关的内容上,而无暇浏览无关网站和玩游戏。其次,为了身体健康,要确保每次上网的时间不超过1小时,即使任务没有完成,也要休息10～15分钟,然后再继续操作。最后,如果是为了放松和娱乐上网,也要限制时间和内容:第一,不涉猎黄色网站;第二,不玩有暴力倾向的游戏和容易上瘾的游戏;第三,设定下网时间提醒(如可设定闹钟等),准时下网,绝不拖延。自己坚持做到以上几点,就能养成良好的上网习惯。

4. 丰富日常生活,投身现实社会

要使自己不沉迷于网络世界,就要积极投身于现实生活。平时要多参加学校组织的学习活动、娱乐活动和其他各种有益的活动,在各种有益的活动中锻炼和展现自己的能力;多和身边的同学、老师、家人、朋友进行交往和交流,在现实社会中寻找友情和爱情;注意培养自己良好的兴趣、爱好,发展自己的特长,从中获得身心愉悦,实现自我价值。这样,就会减少对网络世界的过分关注,预防网络心理问题的发生。

对于学生的网络成瘾问题,预防的作用永远大于治疗的作用。如果学生能做到上述几方面,就能有效预防网络心理问题的发生,对于一般的网络焦虑和网络依赖问题,也能起到调节和控制作用。当不管出于什么原因已经产生了自己无法解决的、严重的网络心理问题时,一定要积极主动地寻求专业人士的帮助。

第二节 网络犯罪的防范

一、网络犯罪的概念

网络犯罪是指行为人运用计算机技术,借助网络对网络系统或信息进行攻击,破坏或利用网络进行犯罪的总称。网络犯罪既包括行为人运用其编程、加密、解码技术或工具在网络上实施的犯罪,也包括行为人利用软件指令、网络系统或产品加密等技术及法律规定上的漏洞在网络内外交互实施的犯罪,还包括行为人借助于其居于网络服务提供者的特定地位或其他方法在网络系统实施的犯罪。简而言之,网络犯罪是针对和利用网络进行的犯罪,网络犯罪的本质特征是危害网络及其信息的安全与秩序。

二、网络犯罪的成因

要有效地预防和减少网络犯罪,必须首先认清其产生的根源,这样才能依法从根本上进行治理和防范。网络犯罪行为的原因是复杂多样的,可归纳为以下几个方面。

1. 网络自身的特点使防范技术滞后

首先,作为一种以高科技为支撑的犯罪,网络犯罪具有瞬时性、动态性、开放性等特点,许多犯罪可以瞬间完成。传统犯罪在很大程度上要受时空条件限制,但在网络所创造的虚拟空间中,行为人可以随时随地上网作案,随着犯罪行为的"数字化",远距离作案也易如反掌,行为人足不出户就可以在异国他乡兴风作浪。其次,网络本体脆弱,防范技术滞后。目前,安全技术体系尚不完备,许多单位和个人网络系统存在安全隐患,难以抵挡网络犯罪的侵袭。同时,管理失控也是重要原因之一。许多网络行业都缺乏一套完善的安全管理制度,即使有,也只是"装装门面",使行为人很容易作案成功。

2. 低成本、高效益的巨大诱惑性

网络犯罪风险小,其被发现概率只有总数的1‰~5‰,而丰厚获利却是有目共睹。据有关资料统计,平均每起网络犯罪可获利20多万美元,这种低成本、高效益、低风险的特性无疑对犯罪分子具有极大的诱惑性。正如日本计算机犯罪学专家所说,"现在几乎没有任何一种犯罪像网络犯罪一样能轻而易举地获取巨额财富。"

3. 法制观念淡薄,缺乏网络伦理道德

许多网络犯罪的产生,行为人本身并没有具体的犯罪动机或犯罪目的,仅仅是因为法制观念淡薄或道德感的缺失而实施网络犯罪行为,其行为具有很大的随意性。

4. 防治网络犯罪的法律体系不完善

目前大多数国家防治网络犯罪的法律体系都是不健全的,这不仅体现在法规本身的数量和范围上,在诉讼程序上也是如此。另外,传统侦查制度难以适应网络犯罪的特点。难以及时取证、缺乏有效执法机构和高素质专业执法人员、缺乏国际合作和协调等也在一定程度上导致了网络犯罪的日益猖獗。

经典案例

某中职学生李某报警称:聊天时,有人盗用其朋友刘某的QQ号与其在网上聊天,称有急事要用2000元钱。被害人给对方汇款2000元,后与其朋友刘某联系发现被骗。

三、网络犯罪危机应对

1. 网上欺诈危机应对

近年来,互联网业务的高速发展,随之而来的安全问题正日益凸显,特别是一再出现的利用网络实施的欺诈。

学生首先要提高网络安全意识,不要盲目轻信网络广告和手机短信中的免费、促销、打折信息,谨防落入不法分子设置的欺诈陷阱之中。同时,学生应及时为电脑和手机安装专业的安全防护产品,阻止学生通过笔记本电脑或手机访问恶意网站,保护上网安全,免遭欺诈威胁。此外,虚假客服、虚假退票类电话和信息充斥着整个互联网,学生稍不留神,就会上当受骗。建议学生在使用搜索引擎的时候,一定要认真辨别搜索结果,谨防上当受骗。

2. 交友陷阱危机应对

针对网络交友陷阱,学生应有所防范。

(1)要充分认识网络世界的虚拟性和险恶性,对网恋多一分清醒,少一分沉醉,时刻保持高度警惕性。

(2)时刻保持警惕,不要轻易信任他人。除非与对方已经交往了很长时间,而且建立起了一定的信任,否则不要轻易与对方约会。

(3)不要把个人资料在通信过程中告知对方,需要刻意保护的信息有真实姓名、家庭电话、手机号码、办公电话、家庭住址等,以及可以让他人直接找到你的任何信息。

(4)对那些试图得到私人信息的人保持警惕。经过一段时间的正常沟通以后,朋友之间互相告知电子邮件之类的信息可以加深关系。此时,仍然应该保持警惕与自我保护意识。如果有些人不停地向你索取私人通信方式,或者主动提供给你QQ号或邮箱,此时一定要保持冷静,慎重对待这种局面,并做出理性选择。

(5)选择公共场所约会,并告知他人。如果与网友的关系发展到了可以足够信任对方且可以约会的程度,在约会前明确一个首要原则,即选择公共场所约会并告知他人。

(6)约会时要察言观色。人不可能通过网络了解一个人的真实背景或真正性格,所以约会时的察言观色是加深对对方感性认知的好时机。随时观察对方的特征,如吹牛、叹气、挥舞手脚、过激举动、眼神、表情等,建立正确客观的第一印象对你们今后的关系发展大有裨益。

3. 网络求职陷阱应对

网络求职因方便、快捷成为大部分求职者的首选,在招聘中的地位也越来越重要。但其中的社会问题也逐渐显现,一些不法分子常常利用学生求职时急于求成的心态,利用所谓的网络招聘,把"罪恶之手"伸向了学生。

经典案例

某中职学生小李今年7月就要毕业了,去了几场招聘会都不太理想。"我在网上看到很多招聘网站都有大量的招聘信息,而且我觉得都挺不错的。"于是,小李将自己的简历传给很多"对口"的企业。5月4日,小李收到了这样一个邮件,邮件上说小李的基本条件和学历都符合公司的要求,经过公司讨论同意录用他。但是在工作前要先进行业务培训,需要小李先汇教材费400元。这则录用信息让小李喜出望外,小李直接进行了汇款。可是等了一个星期,小李也不见有教材邮到,就连忙拨打联系人的手机,又发了几个邮件,但是联系人的手机关机,邮件也没有人回复,小李这时才意识到被骗了!

尽管求职陷阱花样繁多、年年翻新，但是学生若能在求职应聘时掌握不法分子的伎俩，就能够有效地进行防范。首先，不法分子通常会以收取报名费、培训费、押金等费用为前提来招聘人才，所以求职者遇到需要交费的企业，一定要提高警惕。其次，毕业生在签订劳动合同时，一定要仔细看清合同条款，遇到含混不清的内容，或者需要注明却没有提及的内容时，一定要勇敢地指出。对于试用期限，务必要求用人单位在合同中明确注明。尤其要注意保留劳动合同等书面证据，便于在维权时掌握主动性。再次，不要轻易地将自己家中的电话、地址等留给对方，因为有可能被用来欺诈，还有一些不正当的团体利用学生的资源来做违法的事，比如传销等。

第三节 校 园 贷

一、校园贷的概念

校园贷又称校园网贷，是指一些网络贷款平台面向在校学生开展的贷款业务。随着网络借贷的快速发展，一些P2P网络借贷平台不断向学校拓展业务，部分不良网络借贷平台采取虚假宣传的方式和降低贷款门槛、隐瞒实际资费标准等手段，诱导学生过度消费，甚至陷入"高利贷"陷阱，侵犯学生合法权益，造成不良影响。

二、校园贷的现状

校园贷作为一种提供贷款的方式，它能够满足学生一定量的消费需要，刺激了经济增长，带动了市场经济的发展。但与此同时，校园贷也会助长学生的不良消费习惯。目前，校园贷的特点如下。

1. 校园贷以"消费贷"为主

虽然有一些学生贷款是用于创业的启动资金等，但是目前学生贷款的主要去向是消费。一些学生内心的高消费欲望特别强烈，强烈的虚荣心、盲目攀比、追求享受、喜欢炫耀等在客观上使这些欲望的释放成为可能。为学生提供"消费贷"的网络借贷平台，绝大多数是市场化的互联网金融机构，深入校园为学生提供各类借贷、分期付款的产品，成了学生超前消费的重要原因。

2. 放贷门槛较低

大多数校园贷的P2P平台以"1分钟申请，10分钟审核，快至1天放款，0抵押，0担保"等作为宣传，申请贷款门槛低，手续非常简单，大多数学生仅需在网络平台提供学生证、身份证和个人学籍等基本信息，就能完成注册和放款，甚至不需要贷款者本人亲自办理。

3. 收费不透明，成为变相"高利贷"

网络借贷平台往往会以低分期利率吸引学生，但实际上并非如此。大多数平台通常用等额本息还款方法计算应还金额，这种方法看似普通，实际上他们的月利率普遍为 $0.99\%\sim2.38\%$，折合成年利率时，高的就超过了 20%，远高于银行贷款利率。

他们所谓的"利息""手续费"提前扣除,例如,准备借1万元,手续费1000元,约定每月利息10％,一个月还款。非法校园贷的操作是,提前扣除手续费1000元,扣除一个月的利息1000元,学生借到手的钱其实只有8000元。如果逾期之后,对方按照本金1万元收取利息。

如果逾期未还款,就要承担相应的罚金和违约服务费。一旦发生逾期未还款,随之而来的滚雪球式增长高得惊人。

4. 催债乱象

由于目前校园贷的不成熟和学生还款能力有限,便衍生出了校园贷催债乱象,如暴力催债、裸照、绑架、连坐、骚扰亲人、同学等。这不仅对学生来说是一种摧残,对社会来说也是一场灾害。

三、校园贷的防范

2016年4月,教育部办公厅与原中国银监会办公厅联合发布了《关于加强校园不良网络借贷风险防范和教育引导工作的通知》,明确要求各院校建立校园不良网络借贷日常监测机制和实时预警机制,同时,建立校园不良网络借贷应对处置机制。针对校园贷,学生应提高警惕。

(1) 加强防范意识,识别出网贷中的陷阱。首先是费率不明,其次是简化流程。

(2) 加强自我管理能力,培养勤俭意识。作为一名中职学生,要学会合理消费、理性消费、科学消费,要意识到超前消费、过度消费和从众消费是错误的做法。

(3) 自觉了解金融信贷和网络安全知识及相关法律法规知识。

(4) 坚决不做卡奴、贷奴。办理信用卡和网贷,虽然在短期内获得了经济上的高消费,但以后的日子里需为还款付出更多金钱和精力,甚至走上歧途,会给自己的学业和未来生活带来影响。

(5) 参加学校勤工助学,缓解经济压力。节流的同时还需要开源,在学校里有很多可供学生自己支配的课余时间,可以在平时多参加一些勤工俭学。这不仅可以在一定程度上缓解经济压力,还可以发挥主观能动性,实现"自我教育、自我管理、自我服务"。

思考与练习

1. 什么是网络成瘾?如何远离网络成瘾?
2. 如何应对网络犯罪?
3. 如何防范校园贷?

第二十一章 食品卫生安全

扫码看课件

学习目标

1. 了解食品卫生安全的概念,熟悉不健康食品对青少年的危害。
2. 掌握培养健康饮食习惯的做法,做到饮食有度。
3. 熟悉常见的食物中毒和预防措施。

第一节 食品卫生安全常识

一、食品卫生安全

常言道:民以食为天。食物是人们赖以生存的基础,也是主要的生活消费品。食品卫生安全关系着人民群众的身体健康和生命安全,关系着经济发展和社会稳定。

人每天都要摄入一定量的食物来维持生命与健康,保证身体正常所需和从事各项活动。据估计,人在一生中(假设寿命为 75 岁)约消耗大米 14 吨、蔬菜 10 吨、肉 0.5 吨、水 27 吨,饮食总量约为 51.5 吨,消耗量是相当大的。因此,食品质量直接影响人体的健康。品质良好、符合卫生要求的食品,可以保证人体健康,使人能以健全的体魄、充沛的精力投入社会活动中;质量低劣或受到污染的食品,则会严重威胁人体健康,如致病、致残甚至致死。

显而易见,食品卫生与人体健康的关系非常密切,食品污染对人体的危害性必然受到人们的普遍关注。食品卫生安全也越来越受到人们的重视。

二、食品污染

食品污染是指食品中原来含有或者加工时人为添加的生物或化学物质,其共同特点是对人体健康具有急性或者慢性危害。

进入 21 世纪后,各类添加剂在食品中广泛应用,农药、兽药在农牧业生产中大量使用,工矿、交通、城镇"三废"(废气、废水、废渣)对环境及食品的污染不断加重。食品卫生安全也成为公共健康面临的主要威胁之一。食品卫生安全是一个全球性的问题,在发展中国家这一问题尤为突出。目前食源性疾病的发病率呈上升趋势,且报告率低。此外,经济全球化与世界食品贸易量的持续增长,带来了食源性疾病的新特点——流行速度快、影响范围广。

1. 食品污染分类

食品污染按污染源的性质可以分为三类:生物性污染、化学性污染、放射性污染。

(1) 生物性污染包括微生物、寄生虫和昆虫的污染,以及有毒生物组织的污染,主要以微生物污染为主,危害较大。

(2) 化学性污染的来源比较复杂,而且种类繁多,主要包括:①来自生产、生活和环境中的污染物,如农药、有害金属、多环芳香烃化合物、N-亚硝基化合物等;②从生产、加工、运输、储存和销售工具、容器、包装材料及涂料等溶入食品中的原料材质、单体及助剂等物质;③在食品加工储存中产生的物质,如酒类中的有害醇类、醛类等。

(3) 放射性污染造成的危害尤为严重。环境中人为的放射性(核素)污染主要来源于核爆炸、核废物的排放、意外事故等。环境中的放射性污染可通过食物链向食品中转移,其主要转移途径有向动物体内转移、向植物体内转移。食品放射性污染对人体的危害:摄入放射性污染食品后,放射性核素会对人体内的组织、器官和细胞产生低剂量长期内照射效应,主要表现为对免疫系统、生殖系统的损伤,以及致癌、致畸、致基因突变等。

2. 食品卫生安全问题产生的原因

(1) 食品生产企业利欲熏心。某些食品生产企业对于资金和技术的要求不高,行业进入门槛低,食品卫生安全质量不过关,甚至在暴利的驱使下,有的食品生产企业还会故意生产假冒伪劣食品。

(2) 食品卫生安全监管不力。主要体现在以下两个方面:①处罚惩戒力度不够;②监管监测方式落后。

三、不健康食品

不健康食品俗称"垃圾食品",是指所有不健康、没有营养的食品。高脂肪、高糖、高盐、高蛋白质的食品,在国际上均被列为不健康食品。

1. 腌制类食品

腌制类食品在腌制过程中,需要大量盐,这会导致此类食品钠盐含量超标,常常造成进食腌制类食品者肾的负担加重,发生高血压的风险增高。

还有的食品在腌制过程中可产生大量的致癌物质——亚硝胺,导致鼻咽癌等恶性肿瘤发病风险增高。

此外,由于高浓度的盐分可严重损害胃肠道黏膜,故常进食腌制类食品者胃肠类疾病和溃疡的发病率较高。

2. 加工类肉食品

加工类肉食品(肉干、肉松、香肠等)的主要危害如下。

(1) 加工类肉食品由于添加防腐剂、增色剂和保色剂等,造成人体肝的负担加重。

(2) 加工类肉食品含有一定量的亚硝酸盐,有致癌的潜在风险。

(3) 火腿等加工类肉食品大多为高盐食品,大量进食可导致盐分摄入过高,造成血压波动及肾功能损害。

3. 饼干类食品

饼干类食品(不含低温烘烤和全麦饼干)的主要危害如下。

(1) 食用香精和色素添加过多,对肝功能造成负担。

(2) 严重破坏维生素。

(3) 热量过多,营养成分低。

4. 过度烹饪的食品

食品在高温油炸或烘焙的过程中会产生丙烯酰胺。丙烯酰胺属于致癌物,其在动物和人体内均可代谢转化为致癌活性代谢产物——环氧丙酰胺。炸薯条、炸薯片、蛋糕、烘烤干果、果蔬脆片、速溶咖啡、膨化食品等均含有丙烯酰胺,人们经常食用这些食品会危害身体健康。

5. 烧烤类食品

从卫生角度上看,烧烤可能存在加热不均匀,局部有微生物、寄生虫污染等情况,容易引起腹泻、呕吐等症状,尤其是路边摊烧烤,周围车辆、行人较多,汽车尾气和粉尘污染物很容易落到食物上,造成健康隐患。从营养角度上看,高温烹饪的食物营养损失较多,食材中蛋白质、维生素等都会遭到破坏,营养价值降低。另外,烧烤以肉类为主,且通常会刷很多重口味调料,人们吃的时候还会搭配啤酒或饮料,吃完一顿后,身体摄入的盐、糖和热量就容易超标。

6. 路边摊

路边摊的食品安全隐患有四:一是未经卫生部门批准,暴露在马路边,其卫生状况没有保证;二是有时会使用不合格的一次性餐盒或塑料袋;三是各类用具无法及时进行必要的清洗和消毒;四是制作原料、调料等多为低劣产品,且有时会非法使用添加剂。

7. 方便面类食品

方便面的主要成分是糖类、少量的味精和食盐以及其他调味品,不完全具备蛋白质、脂肪、糖类、矿物质、维生素、水和纤维素等人体所必需的7种营养素。长期食用方便面会导致人体营养比例失调,进而影响身体健康。

8. 话梅蜜饯类食品

据有关调查显示,许多果脯、果片类食品的二氧化硫和甜蜜素含量超标。食用二氧化硫含量超标的食品,会对咽喉造成刺激,尤其会使呼吸系统功能受损,进而损害人体健康。甜蜜素是人工合成的食品添加剂,属于化学合成品。在食品中,甜蜜素含量应符合国家标准规定的安全限量,否则会对人体健康造成危害。

第二节 健康饮食

经典案例

16岁的小王在某技校就读,3个月前,感冒初愈后的小王吃了几包"辣条"后,身上出现了好多出血点。第二天,到医院检查确诊,小王得了过敏性紫癜,而且伴有肾炎。医生告诉小王的家长,得这种病极有可能是由刺激性食物引起的。"肯定是那些辣条惹的祸。"小王的爸爸左思右想回忆说。小王一向喜欢吃有辣味的东西,经常买一些便宜的"辣条"吃。

一、垃圾食品的定义

垃圾食品是指仅提供一些热量,无其他营养素的食物,或是提供超过人体需要,变成多余成分的食物。有些零食也是不健康食品,如爆米花、薯片、糖果等,吃多了也是不利于身体健康的。

零食隐藏的五大隐患如下。

(1) 色素过量:一些食品中含有过量的人工色素,可能会造成腹泻等。

(2) 防腐剂超标:若防腐剂摄入过多,则会在一定程度上抑制骨骼生长,危害肾、肝的健康。

(3) 糖精过量:在蜜饯、糕点等食品中可能含有过量的糖精,这会加重肝代谢的负担。

(4) 高盐高糖:豆腐干等食品中含有大量的盐或糖,会增加肾的负担。

(5) 大量反式脂肪酸:过多摄入会损害儿童和青少年的智力,危害心脏。

二、不健康饮食的表现

(一) 挑食、偏食

有些人不喜欢吃蔬菜、水果,从而导致牙龈出血;有些人不喜欢吃肉类,从而导致缺铁性贫血。由于铁需要与维生素C和肉类中分解的胱氨酸结合成为可溶性物质后,才易被人体吸收,因此,不吃蔬菜和水果,维生素C摄入不足,自然也就影响了铁的吸收。

长期挑食、偏食可导致营养不良,包括头发发黄、智力下降、注意力不集中、发育迟缓等。如果日常摄入营养不均衡、食欲不佳、肠胃不好,就会导致身体素质不好,抵抗力差,久而久之则不利于生长发育。

(二) 暴饮暴食

合理的情况是人的胃口正常,所谓胃口正常是饮食适量,而不是吃饱了还要吃。喝水太多容易伤身,喝水太少极易造成肾结石。在饮食上,太过和不及都是不健康的。

调查显示,大部分的贪食症患者是18~30岁的女性。贪食症的发生率为厌食症的2~3倍,患者多能维持理想体重,所以不像厌食症一样容易被发现。患者对于自己狂吃之后又催吐的行为会极力隐瞒,而且充满内疚及罪恶感。这种异常行为若达到每周2次,且持续超过3个月以上,并且患者经常性地过分担心自己的体形和体重,则可诊断为贪食症。

(三) 神经性厌食症

专家分析,现在越来越多的人追求以瘦为美,减肥的人到处可见,其中很多女性选择"节食"这种不健康的减肥方式,易导致患上神经性厌食症。

据专家介绍,神经性厌食症多见于青少年,发病年龄多在13~25岁,且女性居多,男性与女性患病之比约为1∶9.5。调查发现,患者多来自社会地位较高或经济较富裕的家庭;城市人群的患病率高于农村人群。

三、饮食有度

(一)饮食有度,吃饭七八分饱

不挑食、偏食,面对好吃的不暴饮暴食,面对难吃的不饿肚皮;细嚼慢咽;不盲目节食减肥;讲究饮食卫生,防止食物中毒;讲究饮食搭配,让食物营养更好地被身体吸收。现在,我国生活水平提高,营养不良人群大大减少,营养过剩现象比较突出,与之相应的"生活方式病"高发,如糖尿病、肥胖等。肥胖的健康风险是易患心血管疾病、糖尿病、中风、关节炎和某些癌症。因此,提倡饮食有度就更加重要。

(二)一日三餐定时定量

我们的脾胃喜欢规律运作。如果三餐无规律,或违反规律,就会吃出病来。比如晚上大吃大喝就极易伤害身体,久而久之导致肥胖、糖尿病、高血压等。俗话说,早吃好,午吃饱,晚吃少。早饭时间一般在7—9点为好;中饭在12点左右,吃完饭后可适当午休30分钟;胃不和则卧不安,晚饭要少吃,且晚饭时间不宜过晚,尽量安排在睡前4个小时以上。

(三)选择绿色健康食材

(1)健康蔬菜:红薯、芦笋、卷心菜、花椰菜、芹菜、茄子、甜菜、胡萝卜、荠菜、大白菜等。
(2)健康水果:木瓜、草莓、橘子、猕猴桃、苹果、杏、柿子、西瓜等。
(3)健康食油:玉米油、米糠油、芝麻油等尤佳。
(4)护脑食物:菠菜、南瓜、花椰菜、菜椒、豌豆、番茄、胡萝卜、小青菜、芹菜等蔬菜,核桃、花生、开心果、腰果、松子、杏仁等坚果以及糙米饭等。

知识链接

如何保证饮食卫生安全?

(1)养成良好的个人卫生习惯,饭前、便后要洗手。
(2)要学会辨认食品的企业生产许可(QS)标志,不购买、食用三无食品和饮品,不食用过期、变质的食品。
(3)生吃瓜果要洗净,不随意食用野菌、野菜、野果,以防中毒。
(4)不滥用药物,防止和消除由药物滥用所带来的对身体和社会的危害。
(5)不喝生水,喝白开水最安全。
(6)不随意购买、食用街头小摊贩出售的劣质食品,尽量在学校食堂就餐,不在校外小吃店、路边店用餐。

四、运动前后的饮食

体育锻炼可以提高消化器官的功能,使吃下去的东西能更好、更快地消化吸收。但学生在进行体育锻炼时应注意以下几点饮食卫生要求,否则将会引起慢性病。

1. 运动和吃饭时间要安排得当

学生如在剧烈运动后很快就吃饭,往往食欲很差,再好的饭菜也不想吃。因为运动刚结束时,大脑皮层的运动中枢和交感神经仍处在高度兴奋状态,情绪还很紧张,消化腺的分泌仍受到一定程度地抑制,所以不想吃饭。在这种情况下,学生即使勉强吃下去食物,食物也不能很好地消化,久而久之,就会引起消化不良等慢性肠胃病。

学生在饭后立即进行剧烈运动,对肠胃的影响更大。因为,饭后肠胃的活动和消化腺的分泌加强,消化液分泌增多。如果学生在这时进行剧烈运动,则会引起毛细血管大量扩张,血液较集中地供应运动器官,而减少了肠胃的血液供给。同时,肠胃的活动也减弱,消化液的分泌也减少,食物得不到充分地搅拌和消化,就会延长食物在胃里停留的时间,以致其发酵酸化。因此,学生在饭后应稍事休息再做运动。

2. 饭后和运动后不要吃大量冷食

学生在饭后吃大量冷食,首先会使肠胃血管突然收缩,使供给肠胃的血液突然减少,致使消化受到阻碍。其次,消化液必须在一定的温度下才起作用,肠胃温度突然降低,它的能力也随之下降,结果食物就难以消化,日久就免不了得肠胃病。

运动刚刚结束时,由于体温升高,大量流汗,无克制力的人往往为了一时痛快便吃大量冷食,结果肠胃因受到刺激而功能紊乱,引起腹泻、腹痛等病症。

3. 不能乱吃零食

按时吃饭能使消化器官有规律地工作,是维护肠胃健康的一个重要措施。学生乱吃零食,就破坏了消化器官的规律性活动,到了吃饭的时间,消化机能反而下降,这就会抑制正常的进食活动。学生吃的零食如果是甜食或油腻的食物,则更会降低食欲。在这种情况下,学生若勉强进食,食物则因消化液的减少和肠胃蠕动缓慢无力而难以被消化。但水果可加强消化腺的活动,并能给人体供给维生素,不在此例。

4. 运动后要合理饮水

剧烈运动常使人感到格外口渴,如果学生在这时大量饮水,由于肠胃血管收缩,吸收能力减弱,会使人感到胃部沉重闷胀,影响呼吸。学生在运动结束后,心脏的负担在逐渐减轻,如果这时大量饮水,一部分水经胃吸收进入血液之中,循环血量增加,不但给心脏和肾增加了负担,而且还会促进出汗,使体内的盐分排出过多。

5. 长时间运动应及时补水

如果进行长时间的运动,特别是在夏天,不仅消耗大量热能,同时也失去大量水分。机体内的水分减少,会影响正常的生理机能,因此及时补充水分是十分重要的。补充水分的方法最好是少量多次饮水。学生在运动时每15~20分钟饮水100~150 mL,既可及时保持体内水的平衡,又不增加心脏和胃的负担。若大量饮水后仍然继续运动,水在胃中晃动,会使人不舒服,并可引起呕吐。

五、杜绝过量饮酒

1. 酒精的危害

过量饮酒,对身体有害。具体的危害有以下几个方面。①酒中含有酒精,人体首先接触和吸收酒精的是消化系统。酒精刺激肠胃黏膜,可产生胃酸过多、胃出血、腹泻、便秘等病症。酒精对肝脏的危害也极大,酒精中毒可造成急性脂肪肝、酒精性肝炎、肝硬化等。②酒精对神经系统也有毒害作用,经常酗酒会导致酒精成瘾。③除了以上危害外,酒精还会使肌肉无力,使性发育受到影响。

2. 杜绝酗酒

饮酒过量或无节制地饮酒,称为酗酒。长期酗酒会引起酒精性肝硬化、脑血管疾病,如果酗酒的同时大量吸烟,则会大大提高致癌的概率。学生尤其要注意,坚持杜绝酗酒。学生杜绝酗酒应注意以下几点。①不要把不会喝酒当作一种遗憾。不要被一些"难得的聚会""今天不同寻常"之类的言语所打动。学生在参加聚会时要注意以下几点:聚会开始时即声明自己不会喝酒,拒绝要有礼貌,但是态度要坚决,不要给人以"在讲客气"的错觉;主动倒上一杯饮料或茶水作陪;不喝酒是一种权力,态度要大方。②学生无论自斟自饮还是群饮,都不要忘了"节制""适度"。

第三节 预防食物中毒

一、常见的食物中毒

1. 食物中毒的定义

食物中毒是指摄入了含有生物、化学有毒有害物质的食品或者把有毒有害物质当作食品摄入后出现的非传染性(不属于传染病)的急性、亚急性疾病,属于食源性疾病的范畴。食物中毒既包括因暴饮暴食而引起的急性胃肠炎、食源性肠道传染病(如伤寒)和寄生虫病(如囊虫病),也包括因一次大量或者长期少量摄入某些有毒有害物质而引起的以慢性毒性为主要特征(如致畸、致癌、致突变)的疾病。

2. 食物中毒的特征

(1) 潜伏期比较短。食物中毒的潜伏期一般是几分钟到几小时,食入"有毒食物"后于短时间内几乎同时出现一批患者,来势凶猛,很快形成高峰,呈爆发式流行。

(2) 临床表现相似,且多以急性胃肠道症状为主。

(3) 发病与摄入某种食物有关。患者在近期同一段时间内都食用过同一种"有毒食物",发病范围与食物分布范围呈一致性,不食者不发病,停止食用该种食物后很快不再有新病例。

(4) 人与人之间不传染。食物中毒的发病曲线呈骤升骤降的趋势,没有传染病流行时发病曲线的余波。

（5）季节性较明显。夏秋季多发生细菌性和有毒动、植物食物中毒；冬春季多发生肉毒中毒和亚硝酸盐中毒等。

3. 食物中毒的分类

（1）细菌性食物中毒。细菌性食物中毒又分为感染型食物中毒和毒素型食物中毒。感染型食物中毒包括沙门菌属、变形杆菌属、副溶血性弧菌、致病性大肠杆菌属等引起的食物中毒。毒素型食物中毒包括肉毒梭菌毒素、葡萄球菌肠毒素等引起的食物中毒。

（2）有毒动、植物食物中毒。有毒动物中毒包括河豚、有毒贝类、鱼类组胺、动物内脏（过冬的狼和狗肝脏）、腺体（甲状腺等）等引起的食物中毒。有毒植物中毒包括毒蕈、木薯、四季豆、发芽马铃薯、新鲜黄花菜、生豆浆等引起的食物中毒。

（3）化学性食物中毒。食物被某些金属、类金属及其化合物、亚硝酸盐、农药等污染，或由误食引起的食物中毒。

（4）真菌毒素食物中毒。因食入含有被大量霉菌毒素污染的食物引起的食物中毒，如赤霉病麦、霉变甘蔗等。

4. 食物中毒发生的原因

（1）原料选择不严格，可能原料本身有毒，或受到大量活菌及其毒素污染，或食品已经腐败变质。

（2）食品在生产、加工、运输、储存、销售等过程中不注意卫生、生熟不分造成食品污染，食用前又未充分加热处理。

（3）食品保存不当，致使马铃薯发芽、食物中亚硝酸盐含量升高、粮食霉变等。

（4）加工烹调不当，如肉块太大，内部温度不够，细菌未被杀死。

（5）食品从业人员本身带菌，个人卫生不好，造成对食品的污染。

（6）有毒化学物质混入食品中并达到中毒剂量。

5. 常见的食物中毒

（1）四季豆中毒：四季豆的有毒成分尚不十分清楚，可能与皂素和植物血凝素有关。中毒者多有进食未熟透的四季豆史。中毒的潜伏期为1～5小时，症状为恶心、呕吐、胸闷、心慌、出冷汗、手脚发冷、四肢麻木、畏寒。预防措施为烹调四季豆要彻底加热、炒熟，充分加热以破坏毒素，故四季豆宜炖食，不宜焯水后做凉菜。

（2）发芽马铃薯中毒：发芽马铃薯的有毒成分是幼芽及芽眼部分含有的大量龙葵素（龙葵碱），人食入0.2～0.4克即可引起中毒。患者在中毒初期，先有咽喉抓痒感及烧灼感，后出现胃肠道症状，剧烈地呕吐、腹泻。预防措施为将马铃薯储藏在低温、无直射阳光的地方，或用沙土埋起来，防止发芽；不吃发芽或黑绿色皮的马铃薯；加工发芽马铃薯，应彻底挖去芽、芽眼及芽周部分；龙葵素遇酸分解，烹调时可加少量食醋。

（3）豆浆中毒：豆浆的有毒成分可能是胰蛋白酶抑制素、皂苷。生豆浆加热不彻底，有害成分没有被破坏，人在饮用后中毒。豆浆中毒多发生在集体食堂或小型餐饮企业。中毒的潜伏期为0.5～1小时，主要表现为胃肠道症状，如恶心、呕吐、腹胀、腹泻，一般不发热，愈后良好。预防措施为将豆浆彻底煮开后饮用。学生在加热豆浆时，当豆浆出现泡沫，表示还没有煮开，应继续将豆浆加热至泡沫消失，豆浆沸腾后，再继续加热几分钟。

二、食物中毒的预防

食源性疾病是指通过摄食而进入人体的有毒有害物质(包括生物性病原体)等致病因子所造成的疾病,一般可分为传染性和中毒性,包括常见的食物中毒肠道传染病、人畜共患传染病、寄生虫病以及化学性有毒有害物质所引起的疾病。食源性疾病的发病率居各类疾病发病率的前列,是当前世界上最突出的卫生问题,俗话说"病从口入"。预防食物中毒的关键在于把好饮食关。

搞好饮食卫生,等于把健康的金钥匙掌握在自己的手中。具体的做法有以下几点。

1. 养成良好的饮食卫生习惯

(1) 坚持饭前、便后洗手。

(2) 蔬菜瓜果要浸泡、洗净后再食用。

(3) 避免吃隔夜或放置时间较长的食品。

(4) 不吃来历不明的食品。

(5) 在正规市场、超市购买食品,不吃没有安全保障的食品和过期食品。

2. 把好"食品入口关"

预防食物中毒的关键是把好"食品入口关"。在日常生活中,因食用被细菌及毒素污染的食物而引起的食物中毒较为多见,学生饮食要重点预防细菌性食物中毒。

(1) 不随便吃野果,不吃野生动物,不吃有病的或病死的禽畜肉。

(2) 蛋类食品营养丰富,但受细菌污染后易腐败变质,即使未变质,人吃后也易发生食物中毒,所以禽蛋必须煮沸10分钟以上才可食用。

(3) 夏天吃剩的米饭应放入冰箱储存,否则第二天即使加热后食用,仍有可能发生食物中毒。

(4) 具有高蛋白质、低脂肪的海产品,营养丰富,味道鲜美,然而若不注意烹调方法,食用不当也可引起食物中毒。

(5) 当心冰箱储藏食物引起的食物中毒。使用冰箱一定要做到生、熟食品分开储存,防止交叉感染,且保存时间不宜过长。

(6) 防止食用动物肝、毒蘑菇以及四季豆、瓠子、发了芽的马铃薯中毒,防止多食白果、杏仁中毒,防止食用变质银耳中毒,饮用未煮开的豆浆也容易发生中毒等。

(7) 讲究卫生,妥善保管好食品,避免苍蝇叮爬。

(8) 不买无商标或无出厂日期、无生产单位、无保质期限等标签内容的罐头食品。

(9) 注意挑选和鉴别食物。瓜果、蔬菜生吃时一定要洗净、消毒,肉类食物要煮透,防止外熟内生,不吃腐败变质的食物。尽量在学校食堂就餐,不在街头的露天小摊、无证大排档吃饭。

三、食物中毒的自救

学生在发生食物中毒后要及时进行救治,防止发生更严重的后果,食物中毒后的简单救治方法如下。

（1）假如患者只是轻微中毒（中毒的时间比较短，只是感觉肚子痛），那么应想办法催吐，把吃进去的食物都吐出来，以免更多的毒素被身体吸收。

（2）轻微中毒时应注意多喝白开水，如果觉得白开水难喝，也可以加点盐进去，这样毒素能够更快地被排出去，而且可以避免食物中毒后呕吐过多引起脱水。

（3）呕吐物用塑料袋取样留好，去医院检查时，有助于诊断；不要轻易服用止泻药，以免贻误病情。

（4）出现腹泻、舌头和肢体麻木、运动障碍、脱水等食物中毒的典型症状时，要及时送往医院救治。

（5）为防止呕吐物堵塞气道而引起窒息，应让患者侧卧，便于吐出呕吐物，在其呕吐停止后应马上补充水分。

（6）若腹痛剧烈，可取仰卧位并将双膝屈曲，有助于缓解腹肌紧张；腹部盖毯子保暖，有助于血液循环。

（7）出现脸色发青、冒冷汗、脉搏虚弱等症状时，要马上送往医院，谨防休克，否则会危及生命。

（8）出现抽搐、痉挛症状时，其他人应马上将患者移至周围没有危险物品的地方，并取来筷子，用手帕缠好塞入患者口中，以防止咬破舌头。

学生发生食物中毒后，最有效的救助方法是及时送往医院，发生集体食物中毒时要及时拨打"120"电话求救。

思考与练习

1. 中职学生如何做到营养搭配合理，膳食平衡？
2. 中职学生如何培养良好的饮食习惯？
3. 中职学生如何预防和应对食物中毒？

第二十二章 应急救护

扫码看课件

学习目标

1. 了解应急救护的概念和原则。
2. 熟悉心肺复苏术的操作步骤。
3. 熟悉常见创伤现场救护措施和常见疾病的现场救护。

目前,中职学生普遍缺乏现场急救的相关知识,比如心肺复苏、创伤、烧伤、溺水等情况的应急处理。可见,加强对中职学生应急救护知识的宣传和教育,普及应急救护的知识和技能对挽救伤病员的生命和健康是非常有必要的。

第一节 应急救护概述

经典案例

某中职院校学生高某、李某和张某三人是同班同学,某日下午课外活动前,老师再三强调要遵守学校纪律,不要追逐打闹等。但老师回到办公室,高某和李某在教室内开始打闹,在高某追李某的过程中,正好经过张某身边,张某伸腿将高某绊倒,导致高某两颗门牙摔断。经协商,李某和张某给予高某相应的经济赔偿。高某、李某、张某作为在校学生,本应服从管理,遵守学校纪律,但其却在上学期间追逐嬉闹,导致高某受伤,三人均有过错,应依法承担相应的经济赔偿责任。这是一起学生不听老师劝阻,擅自追逐打闹开玩笑引发的受伤案件,此类案件往往并发很多的意外伤害。学校在加强教育的同时也要注意加强管理,引导学生养成遵守学校纪律、听从老师教育和管理的良好习惯。

一、应急救护

1. 应急救护的概念

应急救护是指在救护车到达现场之前,或得到医护人员救援之前,现场一般人员给予患者的治疗和救助。其目的包括:通过及时正确的现场急救措施,如心肺复苏术(CPR)、控制严重出血、清理并开放气道以及呼救,保存生命;通过及时发现外伤及重大疾病,控制势态,防止情况恶化;通过适当的医疗帮助,促进患者康复。

2. 应急救护的原则

(1) 先复苏后固定:患者既有心搏、呼吸骤停,又有骨折时,应当首先实施心肺复苏术,进行口对口人工呼吸和胸外心脏按压后,再进行骨折固定。

(2) 先止血后包扎:为防止伤病员血液大量流失,应当先采取指压法或止血带止血,再按科学方法包扎伤口。

(3) 先重伤后轻伤:先抢救心搏、呼吸骤停、窒息、大出血、开放性及张力性气胸、休克等危重患者,后抢救伤势较轻者。

(4) 先救治后运送:受伤后12小时内是最佳急救期,发现患者时,应先救后运,就地对患者实施急救。

(5) 急救与呼救并重:在实施急救之前,应当拨打"120"急救电话,并简要陈述清楚现场的情况。

二、生存链

"生存链"是由现场"第一反应者"开始,至专业急救人员到达进行抢救的一系列活动组成的。院外心搏骤停生存链主要包括以下五个环节,若能够按照这五个环节及时实施救护,患者的生命就能够最大限度地得到保证。

(1) 立即识别心搏骤停并启动急救系统。

(2) 尽早进行心肺复苏术,着重进行胸外心脏按压。

(3) 快速除颤。

(4) 有效的高级生命支持。

(5) 综合的心搏骤停后治疗。

三、拨打"120"急救电话的技巧

拨打"120"急救电话应争分夺秒,沉着冷静,说话清晰,语言简练,确保接线员听清,要说清楚以下重要内容:现场联络人(报告人)的电话及姓名、意外事件发生的地点、意外事件发生的过程及原因、患者人数及具体症状、患者目前最危险的情况、现场所采取的急救措施等。

拨打"120"急救电话时,千万不要先挂电话,待对方问完情况得到可以挂断电话提示后,再挂电话,确保急救车能准确找到急救现场。拨打"120"急救电话后一定要保持电话畅通,不要关机和占线。

第二节 心肺复苏术

一、心搏骤停

心搏骤停是指由各种原因引起的心脏搏动和呼吸突然停止,致使包括心、肺、脑在内的全身所有组织、器官的血流和氧供应完全中断,是临床上最紧迫的急症。心搏骤停发生后,由于血液循环的停止,全身各个脏器的血液供应在数十秒内完全中断,使患者处于临床死亡阶段。如果在数分钟内得不到正确、有效的抢救,病情将进展至不可逆转的生物学死亡,患者生还希望渺茫。心搏骤停的原因有以下几点。

(1) 突然的意外事件,如电击、溺水、自缢、严重创伤等。

(2) 各系统疾病及其引起的严重的酸中毒、电解质紊乱等。

(3) 各种原因引起的休克和中毒。

(4) 手术及其他临床诊疗技术操作中,如心包或胸腔穿刺、心导管检查、心脑血管造影、气管插管等的意外事件,尤较常见于胸内手术过程中。

(5) 麻醉意外。

二、心肺复苏术的定义

心肺复苏术(CPR)是针对心搏骤停的危重患者所采用的急救医学手段,用以尽早恢复已中断的呼吸及循环功能,是现场急救中最重要且关键的抢救措施。

据统计,我国每年因心源性猝死人数高达54万人,心搏骤停的抢救成功率不足1%,而国外成功率达5%~30%甚至更高,主要是第一目击者现场施救得当,给心搏骤停者提供了必要的基础生命支持(BLS),尤其是高质量的CPR。CPR主要包括胸外心脏按压(C)、开放气道(A)和人工呼吸(B),即C-A-B,胸外心脏按压形成暂时的人工循环并自主地恢复搏动,采用人工呼吸代替自主呼吸,从而使患者恢复自主呼吸和脉搏。CPR的最终目标不仅要重建呼吸和循环,还要维持脑细胞功能,即救心、救肺、救大脑。

三、心肺复苏术的操作步骤

1. 判断意识

轻拍患者的双肩,凑到患者耳边大喊:"喂!你怎么了?"看患者有没有反应。如无反应,则确定为意识丧失。在判断意识的同时还要检查有无呼吸和脉搏。

在气道通畅的前提下判断患者有无呼吸,可通过看、听和感觉来判断呼吸(图22-1)。如果患者的胸廓没有起伏,将耳朵伏在患者鼻孔前既听不到呼吸声也感觉不到气体流出,可判定患者呼吸停止。

2. 迅速呼救

如果患者无意识无呼吸,必须立即呼救:"快来人啊,这里有人晕倒了。我是救护员。请这位同志帮忙打急救电话'120',如有自动体外除颤仪(AED),请取来。现场有会急救的,一起来帮忙!"多数情况下,在仅有一人的情况下应首先拨打"120"急救电话。

3. 胸外心脏按压(C)

CPR的体位是使患者仰卧在坚硬的平面(地面或垫板)上,仰卧位便于救护者施救。如果患者是趴着的,需要翻转体位。救护者跪在患者一侧,将患者远侧腿搭在近侧腿上,左手托住患者头颈部,右手伸到远侧腋下,将患者头、颈、肩、躯干整体翻转,使其头、颈与躯干保持在一

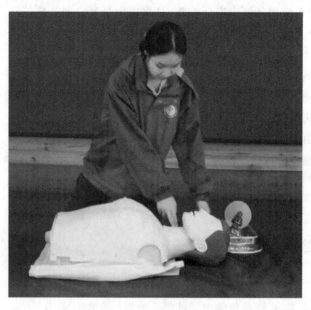

图 22-1 判断呼吸

条轴线上。

按压部位：患者胸骨下 1/2 处，胸部正中两乳头连线水平（图 22-2）。

按压方法：救护者跪于患者一侧，双膝与肩同宽，将定位手的掌根部放在另一只手的手背上，使两手掌根重叠，手指离开胸腔，手指交叉相扣，两手臂伸直，上半身前倾，腕、肘、肩关节伸直，以髋关节为轴，垂直向下用力，借助上半身的体重和肩臂部肌肉的力量进行按压（图 22-3）。

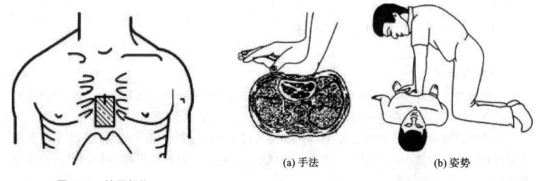

图 22-2 按压部位

(a) 手法　　(b) 姿势

图 22-3 按压手法和姿势

胸外心脏按压应有节奏、快速、有力，通过增加胸腔内压和直接压迫心脏而产生血液流动。按压频率为 100～120 次/分，向下按压与向上放松时间相等，且放松时手掌根部不要离开胸骨。每次按压后胸廓应充分回弹，达不到充分回弹，血液无法回流心脏，CPR 无效。按压深度要适宜，一般为 5～6 厘米，力量均匀适度，按压的力度过重、过猛容易使胸骨骨折，引起气胸、血胸；按压的力度过轻，胸腔压力小，不足以推动血液循环。

4．开放气道（A）

患者心搏骤停后，全身肌张力下降，舌肌松弛后坠而阻塞气道。采用开放气道的方法，可使阻塞气道的舌根上提,气道通畅。

检查、清理口腔异物:救护者先将患者衣领及裤带解开,双手置于患者面颊两侧,拇指将下颌骨下拉,打开口腔,观察有无异物。如有可见异物,救护者先将患者头偏向一侧,一手拇指伸入口中,下压舌,其余四指屈曲提起下颌,另一只手食指自患者一侧进入将异物取出。

开放气道:用仰头举颏法开放气道(图 22-4)。可抬起患者舌头,从而解除气道梗阻。救护者一手置于患者前额,下压使其头部后仰,另一手的食指和中指并拢,置于靠近颏部的下颌骨下方,将颏部向前抬起,帮助头部后仰,开放气道。必要时拇指可轻牵下唇,使口微微张开。头部后仰的程度,成人下颌角、耳垂连线与地面垂直,鼻孔朝天,头后仰 90°;儿童头后仰 60°;婴儿头后仰 30°。

疑似颈椎有损伤的患者不适合仰头举颏法,要用托颌法(图 22-5)。救护者将手放置在患者头部两侧,握紧患者下颌角,用力向上托下颌,如患者紧闭双唇,可用拇指把口唇分开。

图 22-4 仰头举颏法开放气道

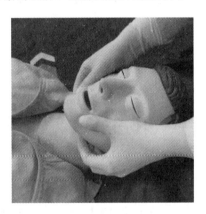

图 22-5 托颌法

5. 人工呼吸(B)

最简单、常用和有效的人工呼吸方法是口对口人工呼吸。救护者跪伏在患者的一侧,用一只手的掌根部轻按患者前额,同时用拇指和食指捏紧患者的鼻孔,深吸一口气后,张开口紧紧包住患者的口部,使口鼻均不漏气,缓慢持续向患者口内吹气,使其胸部隆起。一次吹气完毕后,口应立即与患者口部脱离,同时将捏鼻翼的手松开,掌根部仍按压患者前额,以便患者呼气时可同时从口和鼻孔出气,确保呼吸道畅通。救护者轻轻抬起患者头,观察其胸部变化。待患者胸部回落到正常位置后,再进行下一次吹气。连续吹气 2 次,每次吹气时,患者胸部应明显有起伏(图 22-6)。

图 22-6 人工呼吸

如果不能通过患者的口进行通气(如口腔有严重损伤)或者患者的口腔不能打开或患者在

水里或者口对口很难密闭时,应进行口对鼻通气。

胸外心脏按压与吹气比例为30∶2,即按压30次后人工呼吸2次。按压与吹气时注意患者反应。持续5个周期后评估患者情况,如无反应,仍按以上步骤重复操作,直到专业急救人员到来。

四、心肺复苏术的有效指征

(1) 面色、口唇由苍白或青紫转为红润。
(2) 可触及脉搏,自主呼吸恢复。
(3) 瞳孔由大变小,对光反射恢复。
(4) 眼球活动,手脚抽搐,有呻吟。

第三节　创伤现场救护

一、创伤止血技术

血液是维持生命的重要物质,用来运输氧和营养物。一个健康成人的血液量是4000～5000 mL,占身体体重的7%～8%。出血是各种外伤的常见症状,当失血量达到人体血液总量的20%以上时,就会出现面色苍白、肢体湿冷、出冷汗、心率加快、血压下降等症状;当失血量达到40%,就可能有生命危险。因此,采取积极有效的止血措施,对挽救患者的生命具有非常重要的意义。

1. 出血的种类

(1) 按出血的部位分类,出血可分为外出血和内出血。

①外出血:血液经伤口流出体外。

②内出血:各种内脏或深部组织出血,血液流向脏器、体腔或组织内,也可经消化道、尿道、呼吸道等排出体外,而外表看不到出血,如血胸、血腹等。

(2) 按破裂的血管类型分类,出血可分为动脉出血、静脉出血和毛细血管出血。

①动脉出血:血色鲜红,出血速度快,可呈喷射状。若近心端的较大动脉破裂出血,可在短时间内造成大量出血而危及生命。

②静脉出血:血色暗红,出血呈缓慢流出。若破裂血管较大,也可造成大量出血。

③毛细血管出血:血色较鲜红,血液自创面渗出或出血呈点状,出血量较少,一般可自愈。

2. 止血方法

(1) 指压止血法。根据人体动脉的走向,在出血伤口的近心端,用手指压住动脉,将中等或较大的动脉压在骨的浅面,以暂时阻断血流,可临时止血。适用于血管位置较浅的头、面、颈部及四肢的外出血,仅用于短时间内控制动脉出血。

①额部出血。用拇指对准下颌关节压迫颞浅动脉(图22-7)。

②面部出血。用拇指在下颌角前方压迫面动脉(图22-8)。

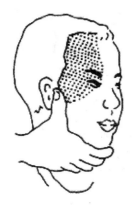 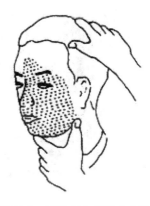

图22-7　额部出血指压止血法　　　图22-8　面部出血指压止血法

③锁骨下动脉出血。在锁骨上窝中部、胸锁乳突肌外缘把锁骨下动脉压向第一肋骨(图22-9)。

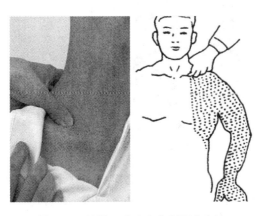

图22-9　锁骨下动脉出血指压止血法

④前臂与上臂出血。在上臂中段内侧,用拇指向肱骨压迫肱动脉(图22-10)。
⑤手部出血。两手的拇指、食指分别压迫伤侧手腕两侧的桡、尺动脉(图22-11)。

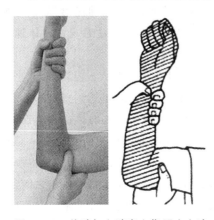 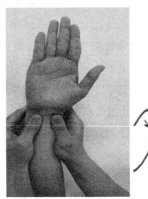 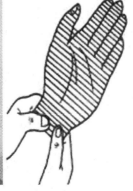

图22-10　前臂与上臂出血指压止血法　　　图22-11　手部出血指压止血法

⑥大腿出血。双手拇指在伤侧腹股沟中点稍下方用力压迫股动脉(图22-12)。

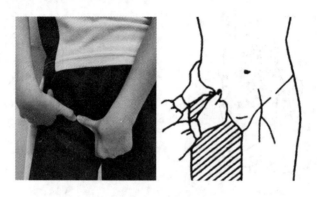

图22-12　大腿出血指压止血法

⑦足部出血。用双手拇指分别压迫足背动脉和内踝与跟腱之间的胫后动脉(图22-13)。

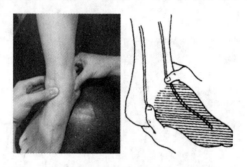

图22-13　足部出血指压止血法

(2)加压包扎止血法。先用无菌敷料覆盖伤口,再用绷带或三角巾适当缠紧,加压包扎,松紧度以能止血为准。紧急情况下,也可用干净的毛巾、布类进行包扎。这是目前最常用的一种止血方法,适用于渗血、中小静脉或小动脉的出血。

(3)填塞止血法。先将无菌纱布、棉垫等敷料填入伤口内,再用绷带、三角巾等包扎。适用于伤口较深、较大的出血。

(4)屈肢加垫止血法。当前臂或小腿出血时,可在肘、膝关节放纱布垫、棉花团、毛巾等物品,屈曲肘关节或膝关节,用绷带或三角巾将肢体紧紧地缚于屈曲的位置,注意观察肢体远端的血液循环。适用于四肢非骨折性创伤动脉出血的临时止血措施。

(5)止血带止血法。止血带止血法较牢固、可靠,但只能用于四肢动脉大出血,当其他止血法不能止血时才采用此方法。止血带止血法主要是用止血带将血管压瘪,以达到止血的目的,如图22-14所示。常用的止血带有橡皮管、布带等。使用时要把止血带放在肢体适当的部位,如上肢要放在上臂中上1/3处,下肢放在大腿的中下1/3处。先在上止血带的部位垫一层软布,如毛巾、口罩等以保护皮肤。救助者用左手拇指、食指和中指持止血带的头端,右手将橡皮管拉紧绕肢体一圈后压住头端,再绕肢体一圈后将右手持的尾端放入左手食指与中指之间,由食指、中指夹持尾端从两圈止血带下拉出一半,使之成为一个活结。当需要松止血带时,只要将尾端拉出即可。

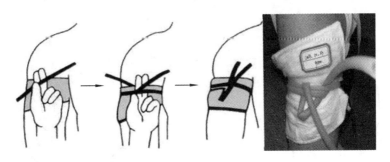

图 22-14 加压包扎止血法

二、包扎

伤口包扎的目的是保护伤口,减少污染和再损伤,加压止血,预防或减轻肿胀,固定等。包扎材料主要有绷带、三角巾等,紧急情况下,可使用干净的毛巾、衣服、被单等。

1. 绷带包扎法

(1) 环形包扎法。绷带做环形重叠缠绕,每一圈重叠盖住前一圈(图 22-15)。第一圈可以稍倾斜缠绕,第二、第三圈做环形缠绕,并把第一圈斜出圈外的绷带角折到圈里,然后再重叠缠绕压住,这样就不容易脱落。此法常用于颈、腕等部位及各种包扎的起始和结束。

(2) 螺旋包扎法。先做几圈环形包扎,再将绷带做螺旋形上升缠绕,每一圈重叠压住前一圈的 1/3~1/2(图 22-16)。此法适用于包扎直径基本相同的部位。

图 22-15 环形包扎法

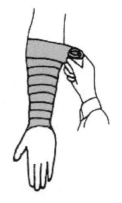
图 22-16 螺旋包扎法

(3) 螺旋反折包扎法。先以环形缠绕固定绷带起始部,然后呈螺旋形缠绕上升,但每一圈螺旋包扎都必须反折。反折时以左手拇指按住反折处,右手将绷带反折向下缠绕肢体、拉紧,并盖住前一圈的 1/3~1/2(图 22-17)。此法适用于小腿或前臂等粗细不等的部位。

(4) "8"字形包扎法。包扎时一圈向上,一圈向下,每一圈在前面与上一圈相交,并重叠上一圈的 1/3~1/2,重复做"8"字形旋转缠绕(图 22-18)。此法适用于直径不一致的部位或屈曲的关节,如肘、膝、肩、髋等处。

(5) 回返包扎法。先环绕两圈以固定,再自中央开始反折向后,再回反向前,以后左右来回

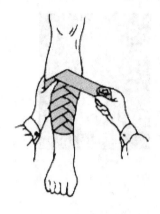
图 22-17　螺旋反折包扎法

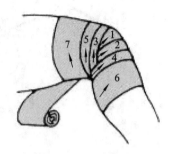
图 22-18　"8"字形包扎法

反折，直到完全包扎后再环绕两圈包扎固定（图 22-19）。此法适用于头部或断肢残端的包扎。

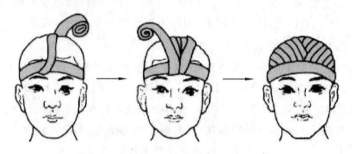
图 22-19　回返包扎法

2. 三角巾包扎法

三角巾制作方便，包扎操作简便易学，容易掌握，适用范围广，还可折成条带、燕尾巾或连成双燕尾巾使用。常用的三角巾包扎法有以下几种形式。

（1）头顶帽式包扎法。把三角巾的底边向上折约 3 厘米，正中部放在前额齐眉以上，顶角拉向头后，两底角经两耳上的方向后拉于枕部交叉，并压住顶角后再绕到前额打结固定（图 22-20）。

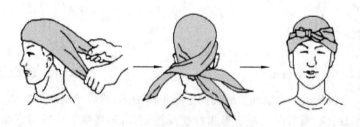
图 22-20　头顶帽式包扎法

（2）风帽式包扎法。在三角巾顶角和底边中央各打一结，把顶角结放于额前，底边结放在后脑勺下方，包住头部，两底角向面部拉紧，向外反折包绕下颌，然后拉到枕部后打结固定（图 22-21）。

（3）单肩包扎法。把三角巾折叠成燕尾形，燕尾夹角约 90°，夹角对准伤侧颈部，向后的燕

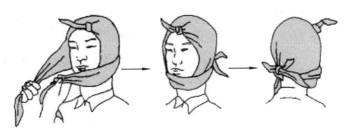

图 22-21　风帽式包扎法

尾角压住向前的燕尾角。燕尾底边两角包绕上臂上 1/3 处在腋前或腋后打结,然后拉紧两燕尾角,分别包绕胸背,在对侧腋下打结(图 22-22)。

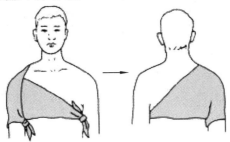

图 22-22　单肩包扎法

(4) 双肩包扎法。将三角巾折叠成燕尾形,燕尾夹角约 120°,燕尾披在双肩上,燕尾夹角对准颈后正中,燕尾角过肩,由前往后包于腋下,与燕尾底边打结(图 22-23)。

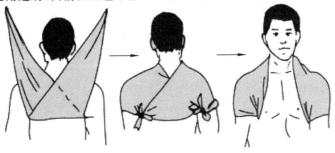

图 22-23　双肩包扎法

(5) 单胸包扎法。将三角巾底边横放在胸部,顶角绕过伤侧肩部到背后,底边包住胸部绕到背后,拉两底角在背后打结,再与顶角相连打结(图 22-24)。背部包扎则与胸部相反。

图 22-24　单胸包扎法

（6）双胸包扎法。将三角巾折成燕尾状,燕尾夹角约100°,横放于胸部,两底角向上,分别于颈后与腋下打结(图22-25)。此法亦适用于背部的包扎。

（7）腹部包扎法。三角巾底边向上、顶角向下横放在腹部,两底角围绕到腰后打结,顶角由两腿间拉向后面与两底角连接处打结(图22-26)。

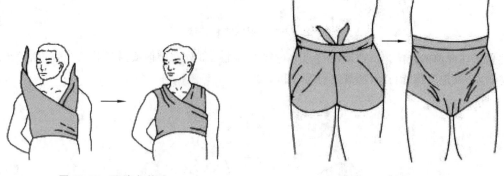

图22-25 双胸包扎法　　　　图22-26 腹部包扎法

（8）臀部包扎法。把燕尾角底边包绕伤侧大腿打结,两燕尾角分别绕过腰腹部到对侧打结。后角要压住前角,并大于前角(图22-27)。

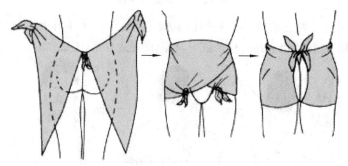

图22-27 臀部包扎法

（9）手(足)部包扎法。手(足)心向下放在三角巾上,手指(足趾)尖朝向三角巾顶角,顶角折回放在手(足)上,两底角拉向手(足)背,左右交叉压住顶角绕手腕(脚踝)一周后打结(图22-28)。

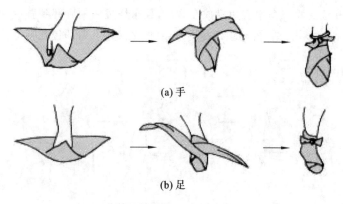

(a) 手

(b) 足

图22-28 手(足)部包扎法

3. 包扎时的注意事项

(1) 包扎伤口时,先简单地清创并盖上消毒纱布,然后再用绷带等。

(2) 包扎时松紧要适宜,过紧会影响局部血液循环,过松易致敷料脱落或移动。

(3) 包扎时要使患者保持舒适体位。皮肤皱褶处如腋下、大腿根部等部位,应用棉垫或毛巾等布类垫上,骨隆突处也用棉垫垫上。需要抬高肢体时,应给适当的扶托物。包扎的肢体必须保持功能位。

(4) 根据包扎部位,选用宽度适宜的绷带和大小合适的三角巾。

(5) 包扎方向为自下而上、由左向右,从远心端向近心端包扎,以助静脉血液回流。绷带固定时的结应放在肢体的外侧面,忌在伤口上、骨隆突处或易于受压的部位打结。

(6) 解除绷带时,先解开固定结或取下胶布,然后以两手互相传递松解。紧急时或绷带已被伤口分泌物浸透干涸时,可用剪刀剪开。

(7) 包扎时四肢末端(指、趾)要暴露,以便随时观察末梢血液循环情况。

三、骨折固定

现场急救中,固定主要是针对骨折的急救措施。固定的目的在于避免在搬运时造成损伤加重;减轻疼痛,防止休克;便于转运。一般在现场对骨折伤员只做简单的运输性固定。

1. 固定的材料

可采用合适的制式夹板(木质或金属)、塑料夹板或充气性夹板等。紧急时可就地取材,竹竿、木棍、树枝等都可用来做夹板,甚至可将伤侧上肢固定在胸壁上,伤侧下肢固定在健侧肢体上。此外,还需要准备绷带、纱布或毛巾、布条等物品。

2. 常用临时固定法

(1) 上肢骨折固定法。上臂骨折或前臂骨折可用一块夹板进行临时固定。夹板要超过骨折部位上下两端的关节,用绷带或布带固定夹板与伤肢,最后用一条三角巾将肘关节悬吊在胸前(图22-29)。

图 22-29　上肢骨折固定法

(2) 下肢骨折固定法。大腿骨折时,取一块长约自足跟至超过腰部的夹板置于伤腿外侧,另一块长约自足跟至大腿根部的夹板置于伤腿内侧,然后用三角巾或绷带分段包扎固定(图22-30)。小腿骨折时,取两块长约自足跟至大腿部的夹板分别置于伤侧小腿内外侧,再用三角巾或绷带分段包扎固定。

图 22-30　下肢骨折固定法

(3) 脊柱骨折固定法。伤员平直仰卧在硬板床或门板上,腰椎骨折要在腰部垫软枕,必要时用绷带将伤员固定于硬板上再搬运。

(4) 骨盆部骨折固定法。用三角巾或大被单折叠后环绕固定骨盆,也可用腹带包扎固定,置于担架或床板上后在膝下或小腿部垫枕,使两膝呈半屈位。

3. 固定时的注意事项

(1) 对于开放性骨折,应先进行止血、包扎处理,然后再固定骨折部位。若骨折端刺出伤口,不可将刺出的骨端送回伤口内,以免造成伤口内感染。有休克者,应先采取抗休克处理措施。

(2) 夹板的长度和宽度要适宜,长度要超过骨折肢体两端的关节。固定后伤肢应处于功能位:上肢屈肘 90°,下肢呈伸直位。

(3) 原位固定,即固定前尽量不移动伤员和伤肢,以免增加痛苦或加重损伤。

(4) 夹板不可与皮肤直接接触,其间应垫棉花或敷料等软质物品,尤其要注意垫好骨隆突处,以防受压。

(5) 骨折固定应松紧适度,以免影响肢体血液循环。固定时,肢体指(趾)端一定要外露,以便随时观察末梢血液循环情况。

四、患者搬运

伤员和急危重患者在现场经过初步处理后,就需要送到医疗技术条件较完善的医院做进一步的检查和治疗。转送工作做得及时、准确,可使患者及早获得正规治疗,减少其痛苦;否则会使病情加重,甚至贻误治疗时机,造成残疾或死亡。

1. 常用搬运法

(1) 担架搬运法。担架是最常用的转送患者的工具,其结构简单、轻便耐用,无论是短距离转运还是长途转送,都是一种极为常用的转送工具。包括帆布担架、绳索担架、被服担架、板式担架、铲式担架、四轮担架等,也可根据现场情况制作其他材质的担架。

担架搬运方法:将担架平放在患者伤侧,救护人员 3～4 人合成一组,平托起患者的头、肩、腰和下肢等处,将患者轻移到担架上(图 22-31)。担架行进时,患者头部向后,以便于后面抬担架的人随时观察患者的病情变化。抬担架的人脚步行动要一致、平稳,向高处抬时(如上台阶、爬坡等),前面的人要放低,后面的人要抬高,使患者保持水平状态;向低处走时则相反。

(2) 徒手搬运法。当现场找不到搬运工具,而转运路程又较近,病情较轻时,可以采用徒手搬运法。常用的徒手搬运法有单人徒手搬运法、多人徒手搬运法等。

①单人徒手搬运法。常用方法有扶持法、背负法、拖行法、爬行法、抱持法等。

②多人徒手搬运法。常用方法有座椅法、拉车法、平托法等。

2. 搬运时的注意事项

(1) 转送前要先进行初步急救处理,待病情稳定后再搬运。

(2) 搬运过程中,动作要敏捷、轻巧、平稳,尽量避免振动,减少患者痛苦。

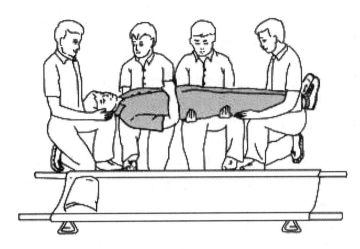

图 22-31 担架搬运方法

（3）转送过程中，要密切注意患者病情变化，一旦情况恶化，立即停下急救。

（4）搬运脊柱损伤的患者时，应用硬板担架转送，并保持伤处绝对稳定。

（5）转送途中的输液患者，要注意妥善固定，防止滑脱，保持输液通畅，并注意调节输液滴速。

（6）注意加强对患者的保护，如保暖、遮阳、避风、挡雨等。

第四节　常见疾病的现场救护

一、中暑急救

在高温和高湿环境中，因烈日暴晒或在高温环境下重体力劳动，又无充分防暑降温措施时，极易发生中暑。中暑者一般表现为体温升高、眩晕、乏力、恶心、呕吐、头晕、头痛、脉搏和呼吸加快、面红不出汗、皮肤干燥，重者出现高热、神志障碍、抽搐，甚至昏迷、猝死。急救方法介绍如下。

第一步，立即将患者移到通风、阴凼、干燥的地方，如走廊、树荫下、山洞内。

第二步，使患者仰卧，解开衣领，脱去或松开外套，必要时除去紧身内衣。若衣服被汗水湿透，应更换干衣服，可采用扇扇子等做法使其体温降到正常温度。

第三步，用湿毛巾、水袋冷敷头部、腋下以及腹股沟等处。同时，用温水擦拭全身，进行皮肤、肌肉按摩，加速血液循环，促进散热。

第四步，患者意识清醒或经过降温清醒的，可饮服绿豆汤、淡盐水，或服用人丹、十滴水和藿香正气水（胶囊）等解暑。

第五步，一旦出现高热、昏厥、抽搐等症状，应立刻让患者侧卧，头向后仰，打开气道，保持呼吸道通畅，同时立即拨打"120"急救电话求救。

二、休克急救

休克是一种全身性严重反应。严重的创伤,如骨折、撕裂伤、烧伤、出血、剧痛以及细菌感染都可能引发休克。休克时间过长,可进一步引起细胞不可逆性损伤和多脏器功能衰竭,所以一定要争分夺秒送入医院急救。怎么判断是否发生休克?正常人的指甲背部,压迫放松后血色立即恢复,如果按压3秒后不见血色恢复而呈紫色,则是休克的表现。

休克可分为低血容量性休克、心源性休克、过敏性休克、感染性休克等。遇到休克患者,如能立即找出休克原因,予以有效的对症处理则最为理想。在紧急情况下,不能马上明确原因,必须立即采取以下措施。

(1) 立即向"120"急救中心求救。

(2) 使休克者平卧,并将其下肢抬高25°,但头部受伤、呼吸困难或有肺水肿者不宜采用此法,而应稍抬高头部。

(3) 松解休克者衣领、裤带,使之平卧。注意少摇动和翻动休克者并适当保暖。

(4) 有时可给休克者喂服姜糖水、浓茶等热饮料。

(5) 过敏性休克可服用地塞米松抗过敏。

(6) 对呼吸困难者,应给予氧气吸入。

(7) 对某些明确原因的休克者,如外伤大出血,应立即用止血带结扎,但要注意定时放松,在转运中必须有明确标志,以免时间过久造成肢体坏死;骨折疼痛所致休克者,应固定患肢,并服用止痛药止痛。

(8) 经上述紧急处理后应立即送医院进一步抢救。

三、烧烫伤急救

烧烫伤一般指由于接触火、开水、热油等高热物质而发生的一种急性皮肤损伤。在众多原因所致的烧伤中,以热力烧伤多见,占85%~90%。在日常生活中烧烫伤主要是由热水、热汤、热油、热粥、炉火、电熨斗、蒸汽、爆竹、强碱、强酸等造成。

热力、电、化学物质、放射线等造成的烧伤,其严重程度与接触面积及接触时间密切相关。因此,在处理任何烧烫伤时,现场急救的原则是先冷静下来,迅速移除致伤原因,脱离现场,同时给予必要的急救处理,这样才能尽可能地降低烧烫伤对皮肤所造成的伤害。伤口范围占整体面积的10%~20%时,有入院治疗的必要。在紧急处理的同时要安慰患者,以缓解其恐慌。

烧烫伤的一般处理原则有如下几点。

(1) 冲。以流动的自来水冲洗或浸泡在冷水中,直到冷却局部并减轻疼痛,或者用冷毛巾敷在伤处至少10分钟。不可把冰块直接放在伤口上,以免使皮肤组织受伤。如果现场没有水,可用其他任何凉的、无害的液体替代,如牛奶或罐装的饮料。

(2) 脱。在穿着衣服被热水、热汤烫伤时,千万不要脱下衣服,而是先直接用冷水浇在衣服上降温。充分泡湿伤口后再小心除去衣物,如衣服和皮肤粘在一起,切勿撕拉,只能将未粘着部分剪去,粘着的部分留在皮肤上以后处理,再用清洁纱布覆盖伤面,以防污染。有水疱时千万不要弄破。

(3) 泡。继续浸泡于冷水中至少 30 分钟,可减轻疼痛。但烧伤面积大或年龄较小的患者,不要浸泡太久,以免体温过度下降造成休克,而延误治疗时机。但当患者意识不清或叫不醒时,应停止浸泡赶快送往医院。

(4) 护。如有无菌纱布可轻覆在伤口上;如没有,让小面积伤口暴露于空气中,大面积伤口用干净的床单、布单或纱布覆盖。不要弄破水疱。

(5) 送。最好到设置有整形外科的医院求诊。

四、酸灼伤和碱灼伤急救

酸灼伤,以硫酸、盐酸、硝酸最为多见,此外还有乙酸(冰醋酸)、氢氟酸、高氯酸和铬酸等,都是腐蚀性毒物。除皮肤灼伤外,呼吸道吸入这些酸类的挥发气、雾点(如硫酸雾、铬酸雾),还可引起上呼吸道的剧烈刺激,严重者可发生化学性支气管炎、肺炎和肺水肿等。

碱灼伤,较多见的是氨水、氢氧化钠、氢氧化钾、石灰。最常见的是氨水,由于其极易挥发,常同时伴有上呼吸道灼伤,重者伴有肺水肿。眼睛溅到少量稀释氨液就易发生糜烂,且痊愈缓慢。

1. 酸灼伤的急救原则

(1) 立即脱去或剪去污染的工作服、内衣、鞋袜等,迅速用大量的流动水冲洗创面,至少冲洗 10~20 分钟,特别是硫酸灼伤,要用大量水快速冲洗,除了冲去和稀释硫酸外,还可散去硫酸稀释放出的热量。

(2) 初步冲洗后,用 5% 碳酸氢钠液湿敷 10~20 分钟,然后再用水冲洗 10~20 分钟。

(3) 清创,去除其他污染物,覆盖消毒纱布后送往医院。

(4) 对呼吸道吸入并有咳嗽者,雾化吸入 5% 碳酸氢钠液或生理盐水。

(5) 口服者不宜洗胃,尤其口服已有一段时间者,以防引起胃穿孔。可口服牛乳或植物油约 200 mL。不宜口服碳酸氢钠,以免产生二氧化碳而增加胃穿孔危险。大量口服强酸和现场急救不及时者都应立即送医院救治。

2. 碱灼伤的急救原则

(1) 立即脱去污染衣物,用大量流动清水冲洗污染的皮肤 20 分钟或更久。对于氢氧化钾灼伤,要冲洗到创面无肥皂样滑腻感;再用 5% 硼酸液湿敷 10~20 分钟,然后用水冲洗。不要用酸性液体冲洗,以免产生中和热而加重灼伤。

(2) 眼睛灼伤应立即用大量流动清水冲洗,患者也可把面部浸入充满流动水的器皿中,转动头部、张大眼睛进行清洗,至少洗 10~20 分钟,然后再用生理盐水冲洗,并滴入抗生素眼液。

(3) 呼吸道吸入碱性气体的患者,应雾化吸入 3% 硼酸溶液,起中和作用,以减轻呼吸道刺激症状。

(4) 口服者禁止洗胃,但可口食醋、稀乙酸液(5%)、清水以中和或稀释,然后口服牛乳、蛋清或植物油约 200 mL。

五、一氧化碳中毒急救

日常生活中,燃气热水器、燃气灶具、燃气取暖器如果使用不当,加上局部通风不良,就会造成一氧化碳气体聚集。工业生产中,事故导致煤气泄漏是其主要原因。另外,某些通风不良的坑道或洞穴,也可能有一氧化碳气体聚集。轻度一氧化碳中毒(碳氧血红蛋白(COHb)浓度达到10％～30％)时,可表现出头痛、头晕,少数人会有恶心呕吐的反应。中度一氧化碳中毒(COHb浓度达到30％～50％)时,可表现出面色潮红、浅昏迷、心率加快。重度一氧化碳中毒(COHb浓度超过50％)时,表现为深昏迷、抽搐、瞳孔散大、潮式呼吸,常伴有脑水肿、肺水肿、低血压、心律不齐等。

一氧化碳中毒急救措施有以下几点。

(1) 立即将患者移至新鲜空气处。

(2) 迅速切断电源,关闭燃气阀。

(3) 立即拨打"120"急救电话。

(4) 有条件时及早吸氧,保持呼吸道畅通。

思考与练习

1. 心肺复苏术的操作步骤是什么?
2. 烧烫伤的一般处理原则有哪些?
3. 创伤包扎的方法有哪些?

主要参考文献

[1] 包家明.护理健康教育与健康促进[M].北京:人民卫生出版社,2014.
[2] 陈叶坪,张桂兰.大学生健康教育[M].2版.武汉:华中科技大学出版社,2018.
[3] 王龙.大学生健康教育[M].天津:天津大学出版社,2019.
[4] 刘晓云.体育与大健康教育[M].厦门:厦门大学出版社,2023.
[5] 许燕.人格心理学[M].北京:北京师范大学出版社,2009.
[6] 赵亚夫.理解历史 认识自我:中学历史教育研究[M].北京:光明日报出版社,2020.
[7] 蔡伟华,黄娟.大学生心理健康教育[M].武汉:华中科技大学出版社,2018.
[8] 倪望轩.心理健康教育[M].北京:科学出版社,2007.
[9] 王心红,黄晓夏.中小学心理健康教育课说课、片段教学100例[M].福州:福建教育出版社,2018.
[10] 周莉.大学生心理健康教育[M].北京:中国人民大学出版社,2010.